Zu diesem Buch

Steigende Scheidungszahlen stellen Eltern und Kinder vor viele Probleme. Kinder aus der ersten Ehe werden in die zweite mitgebracht, gemeinsame weitere Kinder folgen. Es entsteht eine sogenannte Patchwork-Familie, die mit den Schatten- und Sonnenseiten der Vergangenheit leben muß. Zu einer neuen Familie zusammenzuwachsen, ist nicht leicht. Neue gemeinsame Perspektiven müssen erst entdeckt werden. Und noch schwerer gestaltet es sich oft, die früheren Partner(innen) emotionslos den Kindern als Elternteil zu erhalten bzw. einen verstorbenen Elternteil nicht zum fehlerfreien Übermenschen hochzustilisieren. Das Buch zeigt die im Alltag bei Eltern und Kindern entstehenden Probleme und Fragestellungen auf. Die Leser(innen) können sich in den detailliert dargestellten Situationen wiedererkennen. Praktische Tips zeigen Lösungswege aus schwierigen Situationen, juristische Aspekte verdeutlichen Rechte und Pflichten der beteiligten Familienmitglieder. Das Buch ist ein Ratgeber über Glück und Qual der Patchworkfamilie, gleichermaßen für Männer und Frauen, und berücksichtigt selbstverständlich die Neuentwicklung des Sorge- und Kindschaftsrechts.

Annette Bopp / Sigrid Nolte-Schefold

*Stief*Kinder
Raben*Eltern*
Raben*Kinder*
*Stief*Eltern

*Leben in einer
Patchworkfamilie:
Probleme erkennen,
Perspektiven
gewinnen*

Rowohlt Taschenbuch Verlag

Unseren Kindern und Stiefkindern

Originalausgabe

Lektorat und Redaktion Bernd Gottwald und Susanne Klockmann
Veröffentlicht im Rowohlt Taschenbuch Verlag GmbH,
Reinbek bei Hamburg, August 1999
Copyright © 1999 by Rowohlt Taschenbuch Verlag GmbH,
Reinbek bei Hamburg
Umschlaggestaltung Barbara Thoben
Satz Aldus und Officina PostScript, PageOne
Gesamtherstellung Clausen & Bosse, Leck
Printed in Germany
ISBN 3 499 60541 4

Inhalt

Vorwort

Das Zusammenleben in einer Stieffamilie ist nicht einfach. Bis jeder seinen Platz gefunden hat und sich wohl fühlt, vergeht Zeit. Oftmals viel Zeit. Währenddessen ist viel los. Da wird geliebt und gelitten, gelacht und geweint, verraten und zueinander gestanden, gewütet und besänftigt. Aber eines Tages steht sie da – die neue Familie. Bunt zusammengesetzt aus großen und kleinen Menschen, die die unterschiedlichsten Wünsche, Hoffnungen und Eigenarten haben. Sie haben sich zusammengerauft und werden den Anforderungen gerecht, die an sie gestellt werden. Sie haben ihre Unterschiede kennengelernt und akzeptieren sie, mehr noch – sie mögen sie.

Wir sind vielen Menschen begegnet – Frauen, Männern, Jugendlichen, Kindern –, die uns ihre Geschichte erzählt haben. Wir haben Fragebogen versandt und ausgewertet, und wir haben viele Antworten erhalten. Dabei haben wir eines immer wieder erfahren: Es bedarf eines Höchstmaßes an Geduld, das neue Familienmuster zusammenzusetzen, aus den verschiedenen Stücken eine tragfähige Decke zu weben, die auch in schlechten Zeiten keine Löcher bekommt. Unsere Interviewpartner/innen und wir sind der Meinung, daß es sich lohnt.

Die häufigsten Probleme haben wir in diesem Buch zusammengestellt. Die geschilderten Fälle sind anonymisiert. Im zweiten Teil werden die vielfältigen juristischen Fragen behandelt, die sich beim Aufbau einer Patchwork-Familie stellen.

Wir danken allen, die uns geholfen haben.

Annette Bopp und Sigrid Nolte-Schefold

Teil 1 Die Stieffamilie

Was ist eine Stieffamilie?

Stieffamilien sind heute eine nicht mehr wegzudenkende Realität unserer Gesellschaft. Dabei sind sie gar nicht so neu, wie es vielfach scheint, und sie sind beileibe nicht nur eine Folge der Kurzlebigkeit moderner Ehen oder Beziehungen. Stieffamilien gibt es seit Menschengedenken, nur in etwas anderer Konstellation als heute. Kinder bekamen häufiger eine neue Mutter, allerdings nicht, weil die Ehen geschieden wurden, sondern vor allem aufgrund der Müttersterblichkeit im Kindbett, die noch Anfang des 20. Jahrhunderts sehr hoch war. So gab es vor allem Stief*mütter*, seltener Stiefväter. Ein Bericht aus Bayern um die Zeit der Jahrhundertwende mag diese Zustände illustrieren. Auch wenn es ein extremes Beispiel ist, zeigt es, daß es Stieffamilien schon seit jeher gab:

«Als der Vater meines Stiefvaters mit 23 Jahren zum erstenmal heiratete, (...) ward nach einem Jahr ihr das Wochenbett zum Todbett. (...) Kurz danach nahm er die zweite Frau, eine Magd, mit der er sechs Jahre lebte und vier Kinder hatte. Als sie an der Wassersucht gestorben war, heiratete er noch im selben Jahr eine Kellnerin, die er aber nach wenigen Monaten davonjagte. (...) Die vierte Frau (...) verlor er schon nach zwei Jahren, nachdem sie ihm ein Kind geboren hatte. (...) Bald nach ihrem Tode nahm er mit 33 Jahren die fünfte Frau, die ihm vier Kinder mit in die Ehe brachte, von denen böse Zungen behaupten, daß sie von ihm gewesen. (...) Während einer fünfjährigen Ehe gebar sie ihm zweimal Zwillinge und einen Buben, an dem sie starb. Als er mit 39 Jahren das sechstemal getraut wurde, starb die Frau, noch ehe ein Jahr um war, im Kindbett. Nun holte er sich ein Weib aus Österreich. (...) Mit dieser Frau lebte er acht Jahre sehr unglücklich, und nachdem sie ihm zehn Kinder geboren hatte, starb sie an dem letzten. Kurz darauf heiratete er mit 50 Jahren zum achtenmal und

hatte während einer sechsjährigen Ehe sechs Kinder. (...) Noch zu ihren
Lebzeiten hatte er eine heimliche Liebschaft mit einer anderen, die nach
ihrem Tode seine neunte Frau wurde, aber schon nach vierjähriger Ehe mit
26 Jahren an ihrem vierten Kinde starb. (...) Nun willigte eine Näherin in
des Vierundsechzigjährigen Heiratsantrag, denn sie hatte schon zwei er-
wachsene Kinder von ihm. Doch auch ihr wurde das gleiche Schicksal zu-
teil, und sie starb nach zwei Jahren zugleich mit dem Kinde im Wochen-
bett. Mit 67 Jahren heiratete er zum elftenmal, und als die Frau schon
nach zwei Monaten gestorben war, ging er mit 69 Jahren die zwölfte Ehe
ein. Mit dieser Frau lebte er vier Jahre und nahm nach ihrem Tode mit 74
Jahren die 13. Beim Tod der 13. Frau hatte er nichts mehr, und als er jetzt
mit 79 Jahren in das Armenhaus kam, fand er da eine Armenhäuslerin, die
seine 14. Frau wurde. Mit ihr lebte er noch sieben Monate und starb danach
als Bettler; sie hat ihn dann noch kurze Zeit überlebt.» (aus: Ingrid Friedl
und Regine Maier-Aichen: Leben in Stieffamilien)

Was aber ist eine Stieffamilie?

Es ist die neue Lebensgemeinschaft eines Elternteils und seiner
Kinder mit einem neuen Partner, der unter Umständen eigene Kinder in die neue Familie mitbringt.

Ihr wichtigstes Strukturmerkmal besteht darin, daß es außerhalb
des Haushaltes, in dem die Kinder leben, einen weiteren Elternteil
gibt.

Seit Mitte der sechziger Jahre haben Ehescheidungen erheblich
zugenommen. Wurden 1960 im früheren Bundesgebiet nur 14,2
Prozent (in der früheren DDR 18,8 Prozent) der Ehen geschieden,
waren es 1996 schon 33 Prozent. Die durchschnittliche Ehedauer be-
trug 12,2 Jahre. Heute ist davon auszugehen, daß knapp die Hälfte
der neu geschlossenen Ehen mit einer Scheidung endet. Das bestä-
tigen auch die aktuellsten Zahlen. Im Jahr 1996 wurden in Deutschland 427 297 Ehen geschlossen und 175 550 Paare geschieden. In 55
Prozent der geschiedenen Ehen gab es gemeinsame minderjährige
Kinder. In absoluten Zahlen: 141 800 Kinder waren Scheidungskinder.

Aber es wird auch wieder geheiratet. Die Statistik zeigt, daß immer weniger Eheschließungen Erstehen sind, also zwischen zwei Ledigen geschlossen werden. Je mehr Geschiedene es gibt, desto häufiger gibt es Zweit- und Drittehen, bei denen mindestens einer der beiden Brautleute zuvor geschieden war.

Die Wahrscheinlichkeit, daß Geschiedene erneut heiraten, ist jedoch gesunken. Heute gehen nur rund die Hälfte der Geschiedenen in Ostdeutschland und 65 (Frauen) bis 58 Prozent (Männer) in Westdeutschland noch einmal aufs Standesamt.

Es gibt derzeit noch keine Statistik darüber, wie viele Kinder in eine Zweitehe mitgebracht werden. In Westdeutschland lebten 1996 bei 26,9 Prozent der unverheiratet zusammenlebenden Paare Kinder im Haushalt. Ob es sich dabei um leibliche Kinder, Stief-, Adoptiv- oder Pflegekinder handelt, wird nicht angegeben.

In Stieffamilien gibt es zahlreiche Varianten, z. B.:
- Die Frau hat leibliche Kinder mitgebracht.
- Der Mann hat leibliche Kinder mitgebracht.
- Beide (Ehe)Partner haben gemeinsame Kinder.
- Einer der (Ehe)Partner hat Adoptiv- oder Pflegekinder.
- Die Kinder eines (Ehe)Partners leben beim anderen leiblichen Elternteil und kommen zu Besuch.
- Einer der leiblichen Eltern ist gestorben.

Schon aus diesen Beispielen wird ersichtlich: Die Familienstruktur kann so bunt sein wie ein Flickenteppich. Daher ist auch die Bezeichnung «Patchwork-Familie» entstanden. Patchwork, das ist eine Handarbeit, die einzigartig, bunt, phantasievoll ist, immer anders, immer neu und alt zugleich. Auch Stieffamilien sind so.

Eine Stieffamilie unterscheidet sich äußerlich und innerlich von der Kernfamilie. Auch wenn offiziell nicht immer betont wird, daß es sich um eine «Zweitfamilie» handelt und vielfach der äußere Schein einer Kernfamilie gewahrt bleibt, so handelt es sich um eine andere Familienform.

Eine Stieffamilie wird durch folgende Faktoren geprägt:

- Es gibt positive und negative Erfahrungen mit der Ehescheidung, und zwar aus Sicht der Kinder und der Eltern.
- Die Nachscheidungsphase mit ihren Unsicherheiten, offenen Fragen, nicht bearbeiteten Konflikten, Machtkämpfen und mit der oft schwierigen Eingewöhnung der Besuchsregelung bestimmt den Alltag der Stieffamilie nachhaltig.
- Der leibliche Elternteil lebt oft erst einmal mit einer neuen Partnerin bzw. einem neuen Partner in zwei Haushalten, bevor daraus eine feste Stieffamilie mit einer gemeinsamen Haushaltführung wird.
- Diese Annäherungsphase, in der die neue Familie vorsichtig zusammenwächst, braucht Zeit. Wunden müssen heilen.

Aus diesen vier Punkten ergeben sich folgende Probleme:

- Alle Beteiligten müssen Verluste verarbeiten.
- Das Paar muß die neue Partnerschaft festigen.
- Die Beziehungen der Kinder zum außerhalb lebenden Elternteil müssen konstruktiv gestaltet werden.
- Die elterliche Rolle gegenüber den Kindern muß für den Stiefelternteil neu und individuell definiert werden.
- Das umgebende Verwandtschaftssystem der Kinder und Partner muß integriert werden.

Bei einer Scheidung bzw. Trennung verläßt einer der Elternteile eine Gemeinschaft mit engen Beziehungen, die für die Kinder aber in der Regel auch nach der Trennung der Eltern weiterhin bestehen. Darüber hinaus gibt es Bindungen zum familiären Netzwerk insgesamt, z. B. zu Großeltern, Nachbarn, Freunden und Bekannten. Werden diese gewachsenen Verbindungen radikal gekappt, verlieren nicht nur die Kinder wichtige Bezugspersonen. Auch die Eltern verzichten auf Unterstützungsmöglichkeiten, die ihnen bei der Bewältigung der Probleme helfen können.

Mit dem neuen Zusammenleben bzw. einer Wiederheirat ergeben sich zwangsläufig Veränderungen:

- Ein neues Partnersystem grenzt sich gegenüber dem der Kinder ab. Der Elternteil ist für die Kinder weniger verfügbar. Dies trifft

Kinder oft um so stärker, wenn sie nach der Scheidung mit Mutter oder Vater allein zusammengelebt haben. Häufig sind die Kinder deshalb eifersüchtig auf den Stiefelternteil.

- Während eine enge Beziehung der Kinder zu ihrem leiblichen Elternteil in der Stieffamilie besteht, muß sich eine solche zum Stiefelternteil erst entwickeln. Das braucht Zeit.

- Bringen beide Partner Kinder in die neue Ehe, verändert sich für die Kinder die Reihen- und damit nicht selten auch die Rangfolge innerhalb der Familie. Neue Geschwister können das Gefüge erneut ins Wanken bringen.

- Die neue Partnerin bzw. der neue Partner macht manchmal erste Erfahrungen: mit der Ehe, mit der Rolle als Mutter oder Vater, als Stiefmutter oder Stiefvater. Sie oder er muß in diesem neuen Koordinatensystem den eigenen Platz finden.

- Das Familiensystem erweitert sich um die verwandtschaftlichen und sozialen Netze des Stiefelternteils.

- Unter Umständen sind die Kinder Mitglieder zweier Haushalte. Das hängt von der Ausgestaltung der elterlichen Sorge bzw. der Besuchsregelung ab.

Neue Partnerschaften bringen neue Strukturen mit sich. Von deren Stabilität hängt es ab, wie lebensfähig die Stieffamilie ist. Es dauert geraume Zeit, bis sich alle zusammengerauft haben und jeder seinen Platz in der Familie gefunden hat. Stiefmutter oder Stiefvater müssen dabei besondere Kraftakte vollbringen, denn sie müssen sich sowohl an die neue Partnerin bzw. den neuen Partner als auch an die Kinder gewöhnen.

Eltern, Stiefeltern und Kinder müssen sich gleichermaßen um einen konstruktiven Umgang mit dem außerhalb lebenden Elternteil bemühen. Das Gelingen und die Stabilität der Stieffamilie hängen auch davon ab. Ein respektvoller, gelassener Umgang zwischen Scheidungspartnern bzw. zwischen den außer- und innerhalb der Familie lebenden Eltern ist letztlich unerläßlich. Viele Stieffamilien scheitern daran, daß es ihnen nicht gelingt, eine konstruktive Beziehung zum außerhalb lebenden Elternteil aufzubauen.

Vom Stiefelternteil wird erwartet, daß er oder sie nahtlos die Mutter- bzw. Vaterschaft übernimmt. Vorbilder für positiv gestaltete Rollen dieser Art gibt es in der Bekanntschaft und Verwandtschaft selten. Da zwischen Stiefeltern und Stiefkindern zunächst keine gewachsenen Beziehungen existieren, können bei Kindern Loyalitätskonflikte entstehen. Außerdem rivalisieren die Erwachsenen häufig um die Gunst der Kinder.

Hinzu kommt, daß die Bekanntschaft und Verwandtschaft in die neue Familie integriert werden muß. Dabei entstehen allerlei Benennungsprobleme. Wie nenne ich als Stiefkind den Bruder oder die Schwester meines Stiefvaters? «Stiefonkel» bzw. «Stieftante»? Und wie den Vater des Stiefvaters? «Stiefopa»? Allen einfach das Etikett «Stief» voranzustellen, macht die Sache furchtbar mühsam. Außerdem hat das Wörtchen «Stief» für viele eine negative Bedeutung. Damit verbinden sich meist unangenehme Gefühle und Erinnerungen. In den Märchen, die wir alle kennen, ist die Stiefmutter fast immer böse, hochmütig, mißgünstig, egoistisch, eifersüchtig – kurzum, eine unangenehme Person, mit der sich niemand identifizieren möchte. In «Schneewittchen» versucht sie mehrfach, die Stieftochter zu ermorden, in «Aschenputtel» bekommen die eigenen Kinder die prächtigsten Kleider und das beste Essen, während die Stieftochter in Sack und Asche gehen, in der Küche schlafen und niedrige Arbeiten verrichten muß. In «Tischlein deck dich» firmiert die Stiefmutter als heimtückische Ziege, die den Mann dazu anstiftet, seine drei wohlgeratenen Söhne der Lüge zu verdächtigen und davonzujagen. Böse Stiefväter bzw. Stiefväter überhaupt gibt es in der Literatur hingegen höchst selten. Und erst seit kurzem werden Kinderbücher verlegt, in denen Stiefeltern eine wichtige und positive Rolle spielen.

So fällt es nicht leicht, sich zu dem Status als Stiefmutter oder Stiefvater zu bekennen – und viele Stiefeltern bezeichnen sich deshalb in der Öffentlichkeit als «Mutter» oder «Vater» des Stiefkindes. Kinder mögen das nicht immer. Sie unterscheiden sehr genau zwischen leiblichen Eltern und Stiefeltern. «Du bist nicht meine

Mutter» oder «Du bist nicht mein Vater» tönt es deshalb manchmal lautstark dazwischen, wenn ein solches Versteckspiel inszeniert wird.

Manche Stiefmütter oder Stiefväter fühlen sich aber mit dem Begriff, ein Stiefelternteil zu sein, nicht wohl. Sie empfinden sich als vollwertige Mutter oder als vollwertiger Vater des Kindes mit allen Verantwortlichkeiten:

«Es kommt mir überhaupt nicht in den Sinn, mich als Stiefvater zu bezeichnen. Ich fühle mich als Vater von Elisa und nicht als Stiefvater, obwohl ich damit nichts Negatives verbinde. Ich nehme alle Verantwortlichkeiten als Vater wahr: Ich bringe sie zur Schule, ich lehre sie schwimmen, radfahren, skifahren, ich tobe mit ihr durch den Garten, ich spiele mit ihr in der Sandkiste, ich bringe sie abends zu Bett und lese ihr Gutenacht-Geschichten vor. Ich beschäftige mich mit ihren Sorgen und Nöten, ich teile mit ihr die Freude über gute Noten oder eine Einladung zum Kindergeburtstag. Was ich tue, unterscheidet sich nicht im geringsten von dem, was ein Vater tut. Und ich empfinde auch genauso. Ich liebe dieses Kind, als hätte ich es selbst gezeugt. Um aber trotzdem bei der Wahrheit zu bleiben, sage ich z. B. in der Schule oder sonstwo, wo man sich vorstellen muß: Ich bin der Vater von Elisa, aber nicht der biologische Vater. Damit kann ich leben. Alles andere würde meinen Gefühlen nicht gerecht.» (David R., 37 Jahre, eine Stieftochter)

Es kann auch vorkommen, daß Kinder ihre Stiefmutter oder ihren Stiefvater zu «Mama» oder «Papa» machen. Eltern tun sich dann oft schwer, diese Wahl ihres Kindes zu akzeptieren. Sie versuchen mit allen Mitteln, dem Kind klarzumachen, daß es nur eine einzige «wirkliche» Mutter bzw. einen legitimen Vater gibt. Das Kind gerät dadurch in Konflikte, weil es daraus ableitet, daß es die geliebte Stiefmutter bzw. den Stiefvater nicht gernhaben darf.

Noch bis vor wenigen Jahren gab es kaum Literatur zum Thema, und zahllose Stiefmütter und Stiefväter fühlten sich weitgehend auf sich allein gestellt. Erst in den 80er Jahren gründete sich in Frankfurt die erste Selbsthilfegruppe. 1989 schlossen sich die bis dahin existierenden Gruppen bundesweit zur «Bundesarbeitsgemeinschaft Selbsthilfegruppen Stieffamilien e.V.» zusammen. Aufgabe des Vereins ist es, «unter anderem auf dem Weg der Selbsthilfe die Wahrnehmung von Stieffamilien in der Öffentlichkeit, ihre Rechtsstellung und die Auseinandersetzung mit traditionellen Familienbildern zu verbessern und zu fördern.» Selbsthilfegruppen tragen wesentlich dazu bei, die Isolation der Stieffamilien bzw. der Stiefeltern zu durchbrechen und Konflikte zu lösen.

Stieffamilien sind ein Aufbruch zu neuen Ufern. Auf geht's!

Die Stieffamilie entsteht

Stieffamilien sind ein unendliches Experimentierfeld. Immer wieder gibt es neue Kraftproben, Auseinandersetzungen, Positionsfindungen. Selbst wenn sich manche Verhaltensweisen und Aufgaben mit der Zeit einschleifen – so richtig zur Routine werden sie nie. Jede noch so kleine Störung kann das mühsam erarbeitete Gleichgewicht wieder ins Wanken bringen. Stündlich. Täglich. Jahrelang, oft sogar Jahrzehntelang. Anhand von einigen Beispielen wollen wir die wichtigsten Probleme im Alltag von Stieffamilien aufgreifen und Lösungsmöglichkeiten aufzeigen.

Besuchsabsprachen

Kinder wollen Kontakt zu ihren leiblichen Eltern halten. Sie wollen den Verlust eines Elternteils wenigstens dadurch ausgleichen, daß sie ihn ab und zu besuchen. Und umgekehrt wollen auch die verlassenen Mütter und Väter ihr Kind wenigstens hin und wieder sehen, wenn sie schon nicht mit ihm zusammenleben können.

Ob dies in regelmäßigen oder spontan abgesprochenen Abständen geschieht, ist eine Frage der Abmachung. Beides hat Vor- und Nachteile. Von vornherein feststehende Besuchszeiten ermöglichen eine genaue Planung für das ganze Jahr, der Wochenenden und Ferien. Spontane Regelungen lassen Raum für Überraschungen und spontane Arrangements, setzen jedoch einen unkomplizierten Umgang der Beteiligten miteinander voraus. Wie immer Sie sich entscheiden – Sie werden bei den Absprachen für die Besuche und beim Bringen oder Abholen der Kinder in persönlichen

Kontakt mit der ehemaligen Partnerin bzw. dem ehemaligen Partner kommen. Darin liegt ein nicht zu unterschätzender Sprengsatz für die Stieffamilie.

«Jedesmal, wenn wir die Termine koordinieren müssen, bin ich anschließend mit den Nerven fertig. Mein Ex-Mann serviert mir immer wieder brühwarm, was für ein Schwein ich doch bin, ihm die Tochter weggenommen und – vor allem – ihn verlassen zu haben. Geschieht die Terminabsprache nachmittags oder am frühen Abend, bekommt Simone den oft heftigen Wortwechsel unweigerlich mit. Sie verkriecht sich dann in ihr Zimmer und will mit uns den ganzen Abend nichts mehr zu tun haben. Das belastet unser Familienleben sehr. Aber ich kann sie doch nicht rausschicken, wenn ich telefoniere oder wenn ihr Vater anruft. Und selbst, wenn ich das tun würde – sie bekäme den Streit doch mit.» (Veronika M., 35, seit 2 Jahren geschieden, sechsjährige Tochter aus erster Ehe, fünf Monate alter Sohn mit dem zweiten Mann)

«Die Terminabsprachen mit meinem Ex-Mann kann ich genausogut auch lassen. Er hält sich doch nicht dran. Verabreden wir, daß er Valentin am Freitagabend um 17 Uhr abholt, darf ich mit Sicherheit nicht vor 19 Uhr mit ihm rechnen. Das Kind dreht in den zwei Stunden jedesmal fast durch. Mein Mann kann damit überhaupt nicht umgehen und schimpft dann sowohl mit dem Kleinen als auch mit mir. Valentin wird dadurch noch widerspenstiger, er wirft sein Spielzeug durchs Zimmer, was wiederum Erziehungsmaßnahmen meines Mannes nach sich zieht – und die sind da natürlich genau fehl am Platz. Und ich stehe dazwischen und finde alles nur furchtbar.» (Sabine V., 33, ein vierjähriger Sohn, seit 3 Jahren geschieden, in 2. Ehe verheiratet⟩

Zwei typische Situationen in Stieffamilien. Absprachen klappen nicht oder werden dazu benutzt, alte, nicht bewältigte Konflikte auszutragen. Die Folgen belasten auch die Familienmitglieder, die nicht direkt beteiligt sind. Die leiblichen Mütter und Väter, die besucht werden sollen, mischen sich aus der Ferne immer wieder in das Leben der Stieffamilie ein und bestimmen es mit. Die Stiefmutter bzw. der Stiefvater fühlt sich hin- und hergerissen zwischen der Loyalität zu ihrem Mann bzw. ihrer Frau und dem Mitleid mit dem Kind, dessen Zorn sie gut verstehen. Ihre eigene Wut dürfen sie zumindest vor dem Kind nicht zulassen, weil sie ja sonst auf den Vater bzw. die Mutter schimpfen müßten. Genau das wollen sie aber vermeiden, weil sie wissen, daß sie das Kind damit in noch tiefere Konflikte stürzen würden. Da scheint es manchmal besser, zu resignieren bzw. den Weg des geringeren Widerstandes zu wählen. Wenn sich damit ein konfliktfreierer Umgang erreichen läßt, kann das durchaus sinnvoll und für alle Beteiligten streßfreier sein, als auf den eigenen Vorstellungen zu beharren.

Wie weit aber darf die Kompromißbereitschaft gehen, ohne zur Selbstaufgabe zu werden? Wenn ein Elternteil das Gefühl hat, immer nur klein beizugeben, ohne die eigenen Interessen zu wahren, sollte er sich mit einer neutralen Person beraten, z. B. einer Anwältin oder Mitarbeitern einer öffentlichen Beratungsstelle. Denn es ist weder für das eigene Wohlbefinden noch für das der Familie bzw. des Kindes gut, sich ständig unterdrückt zu fühlen. Dann beginnt erneut ein Machtkampf, nur auf anderen Ebenen.

Wenn Faxe das persönliche Gespräch ersetzen ...

Faxgeräte stehen mittlerweile in vielen Haushalten und werden längst auch privat genutzt. Es bleibt natürlich nicht aus, daß sie auch dazu dienen, Absprachen für die Besuchsregelung zu treffen. So problemlos und bequem das sein mag, wenn zwischen den Beteiligten alles stimmt – Faxe eignen sich wunderbar, um den Scheidungs- oder Beziehungskrieg fortzusetzen. Einige Beispiele veranschaulichen das:

«Solange die Scheidung lief und auch noch in der Zeit danach, war es nicht möglich, mit meinem Ex-Mann zu telefonieren. Die gesamte Kommunikation lief über Faxe, die er seiner Sekretärin diktierte. Anfangs war mir das

egal, weil ich dachte, es sei seine Sache, ob er zum Telefon greift oder Termine per Fax abspricht. Aber dann eskalierte die Sache ziemlich schnell, weil ich seinen Wünschen nicht immer entsprechen konnte. Außerdem hat er alle möglichen Unterstellungen übermittelt, die mit den zu treffenden Absprachen überhaupt nichts zu tun hatten. Er hat auf diese Weise immer wieder versucht, sich in mein Leben einzumischen. Das gab dann jedesmal ein seitenlanges Hin- und Hergefaxe, das mir unheimlich auf die Nerven ging, weil es mich unendlich viel Zeit kostete. Ich habe schließlich keine Sekretärin, der ich das diktieren kann. Außerdem fand ich es unmöglich, was die Sekretärin über mich zu hören bekam – ich konnte dieses falsche Bild ja nicht geraderücken. Ich kann die doch nicht anrufen und sagen: ‹Hören Sie mal, Frau Müller, das, was Ihr Chef da über mich erzählt, ist erstunken und erlogen.› Mein Ex-Mann macht das aber bis heute, daß er ihr jeden Brief diktiert, und wenn es ein Zweizeiler ist. Daß ihm das nicht langsam peinlich wird ...» (Sibylle F., 32 Jahre, geschieden, ein Sohn)

«Meine Ex-Frau hat nach der Scheidung nur per Fax mit mir korrespondiert. Aufhänger war immer die Absprache des Besuches unserer damals neunjährigen Tochter. Da hat sie dann seitenlang aufgeführt, was ich mit ihr tun oder auch lassen soll. So hat sie versucht, sich immer wieder in mein Leben einzumischen. Und nach dem Besuch erhielt ich dann ein Fax mit lauter Unverschämtheiten und Unterstellungen, was ich zu unserer Tochter angeblich gesagt habe. Ich habe darauf immer sehr ausführlich geantwortet, weil ich das nicht auf mir sitzenlassen wollte. Dieser Briefverkehr füllt mittlerweile einen ganzen Ordner.» (Werner B., 40 Jahre, geschieden, eine Tochter, die bei der Mutter lebt)

Faxe oder Briefe mit Gemeinheiten, Drohungen, Unterstellungen sind wie ein Köder, den die andere Seite auswirft. Schwupp – und schon beißt man an. Und sitzt mittendrin im Schlamassel. Jede Unterstellung will ja widerlegt sein, das darf ja so nicht stehenbleiben. Wer weiß – vielleicht interpretiert sonst die Gegenseite das Schweigen als Zustimmung und beruft sich womöglich vor Gericht darauf? Und so beginnt meist ein unendliches Hin- und Hergefaxe, eine Schraube ohne Ende.

Wie kann man ihr entrinnen? Heide S., 28 Jahre und Mutter eines dreijährigen Sohnes, der bei ihr lebt, hat es so gemacht:

«Ich weiß nicht, wie viele Faxe wir insgesamt getauscht haben. Es waren Hunderte. Und sie wurden immer länger, weil es ja immer mehr klarzustellen galt. Das war ein Teufelskreis, aus dem ich nicht mehr herausfand. Ich habe Stunden damit zugebracht, diese Faxe zu beantworten. Es war schrecklich. Irgendwann habe ich meine Anwältin angerufen und gefragt, was ich machen soll, damit das aufhört. Sie hat mir etwas geraten, worauf ich auch selbst hätte kommen können, aber irgendwie habe ich den Wald vor lauter Bäumen nicht mehr gesehen: Sie sagte, ‹Schreiben Sie ihm einfach, daß das, was er behauptet, nicht stimmt. Gehen Sie nicht auf Details ein. Widersprechen Sie dem ganzen Inhalt pauschal. Das reicht als juristische Absicherung.› Das hat prima funktioniert. Plötzlich war die Luft raus. Seither gab es nur noch Faxe, in denen wir Terminfragen geklärt haben. Ich kann es bis heute kaum glauben, daß die Lösung so einfach war.»

Faxe sind dennoch immer nur eine Notlösung. Persönliche Absprachen sind menschlicher. Wenn Eltern gut miteinander umgehen können, treffen sie sich sowieso alle paar Monate, um über die Entwicklung des Sprößlings zu sprechen. Dabei lassen sich dann auch Terminfragen in aller Ruhe klären. Und diejenigen, die lieber Abstand voneinander halten, sollten die Terminabsprachen telefonisch regeln.

Faxe haben immer etwas Bürokratisches, Entfremdetes, Förmliches. Hier geht es aber um ein gemeinsames Kind, nicht um ein Stück Frachtgut. Es bleibt dem Kind nicht verborgen, wie seine Eltern mit ihm umgehen, auch bei Terminabsprachen, die es ja unmittelbar betreffen. Würden Sie selbst wollen, daß andere Menschen Termine, die Sie selbst persönlich zutiefst betreffen, per Fax absprechen? Wohl kaum. Versuchen Sie, auch für Ihr Kind entsprechend zu handeln. Und bedenken Sie, welches Vorbild die Kinder mit ins Leben nehmen, wenn Sie es nicht schaffen, als Erwachsene zumindest nach einiger Zeit zu einem vernünftigen Umgang miteinander zu kommen. Faxe sollten die Ausnahme bleiben.

So erleben es die Stiefmütter und -väter

Wie verhalten sich die Stiefmütter oder Stiefväter, wenn die Partnerin oder der Partner sich mit dem anderen Elternteil wegen der Besuchsregelung streitet? Können bzw. wollen sie sich komplett raushalten, oder mischen sie sich ein? Mit beidem gibt es Erfahrungen – gute wie schlechte:

«Ich konnte es nicht mit ansehen, wie mein Freund sich da immer ereifert hat, wenn er sich um die Besuchstermine mit seiner Ex-Frau gestritten hat. Wir haben anschließend darüber gesprochen, und ich habe ihn gebeten, die Absprachen doch dann zu treffen, wenn das Kind nicht dabei ist. Da der Kleine schon in die Schule geht, kann er vormittags bei seiner Ex anrufen. Seit er das tut und konsequent darauf achtet, ist Ruhe.» (Sarah B., Besuchsstiefmutter des achtjährigen Sohnes ihres Freundes)

«Ich habe mich in mein Zimmer verzogen, wenn Greta mit ihrem Ex-Mann die Termine für die Besuche von Johann verhandelt hat. Ich konnte nicht ertragen, was da an Gekeife und Bösartigkeiten abging. Zum Glück war Johann dann schon im Bett. Aber mir hat es jedesmal den ganzen Abend versaut, denn anschließend war Greta natürlich zu nichts mehr zu gebrauchen. Es dauerte Stunden, bis ich sie wieder aufgerichtet hatte.» (Felix M., Stiefvater des zehnjährigen Sohnes seiner Freundin)

«Als die Telefonate beim dritten Mal immer noch ein Chaos waren und in Schreierei endeten, habe ich meinen Mann beiseite genommen und ihm gesagt, daß es so nicht geht. Er selbst hat gar nicht gemerkt, in was er da reinrutscht. Wir haben dann mit dem Anwalt gesprochen, und er hat uns geraten, die Termine für ein halbes Jahr im voraus festzulegen. Änderungen sollten nur aus zwingendem Grund möglich sein und schriftlich zwei Wochen vorher angemeldet bzw. begründet werden. Mein Mann hat das seiner Ex-Frau dann schriftlich vorgeschlagen, in neutralem, freundlichem Ton. Den Brief haben wir zusammen mit dem Anwalt aufgesetzt. Und siehe da – seither klappt es reibungslos.» (Gisela B., 37 Jahre, Besuchsstiefmutter für Konrad, 12 Jahre)

Gisela B. berichtet von einer Möglichkeit, die Eltern viel zu selten nutzen, um dem gegenseitigen Telefon-Terror ein Ende zu machen: die Einschaltung der Scheidungsanwältin bzw. des -anwalts. Es kann auch eine andere neutrale Person sein, z. B. eine Mitarbeiterin/ein Mitarbeiter des Jugendamtes oder einer öffentlichen Beratungsstelle. Sie kennt die Situation des Paares und hat die bisherigen Auseinandersetzungen meist verfolgt. Sie ist in der Lage – wie schon am Beispiel des Fax-Terrors gezeigt –, emotionslos und sachlich Lösungen vorzuschlagen, die den Interessen aller Beteiligten gerecht werden. Das beweist auch die Erfahrung von Sieglinde F. Ihre vierzehnjährige Tochter und ihr sechzehnjähriger Sohn leben seit der Trennung vor 10 Jahren beim Vater, der in zweiter Ehe verheiratet ist. Sie berichtet:

«Anfangs hat mein Ex-Mann die telefonischen Absprachen nur dazu benutzt, um wieder mit mir in Kontakt zu kommen, mich zu bedrängen und mir Vorwürfe zu machen. Ich habe mich natürlich gewehrt, so gab ein Wort das andere, und nach jedem Telefonat war ich in Tränen aufgelöst. Ich fühlte mich schuldig, ihn verlassen und meine Kinder im Stich gelassen zu haben. Ich habe mich dann mit meiner Anwältin beraten. Sie hat mir empfohlen, mich auf die notwendigen Absprachen zu beschränken und jeden Versuch weitergehender Gespräche freundlich, aber bestimmt abzublocken. Das ist mir beim zweiten und dritten Mal auch tatsächlich gelungen, und seither ist Ruhe. Offenbar ist die Botschaft angekommen. Heute beschränken wir uns beide nur auf die Formalien, und dabei können wir sogar in normalem Ton miteinander reden.»

Und die Kinder?

Für Kinder stellen sich die Konflikte, die die Besuchsregelung mit sich bringt, völlig anders dar. Sie wollen sich ja mit dem anderen Elternteil treffen, sie vermissen ihn – zumindest in der Mehrzahl der Fälle. Natürlich gibt es auch Kinder, die kein Interesse an solchen

Besuchen haben. Aber sie sind die Ausnahme. Oder sie lehnen die Besuche ab, weil sie schlechte Erfahrungen damit gemacht haben. Kurz nach der Trennung oder Scheidung jedoch wollen fast alle den anderen Elternteil möglichst häufig treffen.

«Ich hatte total Sehnsucht nach meinem Vater. Er wohnte zwar nicht weit weg, aber meine Mutter wollte anfangs nicht, daß ich ihn besuche. Das habe ich deutlich gespürt. Sie guckte jedesmal so komisch, wenn ich davon anfing. Als ich dann nach dem Besuch geweint hab, hat sie mich aber ganz lieb getröstet und mir gesagt, daß ich bald wieder hin darf.» (Justus, 8 Jahre)

«Ich wollte unbedingt meinen Papa besuchen. Es war mir total egal, ob das meiner Mutter gepaßt hat oder nicht. Er hat immer tolle Sachen mit mir gemacht, wir sind ins Kino gegangen, oder er hat Video-Kassetten besorgt. Und abends sind wir ins Restaurant zum Essen gegangen, das macht meine Mutter nie mit mir. Ich fand es total doof, daß sie sich immer mit ihm gestritten hat, wenn ich zu ihm wollte. Und nie hat es geklappt, daß ich mal spontan zu ihm durfte. Das mußte immer wochenlang vorher abgesprochen werden. Total nervig. Ich bin froh, wenn ich alt genug bin, um das selbst zu entscheiden. Dann gehe ich öfter zu ihm, und auch mal zwischendurch. Ist mir egal, wenn ihr das nicht paßt.» (Jennifer, 12 Jahre)

«Ich würde so gern mal meinen Papa zu mir einladen und ihm mein Zimmer zeigen. Aber das erlaubt meine Mama nicht. Das finde ich schade.» (Dorothee, 8 Jahre)

Kinder verstehen nicht, warum die Eltern nicht «normal» miteinander umgehen können. Eigentlich wollen sie, daß alles beim alten bleibt. Aber genau dieser Wunsch kann ihnen nicht erfüllt werden. Nach einer Scheidung bzw. in einer Stieffamilie ist nichts mehr, wie es einmal war. Alles ist ungewohnt. Kinder versuchen dann, sich die Erinnerung noch einmal zurückzuholen und suchen die Nähe des verlorenen Vaters bzw. der Mutter. Der Elternteil, bei dem sie leben, darf sie davon nicht abhalten, sondern muß sie dabei unterstützen. Auch wenn es ihm noch so schwerfällt.

Stiefmütter und Stiefväter haben dabei eine besonders verantwortungsvolle Aufgabe. Sie können zur Versachlichung der Atmosphäre beitragen und beim Kind die Liebe zum abwesenden leiblichen Elternteil unterstützen. Wenn sie sich in den Streit einmischen, ihn sogar anheizen oder verschärfen, verstärken sie nur die Loyalitätskonflikte der Kinder.

«Mein Stiefvater hat sich immer auf die Seite meiner Mutter gestellt. Er hat kein gutes Haar an meinem Vater gelassen. Ich hab ihn dafür gehaßt.» (Felix, 15 Jahre)

«Meine Stiefmutter hat immer spitze Bemerkungen gemacht, wenn ich darauf bestanden habe, den Pullover, den meine Mama mir geschenkt hat, anzuziehen. Den hab ich aber immer an, wenn ich zu ihr gehe. Ich fand es saudoof, daß sie mir das immer vermiesen mußte.» (Andrea, 14 Jahre)

«Mein Stiefvater hat mir gesagt, daß er sich freut, wenn ich meinen Papa besuche. Aber das fand ich irgendwie auch doof. Das war so gekünstelt, ich hab ihm das einfach nicht geglaubt. Und daß er mich hinterher ausgefragt hat, was wir miteinander gemacht haben, hat mich regelrecht wütend gemacht. Das geht ihn doch nichts an. Ich hab ihm dann auch nie was Konkretes gesagt.» (Philipp, 13 Jahre)

Heißt das, daß Stiefeltern machen können, was sie wollen, und es ist doch immer verkehrt? Nach unserer Erfahrung – nein. Entscheidend ist jedoch die Wahrhaftigkeit. Kinder spüren jede Unaufrichtigkeit. Ihnen bleibt nichts verborgen, auch keine Unsicherheit. Stiefeltern sollten deshalb rechtzeitig und möglichst gemeinsam mit dem leiblichen Elternteil, mit dem sie zusammenleben, über ihre Gefühle zum Kind bzw. zum anderen Elternteil sprechen. Je klarer ihre Haltung ist, desto leichter wird es dem Kind fallen, damit umzugehen.

«Anfangs hatte ich wirklich Probleme, das Kind einfach zum Vater gehen zu lassen – schließlich wußte ich, wie schweinisch er sich gegenüber seiner Ex-Frau verhalten hatte. Das färbte zwangsläufig auch auf mich ab, und

ich habe das aufs Kind übertragen. Felix war deshalb immer besonders kratzbürstig zu mir, wenn er zu seinem Vater ging oder von ihm zurückkam. Mit der Zeit gelang es mir aber, dem Mann gegenüber gelassener zu werden. Ich habe erlebt, daß er mit seinem Sohn durchaus vernünftig umging und daß dieser schöne Erlebnisse mit ihm hatte. Das hat meine Zurückhaltung dann etwas gelöst und – ohne daß wir darüber gesprochen haben – auch das Verhältnis zwischen Felix und mir positiv beeinflußt. Er spricht inzwischen offen mit mir über seinen Vater und erzählt, was er mit ihm gemacht hat. Das bewegt mich sehr.» (Johannes B., 52 Jahre, Stiefvater des fünfzehnjährigen Felix)

«Mein Mann achtet sehr darauf, daß meine Tochter Kontakt zu ihrem Vater hält. Neulich hat er sie sogar an seinen Geburtstag erinnert, damit sie ihm rechtzeitig ein Geschenk bastelt. Das fand ich richtig rührend.» (Katja D., 28 Jahre, eine achtjährige Tochter)

«Meine vierjährige Stieftochter Viola hat mich in den ersten Jahren der Besuche bei ihrem Vater anschließend regelmäßig mit Nichtachtung und Ungehorsam bestraft. Sie konnte sich wahrscheinlich nicht erlauben, daß sie mich auch noch liebhaben darf – wo sie doch soeben erst ihren Vater verlassen hatte. Da durfte sie nicht froh sein, wieder zu Hause bei Mama und ihrem Ersatzpapa zu sein. Ich glaube, sie hatte das starke Gefühl, ihn im Stich gelassen zu haben, und war uns dafür böse. Meine Frau und ich haben sie dann einfach so genommen, wie sie war. Mal brauchte sie eine Extra-Portion Vorlesen, mal wollte sie einfach nur in Ruhe gelassen werden, mal brauchte sie irgendeinen Anlaß – z. B. hinfallen oder sich stoßen –, um weinen zu können. Wir haben uns darauf eingestellt, ohne sonderlich nachzubohren. Das hat sich bewährt. Am nächsten Tag war meist alles wieder im Lot.» (Walter T., 46 Jahre)

Es hängt entscheidend von den Erwachsenen ab, mit welcher Erwartungshaltung Kinder in diese Besuche gehen bzw. wie sie sie anschließend verarbeiten. Wird schon die Absprache in Streit und Zorn getroffen, kann das Kind kaum gelassen zu Mutter oder Vater gehen. Spiegeln Eltern oder Stiefeltern nach außen hin Freundlichkeit und Wohlwollen vor, platzen aber innerlich fast vor Zorn, fühlt das Kind diese Diskrepanz. Schauspielern funktioniert nicht. Selbst wenn die Kinder mitspielen, wissen sie innerlich genau, daß sie in Kulissen stehen. Erlebt das Kind Kälte, Distanz und Haß bei der Übergabe, wird es darauf reagieren. Für solche Reaktionen haben Kinder ein ganzes Arsenal an Verhaltensweisen parat. Sie werden bockig, verschlossen, nervös, sie machen ins Bett oder knabbern an den Fingernägeln. Was immer sie tun – sie senden damit einen Hilferuf an die Erwachsenen: Geht anders miteinander um!

Wer holt, wer bringt das Kind?

Ein weiterer Anlaß für Machtkämpfe ist die Frage: Wer bringt bzw. holt das Kind? Auch das kann zu Streit führen. Manche Eltern benutzen auch solche Gelegenheiten, um ihr Mütchen aneinander zu kühlen. Und die Kinder stehen dazwischen und müssen die Konflikte aushalten.

«Das Holen und Bringen war bei uns immer ein hochsensibler Bereich. Jedesmal entstand ein Geziehe und Gezerre um die Frage, wer dran ist. Mein Ex-Mann bestand darauf, daß ich für den Bring- und Holdienst zuständig war, was ich überhaupt nicht einsah. Einmal gab es deswegen einen Riesenzoff. Am Tag, als Konstantin zu seinem Vater sollte, haben wir uns schon morgens, als er ihn abholte, über die Übergabemodalitäten am Abend in die Wolle gekriegt. Er wollte unbedingt, daß ich das Kind hole. Mir paßte es besser, wenn er ihn bringt, weil ich den ganzen Tag zu Hause arbeiten mußte – ich bin Übersetzerin und mußte dringend einen Buchauftrag fertigmachen. Da mein Ex-Mann sowieso ein anderes Kind, das zum Spielen bei ihm war, nach Hause bringen mußte, bat ich ihn, dann auch Konstantin vorbeizubringen, zumal der Weg nicht weit ist. Er ließ das offen, wollte sich am Nachmittag dazu noch einmal äußern, sagte aber nicht konkret nein. Ich erhielt dann keinen Anruf mehr und ging davon aus, daß er das Kind bringt. Als Konstantin um 19 Uhr immer noch nicht

da war, habe ich bei meinem Ex-Mann zu Hause angerufen. Ich bekam seine Freundin ans Telefon, die auf meine Frage, wo mein Sohn sich befinde, nur spitz sagte: ‹Wieso, der ist hier, den wollten Sie doch abholen.› Ich habe darauf nicht geantwortet, sondern mir gleich meinen Ex-Mann geben lassen. Der tat so, als wisse er von nichts: ‹Der sitzt vor dem Kamin und ißt Würstchen.› Darauf entspann sich folgender Dialog: Ich: ‹Und wo ist Maria (die Spielfreundin)?› Er: ‹Zu Hause, bei ihrer Mutter.› Ich: ‹Die hast du also gefahren?› Er: ‹Ja.› Ich: ‹Und warum hast du Konstantin dann nicht nach Hause gebracht?› Er: ‹Den wolltest du holen.› Ich: ‹Das stimmt nicht, du wolltest noch einmal anrufen.› Er: ‹Das habe ich eben nicht getan, ich bin eben auch mal Schwein.› Ich: ‹Ich muß jetzt also extra los und ihn abholen?› Er (genüßlich): ‹Ja.› Ich: ‹Arschloch.› Bumm – lag der Hörer auf der Gabel. Wutschnaubend bin ich bei ihm ins Haus gestürmt, habe wortlos mein Kind gepackt, ins Auto verfrachtet und bin weggefahren. Konstantin wußte gar nicht, wie ihm geschah, fragte nur: ‹Mami, warum bist du so spät gekommen?› Da habe ich ihm erst einmal erklärt, wie alles gelaufen war, und daß sein Vater sich nicht an die Absprachen gehalten hat. Gleichzeitig tat der Kleine mir so leid, weil ich ihn damit in die Sache mit hineingezogen habe – aber was sollte ich machen? Mein Ex-Mann hat das bewußt in Kauf genommen. Er hat das Kind dazu benutzt, sein Mütchen an mir zu kühlen. Das hat mich rasend gemacht. Und so etwas läßt sich nicht verbergen. Konstantin ist dann ein halbes Jahr nicht mehr zu ihm gegangen, weil er solchen Streit nicht wieder erleben wollte. Ich habe mir anschließend Vorwürfe gemacht, daß ich anders hätte reagieren müssen. Es geht doch um das Kind. Und ich habe mich in einen Machtkampf hineinziehen lassen, den ich doch schon morgens absehen konnte. Das war unklug. Es wäre mir kein Zacken aus der Krone gebrochen, wenn ich das Kind abgeholt hätte. Und ich hätte unserem Sohn einen großen Konflikt erspart. Aber sonderbarerweise haben die Absprachen mit meinem Ex-Mann danach anstandslos geklappt. Meist hat er Konstantin geholt und auch wieder gebracht. Zwei Jahre später hat er sich für sein damaliges Verhalten bei mir entschuldigt.» (Hildegard G., 44 Jahre, ein Sohn)

Schwierig wird es auch, wenn mit den Besuchen einiger Aufwand verbunden ist, z. B. mit einer Fahrt in eine andere Stadt. Zerstrittene Paare geraten sich dann gern um Benzingeld und Zeitaufwand in die Haare. Manchmal müssen auch die Stiefväter und -mütter dazu herhalten, die unangenehmen Hol- und Bringdienste zu übernehmen. Auch für solche Konflikte gibt es nur eine Lösung: Klare Absprachen treffen und einhalten, die die Last gerecht auf beide Familien verteilen. Wenn es nicht anders geht, sollte auch hierfür externe Beratung in Anspruch genommen werden. Das ist besser, als das Kind wütend und grollend nach Hause zu fahren.

Bei größeren Entfernungen sind Flugreisen oft die einzige Möglichkeit für kleinere Kinder, Vater oder Mutter zu besuchen. Kinder unter 14 Jahren sind für eine längere Bahnfahrt zu klein. Bei einem Flug kann man dagegen die Hilfe der Stewardeß bzw. des Stewards in Anspruch nehmen. Aber auch dieser «Tourismus der Scheidungskinder», der allwöchentlich die Fluggesellschaften beschäftigt, kann die Stieffamilie belasten:

«Meine Ex-Frau hat es nicht ertragen, daß auf dem Formular, das man für das Abgeben und Abholen des Kindes am Flughafen ausfüllen muß, der Name meiner Freundin steht. Ich konnte es aber manchmal einfach nicht einrichten, pünktlich am Flughafen zu sein, so daß sie das Kind abgeholt hat. Ich mußte mir dann immer vorhalten lassen, daß ich die Kleine vernachlässige. Einmal hat sie sogar gedroht, sich das Sorgerecht zurückzuholen. Aber sie kann es sowieso nicht verwinden, daß unsere Tochter auch ihre Stiefmutter liebt.» (Werner H., 45 Jahre, eine dreizehnjährige Tochter, die bei ihm lebt)

Bei solchen Querelen gibt's nur eins: gelassen bleiben! Irgendwann wird sich die andere Seite an den Status quo gewöhnen.

«Du kommst mir hier nicht über die Schwelle!»

Wenn das Kind direkt geholt oder gebracht wird, läßt sich eine persönliche Begegnung der Beteiligten nicht vermeiden. Sie birgt meist Tonnen von Sprengstoff: Stiefeltern sind eifersüchtig auf die leiblichen Eltern, sie dulden nicht, daß der andere Elternteil die Wohnung betritt. Und umgekehrt ertragen es viele leibliche Mütter oder Väter nicht, daß ihr Kind zu Stiefvater oder Stiefmutter ein gutes Verhältnis hat. Sie verweigern deshalb jeglichen Kontakt, auch den an Wohnungs- oder Haustür. Sie wachen wie ein bissiger Hund über diese Zone ihres Privatlebens. Die Kinder werden dann in fremder Umgebung – im Café, auf dem Parkplatz, im Park – «ausgetauscht», was für sie in der ohnehin schon schwierigen Situation eine zusätzliche Belastung bedeutet.

«Das erste Mal nach der Scheidung hat mein Ex-Mann die Kinder bei mir abgeholt und auch wieder hergebracht. Bei der Begrüßung waren wir alle sehr befangen, und er ist steif an der Tür stehengeblieben. Inzwischen kommt er wenigstens mit in den Flur, weiter traut er sich nicht, und das finde ich auch gut so. Das ist mein Raum, und darin hat er heute nichts mehr zu suchen. Wenn die Kinder ihm aber ihre Zimmer zeigen wollen, habe ich nichts dagegen. Nur: Ich muß ihn nicht zum Tee auf meine Wohnzimmercouch bitten.» (Doris F., 29 Jahre, geschieden, alleinstehend, 2 Kinder, die bei ihr leben)

«Mein Mann ist strikt dagegen, daß mein Ex-Mann zu uns in die Wohnung kommt. Deshalb klingelt der nur kurz und wartet dann unten vor der Haustür, bis ich ihm das Kind runtergebracht habe. Ich finde das irgendwie nicht so gut, aber es hat den Vorteil, daß alles schnell geht.» (Bettina F., wieder verheiratet, 1 Kind, das bei ihr lebt)

«Wir haben die erste Übergabe auf dem großen Parkplatz am Fernsehturm gemacht. Das war gespenstisch. Es war Februar und schon früh dunkel. Da huschten zwei kleine Mäuse wortlos von einem Auto ins andere, aber der Blick, mit dem sie uns ansahen, als wir da so hilflos voreinander standen,

der ging mir durch Mark und Bein. Und auch mein Ex-Mann blieb davon nicht unberührt. Seither haben wir uns darauf verständigt, daß Klaus die Kinder immer bei mir abholt und sie auch wieder bringt. Er kommt mit rein, und wir besprechen kurz, wie das Wochenende war, und dann geht er wieder. Die Kinder kommen damit gut klar und lassen ihn ohne Geschrei und Gezeter gehen. Sie wissen, daß sie ihn bald wiedersehen. Und ich kann damit leben, daß er hin und wieder auch über meine Schwelle tritt.» (Gladys W., 33, 2 Töchter im Alter von 5 und 7 Jahren, alleinstehend)

So ruhig und gelassen geht es leider selten zu. Oft sind es die neuen Partner, die in Konkurrenz zu den leiblichen Eltern treten und dadurch die Übergabe für die Kinder schmerzlich und unangenehm gestalten.

«Lydia kann es überhaupt nicht ertragen, daß Gerda – meine erste Frau – die Kinder bei uns abholt. Sie besteht darauf, daß ich sie hinbringe und auch wieder hole, weil sie nicht will, daß Lydia zu uns ins Haus kommt, und sei es nur in den Flur. Als das einmal passierte, als sie nicht da war, hat sie mir hinterher eine dramatische Szene hingelegt und mir vorgeworfen, ich hätte sie hintergangen, Gerda habe hier nicht rumzuspionieren, und so weiter. Ich verstehe das bis heute nicht. Sie ist doch keine Bedrohung für uns.» (Joachim F., geschieden, 2 Kinder, die bei ihm leben)

«Ich finde es völlig normal, daß Nicolai seinen Vater mit reinbringt, wenn der ihn nach dem Besuch zurückbringt. Aber wenn er auch seine neue Frau mitbringen würde – das könnte ich nicht ertragen. Die kommt mir hier nicht über die Schwelle. Das ist eine so blöde Zicke, es reicht, daß das Kind bei den Besuchen mit ihr zusammenkommt. Die soll mir meine private Umgebung nicht auch noch mit ihrer negativen Energie verpesten.» (Renate K., 36 Jahre, alleinstehend, eine siebenjährige Tochter)

«Mein Mann hat sich die Kinder oft von seiner Ex-Frau bringen bzw. zurückbringen lassen. Sie ist dann immer automatisch mit hereingekommen, sogar bis ins Wohnzimmer. Ich fand das sehr distanzlos. Sie hätte wenigstens fragen können. Ich hab ihm dann mal gesagt, daß ich das nicht will. Er hat es ihr dann erzählt, und sie hat darauf sehr pikiert reagiert und den Kin-

dern gesagt: ‹Eure Stiefmutter will nicht, daß ich euch nach Hause begleite.› So ein Quatsch. Da habe ich begriffen: Ich muß so etwas selbst regeln. Mein Mann ist ja nicht der Bote für meine Nachrichten. Also habe ich sie das nächste Mal angesprochen, obwohl ich dafür allen Mut zusammennehmen mußte! Ich habe ihr gesagt, daß sie die Kinder gern in deren Zimmer oder im Flur verabschieden kann, daß ich aber nicht möchte, daß sie ins Wohnzimmer kommt, sie möge das bitte verstehen. Anfangs war sie ziemlich perplex – wir hatten nämlich noch nie miteinander geredet –, aber dann hat sie es akzeptiert. Und inzwischen frage ich mich, ob es nicht mal angebracht wäre, sie auf eine Tasse Tee hereinzubitten.» (Elisabeth K., 44, 2 Stiefkinder)

An dem letzten Beispiel wird deutlich, wieviel lockerer das Verhältnis zwischen Stiefeltern und Eltern wird, wenn sie sich aufrichtig begegnen und die gegenseitigen Grenzen respektieren. Das schafft Vertrauen und ebnet den Weg, sich im Wissen um diese Grenzen besser verständigen zu können.

Scharfe Fronten lassen sich nur vermeiden, wenn es gelingt, sich Respekt füreinander zu bewahren. Die Eltern und deren neue Partner müssen ja nicht gleich enge Freunde werden. Aber wenn sie sich gegenseitig achten, dann profitieren auch die Kinder und das jeweilige Familienleben davon. Je ruhiger und gelassener die Übergabe der Kinder funktioniert, desto weniger werden sie anschließend ihre Wut oder Hilflosigkeit über den Verlust des anderen Elternteils in der Familie – und damit auch bei Stiefmutter oder Stiefvater – austoben müssen.

Die erste Begegnung der Erwachsenen

Wenn sich leibliche Eltern und Stiefeltern nach einer Trennung das erste Mal begegnen, ist das besonders heikel. Es gibt in dieser Situation keinen einheitlichen, «richtigen» Weg, sondern viele Möglichkeiten, damit umzugehen. Jedes Paar sollte gemeinsam überlegen, welcher Rahmen am wenigsten Konfliktstoff für die erste Begegnung birgt.

«*Die Mutter meiner Stiefkinder äußerte gleich nach der Trennung den Wunsch, mich persönlich und auch meine Wohnung kennenzulernen, weil sie wissen wollte, in welcher Umgebung sich ihre Kinder zukünftig bewegen. Das habe ich respektiert. Sie kam dann mit den beiden Kindern an einem Sonntagnachmittag zu mir, mein Freund war schon einen Tag vorher da. Ich war sehr aufgeregt und habe mich gewundert, wie freundlich lächelnd sie mit den beiden Mädchen die Treppe heraufkam. Das war aber nur Maske. Das Gespräch war dann weniger erfreulich. Sie brach vor den Kindern in Tränen aus und wollte uns nahelegen, beide Kinder zu übernehmen, denn nun wären wir ja die richtige Familie. Ich habe versucht, das Gespräch in andere Bahnen zu lenken, und ihr vorgeschlagen, das ein andermal zu besprechen. Die Kinder saßen mit Elefantenohren auf dem Sofa und haben mit großen Augen verfolgt, was wir da reden. Nach einer Stunde ist sie mit den Kindern dann wieder nach Hause gefahren. Im nachhinein denke ich, wir hätten es anders organisieren sollen. Es wäre besser gewesen, wir wären uns erst einmal allein begegnet, ohne die Kinder.*» (Katharina W., 38 Jahre, Besuchsstiefmutter von 2 Mädchen, 7 und 11 Jahre)

«*Als klar war, daß mein Ex-Mann eine neue Lebensgefährtin hat, wollte ich die Frau kennenlernen. Es war mir wichtig zu wissen, mit wem meine Tochter Julia da alle zwei bis vier Wochen zusammen ist. Wir haben uns bei ihm zu Hause verabredet. Es war Ende November. Da saßen die beiden dann gemeinsam auf dem Sofa, auf dem vorher ich mit ihm gesessen hatte, hielten Händchen und demonstrierten Zweisamkeit. Das Kind war dabei und natürlich total neugierig, was die Erwachsenen da miteinander besprechen. Anfangs lief alles einigermaßen locker. Wir machten ein bißchen Konversation. Aber dann sprach mein Ex-Mann plötzlich das Thema Weihnachten an. Er schlug vor, daß Julia den 24. Dezember bei ihm verbringt, da auch seine Lebensgefährtin mit ihren beiden Kindern kommen wollte. Ich habe gesagt, daß ich es nicht gut finde, wenn Julia ausgerechnet dieses Fest* nicht bei mir verbringt – schließlich bin ich ihre Hauptbezugsperson, bei mir lebt sie, und da sollte sie auch Weihnachten, Ostern und ihren Geburtstag feiern. Beim Vater kann sie das gern einen Tag später nachholen. Als ich das bewußt ruhig und gelassen erläuterte, sagte diese Frau doch glatt: ‹Na, das ist ja eine Kampfansage.› Ich war total verblüfft. Was fiel der eigentlich ein? Mit welchem Recht mischte sie sich überhaupt ein? Ich war darüber total empört, konnte aber nicht adäquat darauf eingehen, weil ja das Kind ständig dabei war. Ich habe den Besuch dann kurzerhand abgebrochen. Daraus habe ich zweierlei gelernt: Erstens: Verabrede dich für das erste Treffen nie im ‹Revier› deines Partners, sondern auf neutralem Boden. Zweitens: Begegne dem neuen Partner bzw. der neuen Partnerin immer erst ohne das Kind oder die Kinder. Und außerdem: Laß dir nichts gefallen.» (Laura P., 36 Jahre, geschieden, eine Tochter)

«Wir hatten für die erste Begegnung ein Picknick im Stadtpark auf der großen Wiese geplant. Da war viel Leben um uns herum, und die Kinder fanden sofort Spielkameraden. So konnten wir uns in Ruhe miteinander unterhalten. Danach haben wir uns dann noch einmal bei uns zu Hause getroffen, weil Stefanie wissen wollte, wo sie ihre Kinder hinschickt, wenn sie uns besuchen. Diese Begegnung war dann schon recht zwanglos, weil die erste so positiv verlaufen war. Das hat viel dazu beigetragen, daß wir bis heute entspannt miteinander umgehen können.» (Gabriele V., 28 Jahre, 2 Besuchsstiefkinder)

Für die erste Begegnung ist ein neutraler Rahmen sicher besser als die private Wohnung. Da gibt es kein Revierverhalten, keine neugierigen Blicke auf die Einrichtung, weniger Steifheit und Befangenheit. Sind die Kinder dabei, ist ein Ort sinnvoll, an dem sie sich austoben können. In geschlossenen Räumen läßt sich erfahrungsgemäß ihre Energie weniger kanalisieren. Außerdem läßt sich in neutraler Umgebung auch besser beobachten, wie Mutter und Stiefmutter bzw. Vater und Stiefvater mit den Kindern umgehen.

Die erste Begegnung der Stiefgeschwister

Ein ebenso heikler Punkt wie die erste Begegnung der Erwachsenen ist das erste Zusammentreffen von Kindern aus zwei Familien, die künftig zusammenwohnen sollen oder zumindest zu den Besuchszeiten zusammensein werden. Wenn sie es mit ungefähr Gleichaltrigen zu tun haben, überwinden Kinder ihre Befangenheit schnell. Schwieriger ist das erste Zusammentreffen oft, wenn zwischen den Kindern ein großer Altersunterschied ist.

«Als wir uns das erste Mal begegnet sind, waren mein Bruder und ich 10 und 5 Jahre alt, mein Stiefbruder war auch 5 und meine Stiefschwester 9. Wir jüngeren haben gleich angefangen, miteinander zu spielen. Die größeren fanden sich nicht so hinreißend.» (Katja, 17 Jahre)

«Als ich vor zwei Jahren das erste Mal mit meinen Stiefgeschwistern zusammengekommen bin, haben wir uns nur gestritten. Ich war bei ihnen zu Besuch, und sie haben mich mit nichts spielen lassen. Sie haben sich regelrecht gegen mich verschworen. Ich bin heulend zu Mama gerannt und habe mich beschwert. Die hat dann mit Rolf gesprochen und der mit seinen Kindern. Danach haben sie mir dann von oben herab ein paar Bauklötze gegeben, aber das Lego durfte ich nicht anrühren. Zu denen wollte ich so schnell nicht wieder, und ich war überhaupt nicht begeistert, daß ich mit meiner Mutter bei Rolf einziehen sollte. Erst nach einigen Monaten wurden Jonas und Sebastian freundlicher zu mir, wahrscheinlich haben sie gemerkt, daß ich ihnen nichts wegnehme. Heute verstehen wir uns ganz gut.» (Petra, 11 Jahre)

«Ich hab meine Stiefgeschwister kennengelernt, als mein Vater mir erzählt hat, daß er eine neue Frau gefunden hat und mit ihr zusammenleben will. Das fand ich erst mal ziemlich schlimm, weil ich Angst hatte, daß er mich dann nicht mehr liebhat. Und deshalb war ich auch sehr unfreundlich zu meinen Stiefgeschwistern, als sie das erste Mal zu uns kamen. Ich habe sie nicht mit meinen Spielsachen spielen lassen, und auch in mein Zimmer

durften sie nicht rein. Die sind dann auch ziemlich bald wieder gegangen.
Und hinterher hat Papa mit mir geschimpft.» (Jessica, 10 Jahre)

Jessicas Vater war wütend auf seine Tochter, weil sie die anderen Kinder nicht so empfangen hatte, wie er sich das wünschte. Aber war ihr das zu verdenken? Sie mußte von einem Tag auf den anderen drei wesentliche Veränderungen verkraften: 1. Der Vater hat wieder eine Frau (die Mutter war zwei Jahre vorher gestorben). 2. Die Frau wird mit ihnen zusammenleben. 3. Sie hat auch noch Kinder.

Jessicas Stellung innerhalb der Familie änderte sich dadurch nachhaltig. Sie war kein Einzelkind mehr, sie erhielt nicht mehr die ungeteilte Aufmerksamkeit ihres Vaters, sondern mußte ihn mit einer Stiefmutter und deren Kindern teilen. Kein Wunder, daß sie sich verweigerte.

Unter solchen Umständen ist es klüger, die Neuerungen häppchenweise einzuführen: Zu Beginn sollten die Kinder die neue Frau kennenlernen, später ihre Kinder, und beides sollte außer Haus geschehen. Kennen sich bereits alle ein wenig von den gemeinsamen Unternehmungen, können die «Fremden» zu Besuch kommen und unter Umständen am Wochenende in der gleichen Wohnung übernachten. Die Kinder merken schnell, welche Vorzüge das hat, und nehmen einander nicht mehr nur als Konkurrenz wahr.

Eltern und Stiefeltern müssen sich klarmachen, daß das erste Zusammentreffen ihrer Kinder deren Einstellung zueinander nachhaltig prägt. Es ist wie bei Erwachsenen: Die ersten Sekunden entscheiden über Sympathie oder Antipathie. Es gilt, die Weichen so zu stellen, daß für Eifersucht und Konkurrenz möglichst wenig Raum bleibt. Deshalb ist es unklug, die erste Begegnung in einer der beiden Wohnungen stattfinden zu lassen. Diejenigen, die dort zu Hause sind, werden die anderen als Eindringlinge betrachten und ihr Revier gegen sie verteidigen. An einem neutralen Ort – am besten im Freien – haben alle die gleichen Ausgangsbedingungen.

Das Problem mit der Anrede

Eine Klippe, die es beim ersten Zusammentreffen von Stiefeltern und Stiefkindern zu umschiffen gilt, ist die jeweilige Anrede. Für die Erwachsenen ist die Sache ziemlich einfach: Kinder werden beim Namen genannt. Bei großen Kindern (über 16) ist es allerdings angebracht, nicht gleich zum vertraulichen «Du» überzugehen, sondern erst einmal beim distanzierteren «Sie» zu bleiben. Einen fremden Menschen redet niemand sofort mit «Du» an. Es zeugt von Respekt, wenn künftige Stiefmütter oder Stiefväter ihre Stiefkinder nicht umstandslos duzen, sondern sie – wie beispielsweise die Lehrer in der Schule – erst einmal siezen (es sei denn, die Kinder bieten das «Du» von sich aus an). Bei gegenseitiger Sympathie kommt das «Du» schnell von allein.

Wie aber sollen die Kinder die Erwachsenen anreden? «Papa» oder «Mama» ist vorläufig unpassend, denn so vertraut ist man noch nicht miteinander. «Stiefpapa» oder «Stiefmama»? Schrecklich. Die Begriffe sind für die meisten von uns einfach negativ besetzt, auch wenn uns der Verstand sagt, daß das Unsinn ist. Also einfach den Vornamen und «Sie» sagen? Ist auch etwas komisch, denn schließlich kennen sich die Beteiligten erst wenige Minuten. Trotzdem scheint uns diese Lösung die beste von allen. Der Name ist schließlich die neutralste aller Anreden. Und ob es erst mal beim «Sie» bleibt oder gleich «Du» gesagt wird, sollte der individuellen Situation und Ihrem Gefühl vorbehalten sein.

Als Erwachsene sollten Sie den Kindern die Befangenheit bei der ersten Begegnung dadurch nehmen, daß Sie einen Vorschlag zur gegenseitigen Ansprache machen. Am einfachsten ist es, wenn Sie sich bei der Begrüßung so vorstellen, wie Sie angesprochen werden möchten.

«Als ich zum ersten Mal in das Haus meines Mannes – er war Witwer – kam, waren meine Stiefkinder anfangs im ersten Stock in ihren Zimmern. Als sie hörten, daß ich da war, kamen sie die Treppe herunter, ich stand noch un-

ten. Wir guckten uns neugierig an. Ich sagte: ‹Ja, hallo, also ich bin Monika, und du bist bestimmt Andreas und du Claudia.› Damals waren sie 14 und 16. Sie haben nur ‹ja› gesagt, und dann sind wir ins Wohnzimmer gegangen und haben Kaffee getrunken. Kurz darauf sind sie wieder in ihre Zimmer verschwunden, kamen später aber wieder und haben sich erneut zu uns gesetzt. Das wurde eine verhältnismäßig zwanglose Runde. Beim zweiten Mal haben wir viel gelacht, und inzwischen sind wir dicke Freunde geworden.» (Monika L., 52 Jahre, 2 erwachsene Stiefkinder)

Aber selbst wenn die erste Begegnung glücklich überstanden ist, kann es bei der Anrede noch lange Zeit Probleme geben. Vor allem, wenn die Kinder Stiefmutter bzw. Stiefvater nicht ernst nehmen oder gegen sie opponieren.

«Als ich mit meiner Tochter zu meinem Mann und dessen Kindern zog, war mein Stiefsohn 14 Jahre alt. Seine Mutter war fünf Jahre zuvor gestorben. Dieses Kind hat mich sage und schreibe anderthalb Jahre lang nicht mit Namen angesprochen. Er sagte immer nur ‹he, du da› oder ‹hallo, ihr›. Ich habe ihn dann mal beiseite genommen und ihm gesagt, daß ich das ausgesprochen unhöflich finde, und ihn gebeten, mich doch anders anzusprechen. Er meinte dann nur: ‹Ja, aber wie denn?› Ich habe ihm vorgeschlagen, mich einfach beim Vornamen zu nennen. Er sollte ja nicht ‹Mama› zu mir sagen. Es hat dann noch ungefähr sechs oder sieben Monate gedauert, bis er das erste Mal ‹Jutta› zu mir sagte. Aber er vermeidet es heute noch, mich direkt anzureden. In Briefen schreibt er z. B. immer nur: ‹Hallo, alle› oder ‹Hallo, Ihr da›. Das finde ich immer noch ausgesprochen unangenehm und kränkend.» (Jutta F., 46, eine sechzehnjährige Tochter, ein achtzehnjähriger Stiefsohn)

Kinder müssen ihre Stiefeltern nicht lieben, und sie müssen sie auch nicht «adoptieren». Aber die Regeln der Höflichkeit sollten eingehalten werden. Dazu gehört auch, daß man sich beim Namen nennt.

Wie sag ich's meinem Kinde?

Wenn Sie beschließen, sich wieder zu verheiraten, kommen Sie nicht umhin, Ihre Kinder irgendwann einzuweihen. Da sie den Stiefvater oder die Stiefmutter meist schon kennen, werden sie den «Braten» allerdings schon einige Zeit vorher gerochen haben und nicht mehr sehr überrascht sein. Aber es kann auch sein, daß sie sich mit dem Zustand als Kind eines Alleinerziehenden arrangiert haben und nicht erfreut sind, wenn sie nun erfahren, daß sie einen Stiefpapa oder eine Stiefmama bekommen.

Vor allem Jugendliche reagieren sehr empfindlich darauf, plötzlich wieder jemanden im Haus zu haben, der ihnen womöglich den eigenen Platz streitig macht und sie in die «Kinderecke» verweist, in der sie sich nicht mehr richtig aufgehoben fühlen. Jugendliche verhalten sich dann häufig aggressiv und abweisend gegenüber dem künftigen Stiefelternteil, selbst wenn sie bisher gut mit ihm ausgekommen sind. Aus dem Freund oder der Freundin wird plötzlich ein Feind, der die Mutter bzw. den Vater klaut. Das Zusammensein oder Zusammenleben können sie gerade noch akzeptieren, das ist ja noch nichts «Ernstes». Eine Hochzeit aber schafft vollendete Tatsachen, und zwar ein für allemal. Und davor haben Jugendliche Angst. Angst, daß sie Vater oder Mutter verlieren, nicht mehr für sich haben. Durch die Trennung, Scheidung oder Tod haben sie ohnehin schon einen Verlust erlitten. Einen zweiten können und wollen sie nicht verkraften, und deshalb wehren sie sich häufig mit Händen und Füßen dagegen.

Hinzu kommt, daß Jugendliche damit beschäftigt sind, sich von den Eltern zu lösen. Sie fühlen sich ständig hin- und hergerissen zwischen dem Wunsch nach Selbständigkeit und der Sehnsucht, sich noch ein bißchen länger an Mutter oder Vater anlehnen zu dürfen. Die Mitteilung, daß Mama oder Papa wieder heiraten, kann Panik in ihnen auslösen. Sie haben Angst, nun tatsächlich alleingelassen zu werden, obwohl sie sich noch gar nicht reif dafür fühlen, sondern nur ein bißchen mit dem Selbständigsein kokettieren.

Erwachsene Kinder reagieren oft besonders schroff auf Heirats-pläne ihrer alleinstehenden Eltern. Sie finden es unanständig, daß diese in ihrem Alter noch den Wunsch nach Zweisamkeit haben. Oft wird Sexualität älteren Menschen von jungen nicht mehr zu-gebilligt. Viele schämen sich dafür, daß eine fünfzig- oder sechzig-jährige Mutter sich einem Mann hingibt bzw. ihn begehrt. Daß sie ebenso wie eine Zwanzigjährige Schmetterlinge im Bauch hat, wenn sie den Geliebten sieht, können sie kaum glauben.

Rechnen Sie also nicht mit Jubel und Hurrageschrei, wenn Sie voller Glück und Seligkeit von Ihren Heiratsplänen erzählen. Er-warten Sie nicht, daß die Kinder Ihnen dafür um den Hals fallen. Tun sie's dennoch – um so besser.

«Mir hat es gefallen, daß mein Vater nach dem Tod meiner Mutter wieder geheiratet hat. Er strahlt jetzt wieder so ein Glücklichsein aus. Und das tut uns allen gut.» (Claudia, 19 Jahre)

«Ich habe erst von meiner jüngeren zukünftigen Stiefschwester bei einem gemeinsamen Stadtbummel erfahren, daß mein Vater ihre Mutter heiraten will. Darüber war ich sehr betroffen und dachte, mein Vater hat kein Ver-trauen zu mir.» (Anna, 17 Jahre)

Stehen Sie zu Ihren Wünschen und zu Ihrem Glück mit Ihrem neuen Partner. Zeigen Sie den Kindern, wieviel glücklicher Sie sind und daß das letztlich auch ihnen zugute kommt. Sie können und müssen auf Ihrem Recht bestehen, Ihr eigenes Leben zu führen, für das nur Sie allein verantwortlich sind und in dessen Gestaltung Ih-nen auch kein Kind hineinzureden hat. Was die Kinder für sich for-dern, steht auch Ihnen als Mutter oder Vater zu.

Bei kleinen Kindern liegen die Dinge oft einfacher. Für sie ist es wichtig, daß die Mutter oder der Vater als feste Bezugsperson er-halten bleibt. Ob da zusätzlich noch jemand dazukommt, ist ihnen oft nicht so wichtig. Sie können es den Kindern leichtmachen, wenn Sie ihnen Ihre Wünsche nahebringen: «Du weißt ja, daß Peter oft mit uns zusammen ist und viel Zeit mit uns verbringt. Wir machen viel miteinander, und bisher hat dir das doch ganz gut gefallen. Ich möchte, daß er immer bei uns ist und mit uns zusammenlebt. Peter möchte das auch gern und freut sich darauf. Wir wollen gern heiraten. Das bedeutet, daß wir uns versprechen, immer aufeinander aufzupassen, uns liebzuhaben und zusammenzuhalten. Und wir versprechen uns dabei auch, immer gut auf dich aufzupassen und dich nicht alleinzulassen. Wie findest du das?»

Erwarten Sie nicht, daß Kinder das alles sofort verstehen. Ihnen ist es ziemlich egal, ob Sie den Mann bzw. die Frau lieben. Für sie ist viel interessanter, was das konkret an ihrem Leben verändert. Durch die Entscheidung der Erwachsenen können die Kinder z. B. aus ihrem Freundeskreis gerissen werden. In der Schule hatten sie eine Clique, gingen gemeinsam zum Sport oder spielten in einer Band. So ein Freundeskreis ist meist auch mit sozialer Anerkennung verbunden: Im Verein waren sie vielleicht das As, die Nachbarkinder sorgten für Spaß in der Freizeit. Kinder haben ihre eigene Welt, die sie sich über die Jahre aufgebaut haben.

«Ich war völlig verzweifelt, als meine Mutter mir erzählte, daß sie Karl-Heinz heiraten wollte. Nicht, daß ich ihn ihr nicht gegönnt hätte, und ich mochte ihn auch gern, das war nicht das Problem. Aber mir wurde schlagartig klar, was ich verlieren würde. Wir würden umziehen müssen, 500 km weg von der Stadt, in der ich aufgewachsen und verwurzelt war. Ich würde meine Freunde nicht mitnehmen können, mein Zuhause, meinen Tennisclub. Ich hatte keine Chance – und das hat mir sehr wehgetan.» (Petra, 16 Jahre)

Sie werden Antworten geben müssen auf Fragen wie: Wann ziehen wir zusammen? Wo leben wir? Müssen wir umziehen? Wem gehört die Wohnung bzw. das Haus? Was wird sich für mich verändern? Bekomme ich ein neues Zimmer? Muß ich mein Zimmer mit einem anderen Kind teilen? Verliere ich meine Freunde? Wie finde ich das wieder, was ich vorher hatte? Muß ich woanders zur Schule gehen? Wirst du mich immer noch so liebhaben wie vorher? Werde ich dich seltener sehen? Wirst du dich jetzt weniger um mich kümmern? Lebt der neue Papa bzw. die neue Mama immer mit uns? Sagt er oder sie mir dann, was ich tun darf und was nicht? Werde ich meinen richtigen Papa bzw. meine richtige Mama seltener sehen als jetzt?

Oft bleibt eine unbewußte Angst vor der Veränderung bestehen, selbst wenn Sie versuchen, Sicherheit und Klarheit zu vermitteln. Sprechen Sie mit dem Kind über diese Angst. Nehmen Sie es in den Arm und zeigen Sie ihm, daß Sie es weiterhin liebhaben und daß es mit allen Zweifeln und Fragen zu Ihnen kommen kann. Daß es keine Angst haben muß, daß Sie ihm böse sind, wenn es unsicher und verwirrt ist. Suchen Sie gemeinsam nach Lösungen.

Sprechen Sie rechtzeitig mit Ihren Kindern und nicht erst, wenn der Hochzeitstermin feststeht. Und teilen Sie ihnen nicht alles auf einmal mit, sondern bereiten Sie sie langsam darauf vor. Kinder haben einiges zu verarbeiten, und in kleinen Häppchen geht das leichter. Beziehen Sie größere Kinder in Ihre Planung mit ein und lassen Sie sie mitbestimmen, wie die Hochzeit verlaufen soll. Auch der Stiefelternteil sollte mit den Kindern über die bevorstehende Heirat sprechen und sie fragen, was sie davon halten.

«Meine zukünftige Stiefmutter hat beim gemeinsamen Abendessen von der Heirat angefangen. Ich habe ihr gleich gesagt: Ich will das nicht. Sie soll erst kommen, wenn ich ausgezogen bin. Sie ist dann doch schon früher bei uns eingezogen, aber ich fand es gut, daß ich ihr so offen meine Meinung gesagt habe. Sie war nicht beleidigt, sondern hat mich verstanden.» (Jochen, 17 Jahre)

Manchmal können Kinder nicht sofort antworten, sondern brauchen Zeit, um über alles nachzudenken. Lassen Sie ihnen diese Zeit. Geben Sie ihnen das Gefühl, sich nicht unter Druck äußern zu müssen. Im Zusammenleben mit oder ohne Trauschein zeigen Sie den Kindern, daß Verluste der Vergangenheit aufgearbeitet werden können. Daß es Sinn macht, sich auf einen Versuch einzulassen. Sowohl für Sie als auch für die Kinder tut sich damit eine ganz neue Perspektive auf.

Die Stieffamilie wächst zusammen

Wenn Sie sich entschließen, mit Ihrem Partner bzw. Ihrer Partnerin zusammenzuziehen, stellt sich zwangsläufig die Frage: Wo? Bei dir? Bei mir? An einem neuen Ort? Wie auch immer Sie sich entscheiden, Sie müssen das Gewohnte aufgeben und sich auf etwas völlig Neues einlassen. Auch wenn Sie Ihr Zuhause behalten und die anderen bei Ihnen einziehen – nichts bleibt, wie es war. Sie werden Ihr Schlaf- und Wohnzimmer ebenso wie Toilette und Badezimmer von nun an teilen. Sie oder er bringt Möbel und Hausrat mit, die die gesamte Wohnung nachhaltig verändern.

Auch die Kinder müssen sich darauf einrichten, daß ihr vertrautes Zuhause ein anderes Gesicht bekommt. Selbst wenn sie ihr Zimmer behalten und dort fürs erste alles beim alten bleibt, werden sie damit leben müssen, daß nun weitere Zahnbürsten das Badezimmer bevölkern.

Aus zwei Haushalten wird einer

Wenn ein Paar zusammenzieht, um einen gemeinsamen Hausstand zu gründen, bringen beide viel Bereitschaft mit, sich aufeinander einzulassen und etwas Neues zu schaffen. Bei Paaren, die bereits aus einer bestehenden Gemeinschaft oder aus einem langjährigen Single-Haushalt kommen, verläuft dieser Neubeginn anders. Sie haben schon eine Reihe von Gewohnheiten angenommen, die sie nun in die neue Partnerschaft mitbringen. Sie haben sich an Gegenstände und Ordnungen gewöhnt, die sie nun überdenken oder sogar aufgeben müssen. Das ist wesentlich einschneidender und schwieriger als der Start in die erste Lebensgemeinschaft. Es erfordert Zugeständnisse von beiden Seiten, Kompromißbereitschaft, Verständnis, Einfühlungsvermögen. Vielen ist das nicht hinreichend klar, wenn sie ihre beiden Haushalte zusammenwerfen.

«Als ich bei meinem Mann einzog, wurde jede Veränderung argwöhnisch registriert. Ich habe z. B. den Kühlschrank in der Küche in eine andere Ecke gestellt, damit es Raum für einen Sitzplatz gibt. Da hieß es dann: ‹Das war vorher viel gemütlicher und besser.› Aber ich kann ziemlich stur sein, und schließlich wurde die neue Stellordnung akzeptiert. Einige Wochen später gestanden die Kinder sogar ein, daß es so schöner ist, weil man jetzt in der Küche sitzen kann.» (Gerlinde F., 48 Jahre, eine eigene Tochter, zwei Stiefkinder)

«Mein Mann hatte vor meinem Einzug eine große Altbauwohnung mit weitgehend leeren Räumen. Es war klar, daß die sich mit meinen Sachen mehr füllen würden. Nach dem Umzug war er dann einigermaßen entsetzt, wie sich seine Wohnung verändert hatte. Es hat lange gedauert, bis er seinen Frieden damit schloß. Nur die Kinder fanden von Anfang an, daß es mit meinen Sachen gemütlicher war. Ihnen waren die leeren Räume zu kalt.» (Gisela B., 44 Jahre, 2 Stiefkinder)

«Als ich vor acht Jahren in das Haus meines jetzigen Mannes einzog, mußte erst mal alles so bleiben, wie es seine verstorbene Frau gelassen hatte. Ich hatte ziemlich wenige Sachen, die in dem großen Haus nicht weiter auffielen. Mir gefiel aber einiges nicht, was da so rumstand und -hing. Als ich einige Bilder im Flur abhing und sie durch andere ersetzte und auch die Küche von einigem Schnickschnack entrümpelte, war mein Mann völlig entsetzt. ‹Du hast ja all die schönen Sachen weggetan, das geht doch nicht›, sagte er völlig entgeistert. Die Botschaft war klar: Hier darf nichts verändert werden. Für die Kinder war es, als hätte ich das Andenken an ihre Mutter entweiht – ‹Mama hätte das nicht gewollt›, sagten sie. Aber keiner kam auf die Idee, daß ich mich in diesem Haus auch wiederfinden wollte. Noch heute kann ich kaum etwas verändern. Ich fühle

mich immer noch, als sei ich zu Besuch.» (Veronika M., 52 Jahre, 2 erwachsene Stiefkinder)

Erwachsene tragen ebenso wie Kinder Revierkämpfe aus. Gewohntes aufzugeben und sich auf Neues einzulassen, fällt vielen schwer, zumal wenn es sich um jahrelang eingefahrene Gewohnheiten handelt. Oder wenn man jahrelang in ein und derselben Umgebung gewohnt hat, die sich mit einem neuen Partner plötzlich radikal verändert. Solche Brüche erfordern Toleranz, Verständnis und Veränderungbereitschaft auf beiden Seiten. Vielen Paaren ist das nicht klar, wenn sie zusammenziehen. Sie wundern sich dann, daß das nicht ohne Verluste, Verletzungen und Brüche abgeht.

«Als die Kinder meines Mannes zwei Jahre nach meinem Einzug ihr Abitur machten und zum Studium weggingen, habe ich mir ihre Zimmer als Arbeitszimmer hergerichtet. Bis dahin hatte ich kein eigenes Zimmer für mich. Und das war schrecklich. Als Ersatz habe ich ihnen im sehr hellen Souterrain des Hauses zwei Zimmer sehr schön zurechtgemacht. Da können sie wohnen, wenn sie uns besuchen kommen, haben einen eigenen Eingang, ihr eigenes Bad und allen Komfort. Mein Mann und ich haben ihnen erklärt, warum ich ihre Kinderzimmer brauche und daß es so auch für sie praktischer ist. Das haben sie verstanden und fanden es in Ordnung.» (Sabine F., 53 Jahre, in zweiter Ehe verheiratet, 2 Stiefkinder)

Sie können sich das Leben wesentlich erleichtern, wenn Sie schon vor dem Umzug besprechen, was verändert werden soll. Gehen Sie Zimmer für Zimmer durch die Wohnung oder das Haus, machen Sie Vorschläge und finden Sie Kompromisse. Dann wird auch dieser Prozeß für beide Seiten zu einer wichtigen Etappe auf dem gemeinsamen Weg.

Sofern die Kinder alt genug sind und mit in der Wohnung oder im Haus leben werden, sollten auch sie in diesen Prozeß einbezogen werden. Manchmal ergeben sich für sie ebenso einschneidende Veränderungen wie für die Erwachsenen, vor allem, wenn sie ihre Zimmer nicht für sich behalten können, sondern sie teilen oder in andere umziehen müssen. Und natürlich ist das meist Anlaß für heftige Beschwerden und Klagen.

«Als meine Stiefschwestern bei uns einzogen, hatten wir gar keine Wahl. Mama und Peter haben einfach verkündet, daß Sylvie in mein und Leonie in Beas Zimmer einziehen würden, weil das die größten seien und sie fast genauso alt sind wie wir. Nur Anna konnte ihr Zimmer behalten, weil sie die Älteste war. Dabei hatte ich mich so gefreut, daß ich ein Zimmer ganz für mich allein hatte. Ich war stinkesauer, obwohl ich Sylvie gut leiden konnte. Ich bin froh, wenn Anna weggeht, dann krieg ich nämlich ihr Zimmer!» (Marianne, 14 Jahre)

«Mein Zimmer war das größte von den Kinderzimmern, das wurde für die beiden Kleinen gebraucht. Da bin ich dann in ein kleineres Zimmer gezogen, das unterm Dach lag. Das fand ich nicht schlimm, weil es dort viel gemütlicher war mit den schrägen Wänden.» (Sophie, 12 Jahre)

«Als Mama mit uns zu Johann gezogen ist, haben wir alle zusammen beratschlagt, wer welche Zimmer bekommt. Das hat schon Streit gegeben, und wir haben lange hin- und hergeschoben und ausprobiert, wie es gehen könnte. Ein ganzes Wochenende haben wir dafür gebraucht. Und teilweise haben wir am Sonntag wieder umgeschmissen, was wir am Samstag beschlossen hatten. Aber mit dem, wie es jetzt ist, sind alle einigermaßen zufrieden. Ich finde es sogar schöner als vorher.» (Christian, 16 Jahre, eine Schwester, zwei Stiefgeschwister)

Die beste Lösung ist, mit den Kindern gemeinsam zu besprechen, wie die Räume aufgeteilt werden können. Zumindest sollten die Erwachsenen ihnen erklären, warum sie was vorhaben, und nicht einfach über ihren Kopf hinweg bestimmen. Die Eltern sollten den Kindern auch die Möglichkeit geben, über die Gestaltung der Räume mitzubestimmen. Vielleicht läßt sich dabei auch die eine oder andere Vorliebe berücksichtigen. Wenn Kinder vorher ein Zimmer für sich allein hatten, es nach dem Zusammenziehen aber mit Geschwistern oder Stiefgeschwistern teilen müssen, sollten sie auf jeden Fall einen definierten Bereich in diesem Zimmer für sich haben. Einen Bereich, in den ihnen niemand hineinredet, in dem sie für sich sein können. Sie brauchen diese Rückzugsmöglichkeit, um sich nicht aus der Familie ausgeschlossen zu fühlen.

Auch wenn Kinder nur zu Besuch kommen, ist es für sie am schönsten, ein eigenes Zimmer oder – wenn es mehrere sind – zumindest ein gemeinsames Schlafzimmer zu haben. Sie brauchen ihren eigenen Bereich, der ihnen anzeigt: Hier bist du willkommen, hier hast du auch einen eigenen Raum (und sei er noch so klein). Das gilt auch für Kinder, die ausziehen, um beim anderen Elternteil zu leben.

«Ich bin mit 12 Jahren zu meinem Vater gezogen, weil ich mich mit meiner Mutter nicht gut verstanden habe. Meine Mutter hat das so gewollt. Sie hat dann gleich nach meinem Auszug mein Zimmer komplett verändert und daraus ein Gästezimmer gemacht. Das hat mich sehr gekränkt. Schließlich bin ich nicht freiwillig gegangen. Von mir war später in der Wohnung nichts mehr übrig.» (Elisabeth, 18 Jahre)

«Ich habe bei beiden Eltern ein Zimmer. Das bei meiner Mutti ist zwar nur sehr klein, aber es reicht – ich bin da ja sowieso meist nur zum Schlafen. Wenn wir Streit haben, dann verziehe ich mich in die Koje und schmolle. Irgendwann klopft sie dann an, und wir versöhnen uns wieder.» (Verena, 14 Jahre)

«Ich habe bei meinem Papa kein eigenes Zimmer, aber das stört mich nicht. Ich gehe sowieso nur alle paar Monate zu ihm, und dann kann ich im Gästezimmer schlafen. Ich bin dort doch auch nur Gast.» (Achim, 15 Jahre)

«Ich gehe nicht gern zu meinem Vater, weil ich dort überhaupt nichts Eigenes habe. Ich schlafe in seinem Arbeitszimmer, dort hat er ein Gästebett. Meine Sachen bleiben im Koffer.» (Florian, 12 Jahre)

Sicher erlaubt es die Wohnsituation nicht in jedem Fall, dem Besuchskind ein eigenes Zimmer einzurichten. Aber wenn es irgendwie geht, sollten Sie es ermöglichen. Für das Kind entsteht damit ein Stück Heimat. Es kann dort Kleidung deponieren, Bücher, Wäsche, die Muscheln vom letzten Urlaub am Meer, ein paar Kuscheltiere, Malstifte, Musik- oder Video-Cassetten. Das eigene Zimmer ist ein Verbindungsglied zu der heilen Welt von früher, als die Eltern noch zusammenlebten. Kinder brauchen solche Brücken, um sich weniger hin- und hergerissen zu fühlen.

Wenn Sie das Zimmer häufig als Gästezimmer brauchen, können Sie mit dem Kind absprechen, wie es sich dafür nutzen läßt, ohne daß der Besuch in den Sachen Ihres Kindes herumstöbert. Dieses eigene Zimmer beim Besuchselternteil schafft ein nicht zu unterschätzendes Stück Vertrautheit und Gemeinsamkeit zwischen Kind und Eltern. Manches andere im Umgang miteinander wird einfacher, wenn Sie dieses Stück Privatheit ermöglichen.

Absprachen sind wichtig

Das Zusammenziehen wirft nicht nur die Fragen auf, wer in welchem Zimmer wohnt und wie die Räume eingerichtet werden sollen. Mindestens ebenso wichtig ist es, Regeln für das Zusammenleben aufzustellen. Denn Erwachsene und Kinder müssen sich erst einmal aneinander gewöhnen, die gegenseitigen Eigenarten kennenlernen und miteinander auskommen.

Liebe und Zuneigung zwischen Stiefeltern und Stiefkindern fällt ebensowenig vom Himmel wie die zwischen leiblichen Eltern und Kindern. Die leiblichen Eltern haben es nur etwas einfacher, weil sie nach der Geburt der Kinder genügend Zeit haben, sich aneinander zu gewöhnen. Sie können den jeweiligen Charakter ihrer Kinder langsam kennen- und schätzenlernen. Diese Phase des Kennenlernens müssen Stiefeltern und Stiefkinder miteinander nachholen. Manchmal geschieht das schon vor dem Zusammenziehen, oft aber auch erst danach. Denn erst im alltäglichen Umgang miteinander zeigen sich Schwächen und Stärken in voller Ausprägung. Wichtig ist auch, daß Sie sich vor dem Zusammenziehen verständigen, wie

Konflikte mit den Kindern geklärt werden sollen und wie weit die jeweiligen Kompetenzen reichen. Und dies müssen Sie auch den Kindern vermitteln.

Höflichkeit

Um gut miteinander leben zu können, müssen sich die Beteiligten nicht inniglich lieben. Aber es ist unabdingbar, daß sie einige Höflichkeitsregeln beachten. Diese sollten in jeder Familie oder Stieffamilie gelten. Es sind die «Zehn Gebote der Höflichkeit»:

1. Wenn wir einander morgens begegnen, sagen wir uns erst einmal «Guten Morgen». Das bringt auch noch der größte Morgenmuffel gähnend über die Lippen.
2. Wir sprechen miteinander, ohne uns anzubrüllen.
3. Wir sagen «bitte» und «danke» und geben einander keine Befehle.
4. Wir essen am Tisch und nicht im Sessel oder auf dem Fußboden vor dem Fernseher.
5. Wir fragen die anderen, ob sie auch etwas wollen, wenn wir uns etwas zu essen oder zu trinken machen.
6. Wir lesen beim Essen nicht die Zeitung, wenn andere mit am Tisch sitzen.
7. Wenn wir Gäste haben, stellen wir sie den anderen Familienmitgliedern vor.
8. Wir verabschieden uns, wenn wir das Haus verlassen, und begrüßen einander, wenn wir nach Hause kommen.
9. Wenn wir uns etwas ausleihen wollen, fragen wir um Erlaubnis und nehmen es uns nicht einfach weg.
10. Wenn wir ins Bett gehen, wünschen wir den anderen eine gute Nacht.

Vielleicht meinen Sie, das seien doch Selbstverständlichkeiten, die keiner besonderen Erwähnung bedürften. Wir haben die Erfahrung gemacht, daß dem nicht so ist und daß im familiären Alltag viele Höflichkeitsformen verlorengehen. Diese Regeln sind aber wichtig, um den gegenseitigen Respekt im alltäglichen Zusammenleben aufzubauen und zu bewahren.

Wer erzieht die Kinder?

Normalerweise hat der leibliche Elternteil das Erziehungsrecht. Sie oder er bestimmt, was das Kind darf und was nicht. Wenn ein Stiefelternteil dazukommt, entsteht schnell die Frage: Was darf sie oder er beim Kind? Sind die Wünsche und Anordnungen der Stiefmutter oder des Stiefvaters genauso bindend wie die von Mutter oder Vater?

In der Praxis werden Sie rasch feststellen, daß es vorteilhaft ist, wenn Sie sich schon vor dem Zusammenziehen über die Umgangsregeln verständigt haben. Es gibt zahllose Möglichkeiten, bei denen Stiefeltern und Stiefkinder aneinandergeraten und sich die neuen Partner über Erziehungsfragen heftig in die Wolle bekommen können. Dabei stellt sich dann auch heraus, ob Sie und Ihr Partner bzw. Ihre Partnerin ähnliche oder unterschiedliche Vorstellungen über Erziehung haben. Wollen Sie z. B., daß bestimmte Tischsitten eingehalten werden, oder darf das Kind notfalls auch mit den Fingern essen? Wollen Sie, daß es pünktlich zu Hause ist, oder nehmen Sie es damit nicht so genau? Bestehen Sie darauf, daß Sie die Spielkameraden kennen? Halten Sie es für nötig, daß das Kind bei der Hausarbeit hilft (Tisch decken und abräumen, Spülmaschine ein- und ausräumen usw.)? Wie konsequent bestehen Sie auf der Einhaltung solcher Erziehungsregeln? Und – vor allem – wie konsequent halten Sie sich selbst an diese Regeln?

Bei kleinen Kindern ist es oft noch leicht, den Verhaltenskodex vorzugeben. Aber wehe, wenn die Kinder bereits in der Pubertät sind. Dann haben weder Eltern noch Stiefeltern ein leichtes Spiel – denn was bis zum 14. Lebensjahr bei der Erziehung versäumt worden ist, läßt sich nicht mehr so leicht einholen. Bei kleineren Kindern hingegen kommt es vor allem auf Ihre eigene Haltung an. Kinder spiegeln gnadenlos die eigenen Fehler. Wenn Sie ständig Schimpfworte benutzen, werden Sie sie Ihrem Sprößling kaum abgewöhnen können. Wenn Sie nicht pünktlich sind – warum sollte es dann Ihr Kind sein? Wenn Sie nervös und überarbeitet sind, müssen Sie sich nicht wundern, daß auch Ihr Kind «Hummeln im Hintern» hat. Wenn Sie vom Tisch aufstehen, bevor der Rest der Familie fertig ist, werden es auch die Kinder tun. Wenn Sie Verabredungen oder Versprechen nicht einhalten, können Sie nicht verlangen, daß Ihr Kind zuverlässig und pflichtbewußt ist.

«Felix und ich haben sehr verschiedene Ansichten über Erziehung. Ich bin eher großzügig, er besteht auf der Einhaltung von Regeln. Ich bin strikt dagegen, ein Kind zu schlagen. Er findet nichts dabei, daß ihm mal die Hand ausrutscht. Anfangs sind wir über diese Fragen sehr aneinandergeraten, und ich habe mich lange gefragt, ob es richtig ist, daß wir zusammenziehen. Aber diese Auseinandersetzungen haben uns sehr nahegebracht und miteinander verbunden. Ich habe einige seiner Standpunkte besser verstehen können und bin selbst konsequenter geworden. Andererseits hat er von mir gelernt und ist großzügiger geworden. Den Kindern ist das insgesamt gut bekommen, weil wir die Streitfragen offen ausgetragen haben. Dafür waren sie zum Glück schon alt genug.» (Gundula F., 43 Jahre, zwei Kinder)

«Ich habe Schwierigkeiten zu akzeptieren, daß mein Freund an den Kindern herumerzieht. Ich fühle mich dann jedesmal selbst bevormundet. Er macht das auch immer so oberlehrerhaft, daß ich es total daneben finde. Ich glaube, die Kinder spüren das und halten sich dann nicht an das, was er ihnen sagt. Das macht ihn um so entschlossener, er wird dann völlig gnadenlos. Ich muß jedesmal aus dem Zimmer gehen, wenn so eine Situation eintritt, sonst platze ich. Irgendwie geht es so nicht weiter, aber ich weiß auch nicht, wie wir unsere Standpunkte annähern sollen.» (Florentine W., 28 Jahre, drei Kinder im Alter von 2, 5 und 7 Jahren)

Kinder spüren genau, wenn sich die Eltern bzw. Stiefeltern nicht einig sind. Sie finden zielsicher den Punkt, der sie trennt, und dort graben sie so lange, bis sie Sie beide nachhaltig auseinanderdividiert haben.

«Bert mag es nicht, wenn Lisa beim Essen schmatzt. Ich finde das nicht so schlimm, weil sie ja noch klein ist. Wenn ich allein mit ihr esse, tut sie es auch nur selten. Aber kaum sitzen wir zu dritt am Tisch, geht es los: Sie guckt Bert an und fängt an zu schmatzen. Sie wartet regelrecht darauf, daß er sie ermahnt. Und das tut er so sicher wie das Amen in der Kirche. Dann hört sie einen Moment auf, und dann geht es wieder los. Das ganze Abendessen ist von diesem Geschmatze und den strengen Worten Berts geprägt. Und ich sitze dazwischen und weiß nicht, was ich tun soll.» (Julia G., 31 Jahre, eine fünfjährige Tochter)

Nichts ist schöner für Kinder, als den schwächeren Elternteil zu provozieren. Nur wenn sich Mutter und Stiefvater bzw. Vater und Stiefmutter bei den Erziehungsregeln einig sind, bleibt für solche Spielchen, die einem Paar den letzten Nerv rauben können, kein Raum.

«Ich habe Sebastian von Anfang an klargemacht, daß das Wort seiner Stiefmutter genauso schwer wiegt wie meins. Aber das allein hat nicht genügt – er mußte es natürlich ausprobieren. Es ging ums Schuhewechseln. Hildegard will, daß die Kinder ihre Schuhe an der Haustür ausziehen und im Haus Hausschuhe tragen. Prompt hat er es nicht getan und ist mit seinen Winterstiefeln durch den Flur gelatscht. Hilde ist furchtbar wütend geworden und hat ihn gezwungen, den Dreck selbst wegzuwischen. Das mußte er noch nie. Natürlich kam er heulend zu mir gelaufen und hat sich beschwert. Aber ich bin hart geblieben und habe ihm klargemacht, daß er sich an das, was Hilde sagt, ebenso halten muß wie an das, was ich sage. Er hat zwar geflucht und geschimpft wie ein Rohrspatz, aber er hat den Dreck weggewischt, und seither zieht er die Schuhe an der Haustür aus. Ich habe das Gefühl, daß er Hilde seither sogar mit mehr Achtung begegnet.» (Manfred S., 39 Jahre, ein achtjähriger Sohn)

Sie als Erwachsene müssen untereinander klären, wie Sie sich verhalten wollen, wenn das Kind gegen Stiefmutter oder Stiefvater rebelliert. Besprechen Sie solche Fragen in Ruhe und ohne konkreten Anlaß, dann haben Sie es später, wenn es zum Konflikt kommt, leichter.

Sie brauchen diese Regeln nicht ein- für allemal festzuklopfen. Überprüfen Sie sie im Abstand von etwa einem halben Jahr und denken Sie darüber nach, ob sie sich bewährt haben. Was nicht taugt, läßt sich ändern.

Daß Sie sich über die Erziehungsregeln einig sind, ist wichtig, weil die Kinder ja auch noch bei der Besuchsmutter bzw. beim Besuchsvater sind und dort womöglich mit einem anderen Erziehungsstil konfrontiert werden. Herrscht auch zu Hause Verwirrung, ist das Chaos perfekt. Nach Möglichkeit sollten Sie auch mit dem anderen Elternteil klar vereinbaren, nach welchen Erziehungsregeln Sie verfahren wollen. Das mag nicht immer einfach sein, vor allem, wenn Sie kein gemeinsames Sorgerecht haben und die Trennung noch schmerzt oder unbewältigt ist. Manchmal genügt es bereits, wenn Sie für sich entscheiden, wie Sie sich zum Erziehungsstil des Ex-Partners bzw. der Ex-Partnerin verhalten wollen. Wichtig ist, daß Sie sich darüber im klaren sind und gegenüber den Kindern eine eindeutige Position einnehmen.

«Wir haben von Anfang an eine Vereinbarung getroffen: Wenn die Kinder bei mir sind – und hier leben sie –, gilt mein Wort, wenn Gustav sie hat, gelten seine Regeln. Ich bin z. B. strikt gegen das Fernsehen, bei ihm dürfen sie glotzen, so lange sie wollen. Ihm ist es egal, ob sie beim Abräumen helfen, mir nicht. Bei ihm dürfen sie abends bis Ultimo weggehen, bei mir müssen sie um 22 Uhr zu Hause sein. Ich hatte große Bedenken, ob das gut geht. Aber die Kinder haben sich erstaunlich rasch daran gewöhnt und kommen damit gut zurecht. Manchmal halten sie mir natürlich vor, daß sie bei Papa dies und jenes dürfen und bei mir nicht – aber da bleibe ich dann stur, und sie wissen das auch.» (Karla D., 38, zwei Kinder)

Wer bestraft die Kinder?

Auch in Kernfamilien ist oft unklar, wer die Kinder bestraft, wenn sie etwas ausgefressen haben bzw. sich nicht an die vereinbarten Regeln halten. Mutter und Vater können in dieser Hinsicht sehr abweichende Ansichten haben – und dann entsteht ein regelrechter Machtkampf. In Stieffamilien wird das Ganze noch brisanter. Stiefeltern haben nun einmal nicht die gleichen Rechte wie leibliche. Es steht ihnen z. B. rechtlich nicht zu, das Kind zu bestrafen. Wie aber soll man damit umgehen, wenn die Kinder von Stiefmutter oder Stiefvater allein betreut werden und verrückt spielen? Einfach alles durchgehen lassen und auf später verweisen, wenn Papa oder Mama wieder zu Hause sind? In der Praxis ist das eine wenig befriedigende Lösung. Außerdem untergräbt sie die Autorität, die auch Stiefmütter oder Stiefväter haben sollten.

Sie werden nicht darum herumkommen, diese Frage mit Ihrer Partnerin bzw. Ihrem Partner schon zu diskutieren, bevor Sie zusammenziehen. Sie müssen sich darüber einig werden, wie Sie mit Strafen bzw. Ungezogenheiten der Kinder umgehen wollen, sonst setzen Sie den Familienfrieden aufs Spiel. Denn Sie werden tagtäglich Situationen erleben, in denen Sie rasch und konsequent entscheiden müssen. Kinder jeden Alters probieren immer wieder aus, wie weit sie gehen können. Sie als Eltern bzw. Stiefeltern müssen vorher wissen, wie Sie damit umgehen wollen und wo Sie Ihre persönlichen Grenzen setzen.

«Meine Freundin hat eine sechsjährige Tochter. Die kann machen, was sie will – bestraft wird sie nie. Ich finde das unmöglich. Da tanzen einem die Kinder doch auf der Nase herum. Wir geraten uns darüber jedesmal in die Haare. Die Kleine kriegt das natürlich mit und hört dann erst recht nicht auf mich. Ich überlege mir, ob ich die Beziehung überhaupt fortsetzen will. Auf Dauer halte ich das nicht aus.» (Frank T., 35 Jahre)

«Mein Freund ist meist total passiv, wenn ich mit seinem Sohn Streit habe, und das passiert oft. Er reizt mich so lange, bis mir der Kragen platzt. Mir

ist schon fast die Hand ausgerutscht, so wütend war ich. Felix feixt dann jedesmal, wenn ich ihn anbrülle. Er grinst seinen Vater an, und der sagt nur: Laß ihn doch, der kriegt sich schon wieder ein. Das macht mich natürlich noch wütender und ermuntert Felix zu weiteren Frechheiten. Wir haben überlegt, ob wir zusammenziehen sollen, aber solange mein Freund so wenig zu mir hält, möchte ich das lieber nicht.» (Gisela F., 28 Jahre)

«Jonathan testet seinen Stiefvater jeden Tag aufs neue. Er malträtiert sein Spielzeug, er haut mit dem Besteck auf den Tisch, er streckt die Zunge raus, springt mit beiden Füßen in Pfützen, so daß er voller Dreckspritzer ist, und so weiter. Es gibt unzählige Beispiele. Er treibt es so weit, bis es meinem Mann zu bunt wird. Wenn Jonathan beim Essen Blödsinn macht, schickt er ihn z. B. in sein Zimmer, dann kann er dort weiteressen. Wenn er sein Spielzeug kaputtmacht, gibt es keinen gemeinsamen Eisenbahn-Nachmittag am Sonntag. Das tut ihm richtig weh, da überlegt er sich schon, was er tut. Strafen in diesem Rahmen finde ich in Ordnung, die müssen sein. Und Jonathan weiß, daß ich hinter Stefan stehe und seine Strafen mittrage.» (Karin S., 33 Jahre, in zweiter Ehe verheiratet, ein siebenjähriger Sohn)

«Ich bemühe mich, mich möglichst rauszuhalten, wenn es bei Sandra um Kleinigkeiten geht, z. B. schlechte Tischsitten, Trödeln beim Hausaufgabenmachen, freche Antworten und ähnliches. Ich sage dann nur: Ich finde es nicht in Ordnung, wie du dich verhältst. Wir besprechen das, wenn dein Vater heute abend zu Hause ist. Meistens reicht das, um wieder einigermaßen Ruhe einkehren zu lassen. Aber es belastet mich natürlich, daß ich für das Kind keine Autorität bin. Am Abend ist sie dann ganz das folgsame Lämmchen, aber nur bis zum nächsten Nachmittag, wenn sie aus der Schule kommt. Irgendwie ist diese passive Haltung von mir auch keine Lösung auf Dauer.» (Astrid G., 35 Jahre, eine elfjährige Stieftochter)

Eine der wichtigsten Voraussetzungen dafür, daß Kinder Stiefmutter oder Stiefvater akzeptieren, besteht darin, sie fühlen zu lassen, daß es keine Unterschiede zwischen dem leiblichen Elternteil und dem Stiefelternteil gibt. Wenn Sie sich beide einig sind, dann gibt es keine Probleme mit der Autorität. Und wenn Sie Autorität ablehnen, müssen Sie auch darin mit Ihrem Partner übereinstimmen. Kinder fühlen sich sonst in ihrem häuslichen Rahmen nicht wohl. Sie werden orientierungslos und reagieren mit Verhaltensauffälligkeiten. Kinder finden schnell heraus, daß Eltern nicht am selben Strang ziehen. Bei Konflikten neigen sie dazu, beide gegeneinander auszuspielen. Das gilt für Eltern, aber ganz besonders für Stiefeltern:

«Mein Mann und ich sind uns über die Bestrafung oft nicht einig. Ich bin eher großzügig, er streng. Wenn Mark mal wieder zu spät nach Hause gekommen ist, knöpft er ihn sich am nächsten Tag vor und verbietet ihm, am Wochenende in die Disco zu gehen. Ich finde das übertrieben, sage aber nichts, weil ich meinem Mann dann ja in den Rücken fallen würde. Mark spürt das natürlich und kommt bei der nächsten Gelegenheit wieder nicht pünktlich heim. Es ist irgendwie seine Art, gegen seinen Stiefvater zu rebellieren. Und ich steh daneben und weiß nicht, was ich tun soll.» (Katrin P., 42 Jahre, ein sechzehnjähriger Sohn)

«Mein Stiefvater rastet aus, nur weil ich mal einen Fehler gemacht habe. Das finde ich so ungerecht. Er streicht mir das Taschengeld, nur weil mir aus Versehen sein Briefbeschwerer runtergefallen ist. Das kann doch jedem mal passieren.» (Gabi, 15 Jahre)

Bei Stiefeltern wird alles auf die Goldwaage gelegt. Vor allem Strafen oder das, was Kinder dafür halten. Rechnen Sie damit, wenn Sie dem Kind eine Lehre erteilen wollen, an die es sich erinnert. Es wird Sie dafür nicht lieben. Und es wird Trost und Hilfe bei dem leiblichen Elternteil suchen, weil es sich von Ihnen ja schlecht behandelt fühlt. Wenn Mutter und Vater unterschiedliche Meinungen haben, werden sie es in Zukunft schwer haben, ihre Autorität zu wahren. Das sollten Sie schon vor dem ersten Anlaß gemeinsam mit Ihrer Partnerin oder Ihrem Partner besprechen. Bei Strafen sollten Sie wie in allen anderen wichtigen Fragen der Erziehung an einem Strang ziehen.

Nun gibt es aber Situationen, von denen Sie nie gedacht hätten, daß Sie sich darüber je aufregen könnten. Wie sollen Sie dann reagieren? Zählen Sie bis 10 und atmen Sie tief durch. Lassen Sie sich Zeit, eine adäquate Lösung zu finden. Signalisieren Sie dem Kind, daß Sie auf die Sache noch zurückkommen werden, indem Sie sagen: «Ich finde es nicht richtig, was du gemacht hast. Wir werden morgen darüber sprechen. Ich möchte auch hören, wie dein Vater (bzw. deine Mutter) darüber denkt.» Auf diese Weise hat auch das Kind die Möglichkeit, über sein Verhalten nachzudenken. Die Situation entkrampft sich.

Wenn Sie eine Reaktion Ihrer Partnerin bzw. Ihres Partners nicht richtig finden, sollten Sie sie dem Kind gegenüber trotzdem erst einmal mittragen. Anschließend können Sie in Ruhe unter vier Augen besprechen, was Sie stört und wie es das nächste Mal anders zu machen ist. Das ist besser, als die Differenz vor dem Kind auszutragen. Was nicht heißt, daß Sie nicht vor den Kindern streiten sollen – das ist etwas anderes. Hier geht es darum, zu verhindern, daß das Kind einen Keil zwischen Sie beide treibt.

Auch wenn Stiefmutter oder Stiefvater etwas tun, womit der getrennt lebende Elternteil nicht einverstanden ist, gilt es, in aller Ruhe den eigenen Standpunkt und den des leiblichen Elternteils zu überdenken.

«Die neue Frau meines Ex-Mannes hat meine Tochter kürzlich eine Stunde lang in ihr Zimmer eingesperrt, weil sie sich angeblich bei Tisch danebenbenommen hat. Das Kind kam abends völlig aufgelöst nach Hause. Katharina war noch nie irgendwo eingeschlossen, und sie hatte wohl sehr große Angst, daß man sie nicht wieder rausließe oder es anfängt zu brennen oder so etwas. Als sie im Bett war, habe ich bei meinem Ex-Mann angerufen und gefragt, ob das notwendig war. Er muß doch die Angst und das Weinen mitgekriegt haben. Es gibt doch andere Möglichkeiten, man muß ein Kind doch nicht gleich wegsperren. Aber da war keine Diskussion möglich. Mein Ex-Mann hat seine neue Frau in Schutz genommen. Katharina habe zwar geweint, aber nach einer Stunde hätte sie sich beruhigt. Eine Stunde! Wie

kann man ein Kind so lange weinen lassen! Aber er hat das nicht eingesehen – Strafe muß sein, meint er. Ich habe mir trotzdem ausbedungen, daß diese Frau unser Kind nicht bestraft. Wenn schon, dann muß mein Ex-Mann das selbst tun, etwas anderes akzeptiere ich nicht. Ich weiß nur nicht, wie ich das durchsetzen soll. Ich stehe doch nicht daneben.» (Sabrina W., alleinstehend, eine achtjährige Tochter)

«Meine Tochter Alina kam wie üblich am Wochenende zu Besuch und erzählte fast beiläufig, daß der neue Freund meiner Ex-Frau ihr eine runtergehauen hat. Ich bin fast Amok gelaufen. Dieser Typ hat mein Kind geschlagen! Und Karen hat es auch noch zugelassen, obwohl sie sonst so strikt gegen das Schlagen ist. Ich war total empört, und das habe ich Alina auch gesagt. Ich habe noch am selben Tag meine Ex-Frau angerufen und sie zur Rede gestellt. Sie hat alles abgestritten und gesagt, daß Alina lügt. Aber ich glaube meiner Tochter mehr als Karen. Die will doch wahrscheinlich nur ihren Liebhaber schützen. Ich werde es nicht zulassen, daß das ein zweites Mal geschieht, dann verklage ich den Typ wegen Körperverletzung.» (Jochen M., 38 Jahre, eine Tochter)

Die Rechtslage ist in dieser Hinsicht klar: Kinder dürfen nicht körperlich gezüchtigt werden. Ist eine Aussprache mit dem schlagenden Elternteil nicht möglich, sollte das Jugendamt angerufen werden. Lassen Sie sich beraten, wie Sie sich am besten verhalten sollten. Können sich die beteiligten Parteien nicht einigen, bleibt noch der Weg zum Familiengericht, das die Umgangsregelung im Interesse des Kindes neu festlegen kann.

Persönliche Rachegelüste sollten nicht das Leitmotiv sein. Bedenken Sie immer: Was dient dem Kind? Wie können Sie seine Interessen – auch langfristig – am besten wahren?

Hilfe, ich bekomme ein Stiefkind!

Wenn Ihr neuer Partner bzw. Ihre neue Partnerin Kinder hat, werden Sie zwangsläufig Stiefmutter bzw. Stiefvater. Für die meisten bedeutet das eine radikale Umstellung des bisherigen Lebens. Wenn ein Paar ein Kind bekommt, hat es neun Monate lang Zeit, sich an den Gedanken zu gewöhnen, daß zukünftig die Uhren anders ticken. Wenn das Baby dann da ist, übertönt meist die Freude an dem kleinen Wesen die Zugeständnisse, die hinsichtlich Wohnen, Freizeit, Hobbys oder Reisen gemacht werden müssen. Man gewöhnt sich langsam an die Veränderungen, die ein Kind in die Beziehung trägt.

Stiefmutter oder Stiefvater dagegen wird man ohne diese Eingewöhnungsphase. Die Kinder sind oft keine Babys mehr, die tagsüber lange schlafen, essen oder in die Luft gucken. Kinder über einem Jahr wollen bewegt und unterhalten werden. Sie fremdeln und trotzen, sie schreien, wenn ihnen etwas nicht paßt, sie brauchen viel Aufmerksamkeit und Zuwendung, und sie sind insgesamt weniger pflegeleicht. Je älter die Kinder werden, um so schwieriger ist es oft, ihr Vertrauen oder gar ihre Liebe zu gewinnen.

Als Stiefmutter oder Stiefvater haben Sie es dabei besonders schwer, denn Sie sind in den Augen des Kindes ja die «Konkurrenz» zu Mutter oder Vater. Ein Eindringling, der Mutter oder Vater weggenommen hat – auch wenn die Realität anders ist. Stiefeltern haben außerdem die wichtige Phase des Zusammenwachsens von Eltern und Kindern in den ersten Lebensjahren nicht miterlebt. Das schafft zusätzliche Distanz bzw. einen Nachholbedarf an gegenseitigem Verstehen.

«Ich habe meine Stieftochter kennengelernt, als sie 4 Jahre alt war. Anfangs habe ich sie oft nicht recht verstanden – mir fehlten einfach die ersten Jahre. Ich habe z. B. ihren Mut oder ihre Belastbarkeit oft falsch eingeschätzt, als ich ihr Schwimmen oder Fahrradfahren beibrachte. Sie hat mir dann allerdings sehr deutlich gezeigt, wo ihre Grenzen sind. Das hat

mir geholfen, mich in sie einzufühlen. Heute spüre ich sehr genau, was ich ihr zumuten kann und was nicht. Wir sind jetzt ein richtig gut eingespieltes Team.» (Klaus G., 33 Jahre, eine siebenjährige Stieftochter)

«Mein Stiefsohn war 7 Jahre alt, als ich meinen jetzigen Mann kennenge-lernt habe. Vorher hatte ich noch nie mit Kindern zu tun. Es war für mich eine ziemliche Umstellung, plötzlich eine Art Mutter zu sein – zumindest zeitweise, wenn der Kleine bei uns ist. Mütterliche Gefühle bringe ich dabei allerdings bis heute nicht so recht auf. Ich spiele zwar mit Lukas, aber ich sorge mich wenig um ihn. Wenn er kommt, ist es ganz lustig, aber ich bin dann auch froh, wenn er wieder geht. Den ganzen Alltagsstreß möchte ich mit ihm nicht mitmachen: Schulprobleme, Streit mit den Nachbarkindern, Mittag- und Abendessen kochen, Schulaufgaben beaufsichtigen, zum Sportverein bringen – nein danke. Und wenn man mal ausgehen will, muß man immer einen Babysitter organisieren. Ich bin jetzt ganz sicher, daß ich selbst keine Kinder haben will – die Erfahrung mit Lukas reicht mir.» (Freya G., 36 Jahre, ein neunjähriger Besuchsstiefsohn)

Als Stiefmutter oder Stiefvater lernen Sie ein Kind anders kennen. Sie erleben es mehr von außen als eine leibliche Mutter oder ein leiblicher Vater. Sie sehen seine Stärken, aber auch seine Schwä-chen, beide oft wesentlich deutlicher als die Eltern. Das birgt große Chancen, die Sie nutzen sollten.

«Ich habe meine Stieftochter kennengelernt, als sie 12 Jahre alt war. Sie ist eine sehr ausgeprägte Persönlichkeit und hat es mir nicht leichtge-macht. Sie war höflich und entgegenkommend, hat sich aber immer einen Rest Distanz bewahrt und alles, was ich tat, sehr genau beäugt. Ebenso hat sie bei allem, was ich sagte, sehr genau hingehört. Schwächen hat sie gnadenlos erkannt und enthüllt. Sie hat ein phänomenales Gedächtnis, und wehe, wenn ich mal etwas nicht hielt, was ich zugesagt hatte. Ich habe viel durch sie gelernt. Sie hat ausprobiert, ob ich auch zu ihr stehe, wenn sie garstig ist und mich beschimpft. Zum Glück habe ich das schnell erkannt und gemerkt, daß sie mich auf die Probe stellt. Hätte ich das alles persönlich genommen, wären wir nie so gute Freundinnen geworden, wie

wir es heute sind. Sie kommt sogar eher zu mir als zu ihrer Mutter, wenn sie Fragen oder Probleme hat. Das freut mich natürlich sehr.» (Silvia K., 44 Jahre, eine achtzehnjährige Stieftochter)

Stiefmutter oder Stiefvater sein – das ist etwas anderes als selbst ein Kind bekommen. Das Band zwischen Stiefmutter bzw. Stiefvater und Kind ist lockerer – und das eröffnet neue Chancen im Umgang miteinander. Man kann sich freier begegnen, unabhängig von familiären Zwängen oder Traditionen. Auf lange Sicht kann sich durchaus ein ähnlich vertrautes Verhältnis entwickeln wie zwischen leiblichen Eltern und Kind. Denn auch das wächst nur, wenn beide bereit sind, sich aufeinander einzulassen.

«Ich hatte schon ein gemeinsames Kind mit meinem Mann, als seine zwölfjährige Tochter aus der ersten Ehe zu uns kam. Sie war von ihrer Mutter mehr oder weniger rausgeworfen worden, die beiden waren wie Feuer und Wasser und verstanden sich noch nie gut. Das Kind hat mir einfach leid getan, und ich habe beschlossen, ihm die Mutter zu ersetzen. Damit habe ich allerdings sehr gemischte Erfahrungen gemacht. Einerseits fand sie mein Engagement gut und hat gespürt, daß ich es ernst meine. Andererseits hat sie so um ihre verlorene Mutter getrauert, daß sie immer wieder sehr häßlich zu mir war. Dann fiel es mir schwer, weiterhin herzlich auf sie zuzugehen. Aber in Gesprächen mit meinem Mann habe ich gemerkt, daß sie mich nur austestet, ob ich sie auch weiterhin liebhabe, wenn sie mal unfreundlich zu mir ist. Als sie gemerkt hat, daß sie sich auch gehenlassen kann und daß ich sie so will, wie sie ist, wurden die Ausfälle seltener. Heute sind wir tatsächlich wie Mutter und Tochter, auch wenn sie nicht ‹Mama› zu mir sagt.» (Louise J., 48 Jahre, eine fünfzehnjährige Stieftochter)

«Mein Stiefsohn war ein sehr schwieriges Kind. Ich habe ihn bekommen, als er 4 Jahre alt war. Seine Mutter war ein Jahr zuvor gestorben. In der Zeit danach ist er von seiner Großmutter betreut worden, aber auch mein Mann hat sich viel um ihn gekümmert. Drei Monate nach unserer ersten Begegnung sind wir zusammengezogen, und mir war klar, daß ich hier eine

große Aufgabe übernehme. Trotzdem habe ich mir damals nicht vorgestellt, daß es so schwierig werden würde. Das Kind wollte nichts mit mir zu tun haben. Wenn ich ihn anziehen wollte, schrie er. Wenn ich anfing, mit ihm zu spielen, zog er sich zurück. Wenn ich ihm sein Essen machte, verweigerte er es. Er war ein einziger Protest. Kurze Zeit war ich in Versuchung, ihn wieder zur Oma zu geben, aber dann hat mein Mann mir wieder Mut gemacht, nicht aufzugeben. Er meinte, ich müsse ihm Zeit geben, sich an mich zu gewöhnen. Wir haben viel gemeinsam unternommen – spazierengehen, schwimmen, auf den Spielplatz gehen, Boot fahren, zur Kirmes gehen, Freunde besuchen und so weiter. Ganz allmählich ist Christian dann aufgetaut. Es hat aber bestimmt ein halbes Jahr gedauert, bis er sich zum ersten Mal von mir ins Bett bringen ließ. Aber die Geschichte vorher, die hat er sich schon nach wenigen Monaten von mir vorlesen lassen. Das ist inzwischen ganz zu unserer Domäne geworden – das Vorlesen gehört nur ihm und mir. Auch heute noch. Ich glaube, inzwischen liebt er mich – und ich ihn.» (Franziska A., 36 Jahre, ein achtjähriger Stiefsohn)

Was Franziska A. beschreibt, werden viele Stiefmütter und Stiefväter kennen. Es bedarf großer Geduld und vor allem einer gehörigen Portion Einfühlungsvermögen, das Vertrauen eines Kindes zu erringen. Stiefeltern dürfen nicht erwarten, daß die Kinder gleich auf sie zugehen und sie mit offenen Armen begrüßen. Mag sein, daß es das gibt – aber die Regel ist es nicht. Viel häufiger müssen Vorbehalte, Vorurteile, schlechte Erfahrungen überwunden werden. Das braucht Zeit. Außerdem stellen Kinder von außen kommende Erwachsene immer wieder auf die Probe. Sie testen, wie lieb man sie hat und ob sie sich auch mal danebenbenehmen dürfen. Ist es vorbei mit der Freundlichkeit, wenn sie mal wütend sind und diese Wut an Stiefmutter oder Stiefvater austoben? Wie strapazierfähig ist der neue Mensch in der Familie? Wenn Sie diesen Test bestehen, sind Sie ein Stück weitergekommen auf dem Weg, das rückhaltlose Vertrauen des Kindes zu gewinnen. Wenn es nicht klappt, bleibt das Verhältnis distanziert. Für Stiefeltern ist das dann oft schmerzlich.

«Ich habe wirklich alles getan, um meinen beiden Stiefkindern ein guter Vater zu sein. Es ist mir nicht gelungen. Sie haben mich von Anfang an abgelehnt, und heute würde ich sogar sagen, sie hassen mich. Und das, obwohl ich ihnen alles ermöglicht habe, was sie sich gewünscht haben. Sie durften allein Urlaub machen, ich habe ihnen den Tenniskurs, die Tanzstunden und das Segeln finanziert. Ich habe sie nach England geschickt, damit sie die Sprache besser lernen. Sie haben nicht einmal ‹danke› gesagt. Es war selbstverständlich, als sei ich ein Dukatenesel. Meine Frau konnte da auch nichts ausrichten. Sie hat zwar oft mit den Mädchen gesprochen, aber genützt hat das nichts. Heute sind sie erwachsen und gehen ihrer Wege. Ich bin froh, daß sie nicht mehr bei uns sind. Aber es hat auch wehgetan. Ich habe mich ausgenutzt gefühlt.» (Michael S., 54 Jahre, zwei Stieftöchter)

«Mein Stiefsohn hat sich seit seinem 18. Lebensjahr nicht mehr bei mir blicken lassen. Damals ist er bei uns ausgezogen, und seither hat er nur noch Telefonkontakt zu seiner Mutter. Mit ihr trifft er sich hin und wieder. Ich bin darüber ganz froh, denn wir haben nie einen guten Draht zueinander gefunden. Er hat mich nie akzeptiert. Nur sein leiblicher Vater galt ihm als Maßstab. Er hat ihn regelmäßig besucht, der Kontakt war ziemlich eng. Jacob hat alles, was sein Vater gesagt und getan hat, idealisiert. Nur das zählte. Was andere meinten, war völlig egal. Ich habe mich darüber oft aufgeregt, und das hat er mir entsprechend übelgenommen. Seinen Vater durfte niemand kritisieren, der war heilig. Gegen diesen Übervater kam ich nicht an, das hat mich ziemlich frustriert und mir die Freude an diesem Kind genommen. Am liebsten wäre er bei seinem Vater eingezogen, aber das ging nicht, weil seine Wohnung nicht groß genug war. Jacob hat das hingenommen, aber recht war es ihm nicht. Deshalb ist er bei seiner Volljährigkeit auch gleich ausgezogen. Seine Mutter mußte ihm dann sogar noch die eigene Wohnung finanzieren, weil er seine Ausbildung noch nicht abgeschlossen hatte. Aber auch das ist mittlerweile erledigt. Ich bin froh, daß ich das alles hinter mir habe.» (Werner G., 54 Jahre, ein Stiefsohn)

«Mein Stiefsohn ist mir von Anfang an – damals war er 6 – mit Mißtrauen begegnet. Er hat mich wohl immer als Eindringling empfunden, weil ich *mit seinem Vater und damit ja auch mit ihm zusammenzog. Er ist damals nicht gefragt worden, ob ihm das paßt. Er mußte es akzeptieren. Bis heute sind wir nicht richtig warm geworden. Aber ich muß zugeben, ich habe mir auch keine besondere Mühe mit ihm gegeben. Ich glaube, er betrachtet mich immer noch als notwendiges Übel, das er in Kauf nehmen muß, wenn er seinen Vater sehen will. Wenn's drauf ankommt, darf nur er ihm etwas sagen, auf mich hört er nicht. Ich kann's nicht ändern. Durch diese Distanz ist unser Familienleben allerdings nicht sehr ausgeprägt. Wenn er uns besucht, macht vor allem mein Mann etwas mit ihm. Gemeinsame Unternehmungen gibt's kaum – außer in den Ferien.» (Gudrun L., 39 Jahre, ein elfjähriger Stiefsohn)*

Es hängt auch von Ihrem inneren Engagement ab, wie sehr sich Stiefkinder auf Sie einlassen. Sie spüren, ob Sie mit dem Herzen dabei sind oder ob Sie etwas nur tun, um dem Kind zu gefallen bzw. vermeintliche Pflichten zu erfüllen. Es ist nicht notwendig, daß Sie sich als Ersatzmutter oder Ersatzvater fühlen. Wichtig ist, daß Sie bei dem, was Sie mit dem Kind tun, wahrhaftig bleiben – daß Sie sich selbst treu bleiben und keine Rollen spielen, die andere Ihnen oder Sie sich selbst auferlegen.

«Ich bin die bessere Mutter!»

Es ist einer der größten Fehler von Stiefeltern, die leiblichen Eltern ersetzen zu wollen. Und doch ist es so verlockend, in diese Rolle zu schlüpfen, gerade wenn die Kinder durch Trennung und Scheidung der Eltern gelitten haben oder von einem Elternteil wenig geliebt wurden.

«Als ich Stiefmutter wurde, war ich 40, meine Stieftöchter 12 und 10. Sie sind nach einer ziemlich problematischen Scheidung beim Vater geblieben, den ich dann geheiratet habe. Weil die erste Ehe nicht sehr glücklich war, hatten die beiden Mädchen ein ziemliches Nachholbedürfnis in Sachen Familie. Das habe ich natürlich als Herausforderung begriffen. Ich wollte es

den beiden so richtig gemütlich machen – mit allem Drum und Dran. Ich hatte eine richtige Idealfamilie im Kopf – mit gemeinsamen Essen mittags und abends, Ausflügen, kuscheligen Erzählstunden am Kamin, nächtlichen mütterlichen Beratungsstunden in der Küche – wie man es eben aus Fernsehfilmen und Romanen so kennt. Diese Luftschlösser sind sehr schnell zusammengekracht. Die Realität war komplett anders als meine Träume. Die Mädchen waren anfangs bockig, hoben die Mutter in den Himmel und ließen an mir ihren Frust aus. Ich war schuld an allen Ungerechtigkeiten der Welt, ob in der Schule, bei Freundinnen oder in der Familie. Schlug ich einen gemeinsamen Ausflug vor, weigerten sie sich mitzukommen. Ging ich mit ihnen ins Museum, schlurften sie teilnahmslos und maulig durch die Säle. In den Ferien sonderten sie sich ständig ab und vergruben sich in Büchern oder vor dem Fernseher. Nach einigen Monaten war ich total frustriert und hilflos, was daraus noch werden sollte. Ich habe mich dann an eine Erziehungsberatungsstelle gewandt. Die Psychologin dort hat mir den Kopf gewaschen – und mir meine Flausen von der heilen Familie ausgeredet. Ich mußte mir abschminken, die Übermutter sein zu wollen. Die Folgen waren phänomenal: Als ich wieder zu mir selbst zurückfand und mich wieder mehr meinem Beruf als den Kindern widmete, sie schlicht und einfach in Ruhe ließ und sie auch nicht mehr ständig beglückte, begannen die Mädchen plötzlich, sich für mich zu interessieren. Sie fragten mir Löcher in den Bauch über meinen Beruf, sie erzählten aus der Schule, fragten mich bei Hausaufgaben um Rat, wollten mit mir ins Kino und auf das Stadtfest. Ich konnte es kaum glauben, wie einfach plötzlich alles war. Ohne etwas zu tun, hatte ich plötzlich das, was ich immer wollte: eine Familie. Als ich mich bei der Psychologin bedankte, lachte sie nur und sagte: ‹Loslassen muß man eben erst einmal lernen. Gut, daß Sie es so schnell konnten, viele können es nie.› Sie hat so recht.» (Renate K., 44 Jahre, zwei sechzehn- und achtzehnjährige Stieftöchter)

«Als ich meinen Mann mit den drei Kindern heiratete, schwebte ich im siebten Himmel. Eine Familie mit vielen Kindern – das habe ich immer gewollt. Es konnte mir gar nicht schnell genug gehen, selber noch welche dazuzubekommen. Die drei ersten sollten doch auch wieder eine Mutter bekommen – die hatten sie doch schon drei Jahre lang entbehrt, weil die ja unbedingt Karriere machen mußte. Was habe ich auf die Frauen geschimpft, denen der Beruf wichtiger war als die Kinder! Und natürlich habe ich damit auch vor ‹meinen› Kindern nicht hinterm Berg gehalten. Die Quittung war, daß sie sich immer mehr zurückzogen, mich immer mehr mieden und sich absonderten. Ich backte Kuchen, ich bastelte Spielsachen, ich strickte Pullover und Jacken, ich nähte Kleider und Shorts und Hosen – es half alles nichts. Ich konnte machen, was ich wollte – sie blieben verstört und bockig. Irgendwann schüttete ich meiner besten Freundin mein Herz aus. Die hat mich für verrückt erklärt und gemeint, daß die Kinder mich auf diese Weise doch nur ausnutzen würden. Ich mußte ganz schön schlucken, als sie mir vorhielt, ich würde die Kinder mit meinem ständigen Geglucke noch völlig vergraulen. Ich wollte ihnen doch nur eine gute Mutter sein! Aber auch mein Mann meinte, weniger sei mehr. Das umzusetzen, fiel mir schwer. Ich bin halt so ein Muttertier. Als ich dann mit unserem ersten gemeinsamen Kind schwanger war, ging es besser. Da habe ich mich sehr auf mich konzentriert. Ich glaube, als das Baby da war, haben die anderen Kinder richtig aufgeatmet. Unser Verhältnis ist seither besser geworden. Aber ich leide trotzdem noch darunter, daß sie mich nicht als ihre ‹richtige› Mutter angenommen haben.» (Regula F., 39 Jahre, drei Stiefkinder, ein leiblicher Sohn)

«Ich habe sehr um meine Stieftochter gekämpft, weil ich mir immer eine Tochter gewünscht habe. Ich habe ihr alles gegeben, was sie sich gewünscht hat – Puppen, Spiele, Fahrrad, Fernseher, Computer, Telefon, später den Führerschein und zum Abi sogar ein Auto. Aber ihre Liebe habe ich damit nicht errungen, und das schmerzt mich heute noch. Ich habe immer gedacht, Susanne damit den Vater ersetzen zu können, der die Familie verlassen hat, als sie 5 Jahre alt war. Sie hat ihm immer nachgetrauert. Mich hat sie kaum beachtet. Ich war nur dazu gut, ihre materiellen Wünsche zu erfüllen. Ihr Herz gehörte einem anderen. Das hat mich sehr gekränkt und verbittert. Ich nehme es ihr heute noch übel. Und bis heute sucht sie nach ihrem Vater. Der lebt inzwischen in einem anderen Erdteil, aber das weiß sie nicht, ihre Mutter hat es ihr verschwiegen. Vielleicht sollten wir ihr end-

lich mal reinen Wein einschenken, damit sie aufhört, diesen Mann zu idea-
lisieren.» (Andreas V., 64 Jahre, eine fünfundzwanzigjährige Stieftochter)

So eng und liebevoll eine Beziehung zwischen Stiefeltern und
Stiefkindern auch werden kann, Stiefeltern werden nie die Position
der leiblichen Eltern einnehmen können. Selbst wenn diese die
Kinder schlecht behandelt haben, bleiben sie die «wahren» Eltern.
In den Augen der Kinder sind sie König und Königin, Held und
Heldin. Verehrt, bewundert, geliebt. Es ist unsinnig, sie ersetzen zu
wollen. Es wird nicht gehen.

Diese Lehre ist eine der wichtigsten, die Sie sich immer wieder
vor Augen halten und ins Gedächtnis rufen müssen, wenn Sie
Stiefeltern werden. Wann immer Sie in Wettstreit mit den echten
Eltern treten – Sie werden diesen Kampf verlieren. Nutzen Sie Ihre
Energie und Ihre Kraft deshalb lieber dafür, sich in das Kind einzufühlen und ihm eine individuelle Partnerin bzw. Partner zu werden.
Es gilt, Ihren persönlichen Weg zu dem Kind oder den Kindern zu
finden. Der Ehrgeiz, Mutter oder Vater ersetzen zu wollen, steht
Ihnen dabei nur im Weg und verhindert, daß Sie diese eigene Beziehung finden. Diese Zweisamkeit zwischen Ihnen beiden, die mit
den Eltern nichts zu tun hat, ist die Voraussetzung dafür, daß überhaupt eine tiefe Verbindung zu Ihrem Stiefkind wachsen kann.

«Meine Stieftochter hat sich anfangs sehr schwergetan, sich auf mich ein-
zulassen. Sie war sehr eifersüchtig und hat meine Anwesenheit mit Nicht-
achtung quittiert. Offenbar hat sie mich als Eindringling empfunden, der
ihr den Papa klaut. Ich fand sie allerdings von Anfang an sehr sympathisch
und habe mich von ihrem Getue nicht beeindrucken lassen. Nach einem
halben Jahr hat sie dann gemerkt, daß ihr der Papa nicht abhanden
kommt, nur weil ich da bin. Als sie ihren ersten Liebeskummer hatte, war er
gerade auf Geschäftsreise. Sie war so unglücklich – da habe ich mich an
meine Jugend erinnert und mit ihr ein volles Programm durchgezogen:
neues Outfit besorgen, ins Kino gehen, Frust-Eisbecher schlecken, abends
ein Bad mit Duftöl einlassen, eine Tasse Kakao und eine Wärmflasche zum
Einschlafen. Außerdem habe ich ihr von mir erzählt, von meiner ersten

Liebe und dem damit verbundenen Liebeskummer. Da hat sie mir dann regelrecht ein Loch in den Bauch gefragt. Am nächsten Morgen beim Frühstück hat sie mich das erste Mal umarmt und gesagt, daß es ihr schon besser geht. Seither ist das Eis zwischen uns gebrochen. Ich freue mich auf die Zukunft mit dieser geschenkten Tochter.» (Laura Z., 44 Jahre, eine sechzehnjährige Stieftochter)

Stiefeltern sind Eltern auf Zeit

Anders als leibliche Eltern sind Stiefeltern oft nur Eltern auf Zeit. Sie begleiten die Kinder eine Zeitlang. Hat sich das Verhältnis zwischen beiden in diesen Jahren nicht gefestigt, gehen die Kinder bei Erreichen der Volljährigkeit ohne viel Federlesens aus dem Haus. Die Bindung an Stiefeltern ist selten so eng wie zu leiblichen Eltern.

Leibliche Eltern dagegen bleiben ihr Leben lang Eltern. Die Sorge ums Kind begleitet sie für den Rest ihres Lebens. Es gibt keine Ex-Eltern. Selbst wenn ein Kind stirbt, lebt es in ihren Gedanken weiter. Das kann bei Stiefeltern zwar ähnlich sein, muß es aber nicht. Es ist eher eine Elternschaft auf Zeit, sie beginnt, und sie endet bzw. geht in eine Freundschaft über.

Wenn Stiefeltern ein Kind schon im Babyalter «bekommen», fühlen sie sich ihm allerdings ähnlich verbunden wie leibliche Eltern. Die Anzahl der Jahre, während derer man ein Kind auf seinem Weg ins Leben begleitet, bestimmt die Intensität der wechselseitigen Beziehung mit.

«Sascha war zwei Jahre alt, als ich zu meiner Freundin zog. Ich habe mich gleich wie ein richtiger Vater gefühlt. Anfangs hat Sascha zwar noch gefremdelt, aber als er merkte, daß er mich täglich sieht, hat er schnell Vertrauen gefaßt. Ich kann mir ein Leben ohne ihn heute gar nicht mehr vorstellen. Auf den leiblichen Vater bin ich oft richtig eifersüchtig – er hat die Schwangerschaft und die Geburt miterlebt und auch die Babyzeit. Aber

dann tröste ich mich immer wieder damit, daß er heute nicht mit Sascha zusammenlebt, alle seine Entwicklungsschritte nicht erlebt, und das ist mir dann doch wichtiger, als ihn gezeugt zu haben.» (Eckart B., 36 Jahre, ein 5jähriger Stiefsohn)

Wenn Sie sich klarmachen, welchen Stellenwert Sie im Leben des Kindes haben, werden Sie leichter damit zurechtkommen, daß es auch Phasen der Distanz gibt. Wie eng Ihr Verhältnis wird, hängt davon ab, wie sympathisch Ihnen das Kind ist. Wie bei Erwachsenen gibt es auch bei Kindern einige, zu denen wir auf Anhieb einen guten Draht haben, und einige, mit denen wir zeitlebens nicht klarkommen. Das gilt es zu akzeptieren. Kinder sind zwar noch klein und hilfsbedürftig, aber ihre Persönlichkeit ist oft ebenso ausgeprägt wie die Erwachsener. Ihr Willen und ihr Temperament können unbändig sein. Es ist wie in einer Partnerschaft oder guten Freundschaft: Wenn man nicht zueinander paßt, ist alle Mühe vergebens – dann wird es zu keiner engen Bindung kommen.

Stiefvater- oder Stiefmutterliebe fällt ebensowenig vom Himmel wie die Liebe zwischen leiblichen Eltern und Kindern. Sie wächst mit der Bereitschaft, sich auf die persönlichen Eigenheiten des Kindes einzulassen. Dafür gibt es Grenzen – auch bei leiblichen Eltern. Auch sie haben unter mehreren Kindern einen Liebling. Ein Kind, das ihnen aufgrund seines Charakters nähersteht als die anderen (wer's nicht zugibt, schwindelt). Sie selbst haben es in der Hand, diese Grenzen zu definieren. Es ist die Chance, die eine Stiefelternschaft bietet: Sie dürfen eine enge Bindung an das Kind herbeiführen – aber Sie müssen es nicht. Keiner zwingt Sie dazu.

«Du bist nicht mein Vater!»

Fast jedes Stiefkind hat seinen Stiefeltern irgendwann diesen Satz um die Ohren gehauen, vornehmlich dann, wenn es eine Anordnung der Stiefeltern befolgen sollte, dazu aber keine Lust hatte oder deren Sinn nicht einsah. Das Kind drückt damit Verweigerung und Protest aus, Ablehnung und Widerstand. Wie eine Katze sitzt es in der Ecke, fährt die Krallen aus und faucht. Ebenso beliebt ist ein Satz, der oft gleich zu Beginn gesagt wird: «Du hast mir gar nichts zu sagen!»

Rein sachlich stimmt das. Stiefeltern haben keine Erziehungsberechtigung und können folglich dem Kind auch nicht sagen, was es zu tun oder zu lassen hat. Sie können es natürlich probieren – und der Alltag zwingt dazu –, aber ob das Kind diese Wünsche befolgt, steht auf einem anderen Blatt. Erzwingen läßt sich der Gehorsam nicht. Natürlich können Stiefeltern ebenso drohen wie leibliche Eltern, aber dabei begeben sie sich auf gefährliches Glatteis. Reagieren sie nicht konsequent, tanzt ihnen das Kind anschließend auf der Nase herum. Wirklich konsequent reagieren können sie nur, wenn die leibliche Mutter bzw. der leibliche Vater ihnen dafür Vollmacht erteilt hat.

«Als meine kleine Tochter – damals 6 – und ich mit meinem Freund zusammenzogen, ging es gleich richtig los. Sie wollte ihn neben mir als Erziehungsberechtigten nicht anerkennen und bockte, was das Zeug hielt. Bat er sie darum, den Tisch zu decken, mußte sie so lange aufs Klo, bis wir zum Essen riefen. Sollte sie ein Glas in die Küche bringen, stand sie einfach auf und ging weg. Erlaubte er ihr etwas nicht, drehte sie das Radio so laut auf, daß die Nachbarn sich die Ohren zuhalten mußten. Sie streckt ihm die Zunge raus und sagt nur: ‹Du hast mir nichts zu sagen, du bist nicht mein Papa›. Dieser Zustand hält bis heute an. Wir wissen langsam nicht mehr, was wir machen sollen. Bei mir ist sie sonst ziemlich friedlich. Aber was auch immer Toni von ihr will – sie boykottiert es.» (Frauke F., 33 Jahre, eine Tochter)

«Seit einem Jahr lebt die Tochter meines Mannes bei uns. Vorher hatte ich ein ganz gutes Verhältnis zu ihr, aber seit ein paar Monaten ist alles aus dem Lot. Sie ist frech, gibt patzige Antworten und tut so, als höre sie nicht, was ich sage. Ständig hält sie mir vor, daß ich nicht ihre Mutter bin und sie deshalb auch nicht auf das hören müsse, was ich ihr sage. Darauf

habe ich jedesmal keine Antwort – es stimmt ja. Ich bleibe dann immer hilflos zurück und fühle mich ohnmächtig. Und sie triumphiert. Mein Mann hält sich völlig raus und meint nur, das müßten wir unter uns abmachen, wir seien doch groß genug.» (Jutta L., 37 Jahre, eine zwölfjährige Stieftochter)

«Bei uns gab es gleich zu Anfang unseres Zusammenlebens vor 10 Jahren einen Riesenkrach zwischen mir und den beiden Söhnen meines Mannes. Sie wollten nicht auf mich hören und begannen, am Teich hinter unserem Haus zu spielen, obwohl sie noch nicht schwimmen konnten. Ich war allein für sie verantwortlich und habe es nicht erlaubt. Ich habe sie dann mit körperlicher Gewalt hereingeholt und in ihrem Zimmer eingesperrt, weil sie anders nicht zu bändigen waren. Dabei haben sie natürlich entsprechend getobt. Wir konnten die Sache erst am Abend klären, als mein Mann nach Hause kam. Er hat sich die beiden vorgeknöpft und ihnen in meiner Anwesenheit deutlich und unmißverständlich gesagt, daß das, was ich sage, genauso zu befolgen ist wie seine eigenen Anordnungen. Sie haben erst mal protestiert und all das gesagt, was Stiefkinder dann anführen – ‹sie ist nicht unsere Mutter›, ‹sie hat uns gar nichts zu sagen› usw. –, aber letztendlich mußten sie akzeptieren, was ihr Vater sagte. Für mich war diese Unterstützung meines Mannes die wichtigste Hilfe. Ich konnte mich darauf immer wieder berufen, wenn es Schwierigkeiten gab – und das hat auch tatsächlich gewirkt. Heute kommen wir gut miteinander klar, weil sie gemerkt haben, daß ich ihnen nur dann etwas verbiete, wenn ich dafür gute Gründe habe, die auch ihr Vater nicht anders einschätzt.» (Gerlinde P., 39 Jahre, zwei vierzehn- und sechzehnjährige Stiefsöhne)

Die Unterstützung des leiblichen Elternteils ist immer erforderlich, wenn es darum geht, die Erziehungskompetenz des Stiefelternteils zu umreißen. Ohne die Rückendeckung des Vaters oder der Mutter haben Stiefeltern keine Möglichkeiten, den Stiefkindern etwas zu sagen.

«Das hat Mama aber immer so gemacht!»

Im Alltag des Zusammenlebens achten Kinder streng darauf, daß sie sich möglichst wenigen Veränderungen anpassen müssen. Das gilt fürs Kuchenbacken ebenso wie fürs Naseputzen oder Zubettgehen. Hat die Mutter am Samstag immer Nudelsuppe gekocht, soll auch die Stiefmutter diesen Brauch übernehmen. Wurde zum Einschlafen vorgelesen, hat das auch weiterhin zu geschehen. Mutter und Vater sind die richtungsweisenden Vorbilder, das Maß der Dinge. Stiefeltern haben sich danach zu richten – meinen die Kinder.

«Wenn die beiden Kinder meines Mannes am Wochenende zu uns kamen, habe ich ihnen abends immer vorgelesen. Ständig hieß es dann ‹Mama liest das aber anders› oder ‹Mama kann das aber besser›. Ich war oft drauf und dran, ihnen die Bücher vor die Füße zu werfen und zu sagen: ‹Dann lest doch selber oder geht nach Hause zu eurer Mutter!› Aber natürlich habe ich mich zusammengenommen und freundlich, aber mit Nachdruck gesagt, daß ich es eben so mache und daß sie damit nun zufrieden sein müssen. Trotzdem hat das ziemlich Kraft gekostet, und ich war froh, als die Kinder älter waren und selber lesen konnten.» (Christine S., 34 Jahre, zwei zwölf- und vierzehnjährige Stiefkinder)

«Meine Stiefkinder haben mir ständig vorgehalten, was ihre verstorbene Mutter alles anders gemacht hat und daß sie dies und jenes viel besser konnte. Ich habe mir das ein paarmal angehört und sie mir dann beide vorgeknöpft. Ich habe ihnen eindringlich klargemacht, daß ich ich bin und nicht ihre Mutter, daß ich meinen eigenen Stil habe, den ich für richtig halte. Daß es nicht darum geht, ihre Mutter zu imitieren, sondern daß ich meine eigene Lebensphilosophie habe, nach der ich mich richte. Ich habe ihnen angeboten, sich damit auseinanderzusetzen. Sie müssen das nicht übernehmen und können nach wie vor das, was die Mutter gemacht hat, richtiger finden. Aber sie können nicht von mir verlangen, daß ich mich ändere, nur weil ihre Mutter anders war. Das hat ihnen schwer zu denken gegeben. Letztendlich haben sie mich in meiner Weise akzeptiert. Aber es hat

Jahre gedauert.» (Ortrud M., 48 Jahre, zwei achtzehn- und zwanzigjährige
Stiefkinder)

Es gehört zum Überlebenstraining von Stiefeltern, diese Eigenstän-
digkeit zu bewahren. Wenn Sie versuchen, sich den Gepflogenhei-
ten des leiblichen Elternteils anzupassen – egal, ob dieser noch am
Leben ist oder nicht –, beginnen sie, sich selbst zu verleugnen. Und
das geht nie gut.

Was Vater oder Mutter tun und richtig finden, soll seinen Raum
behalten. Es wäre völlig falsch, von den Kindern zu erwarten, alles,
was sie mit Mutter oder Vater verbindet, zu vergessen und von nun
an nur noch Ihre Regeln als Stiefeltern anzuerkennen. Verlangen
Sie von den Kindern nicht, daß sie das, was Sie tun oder lassen, gut
und richtig finden. Aber fordern Sie von ihnen Respekt und Auseinandersetzung – das ist Ihr Recht. Sie bringen den Kindern ja
auch Achtung entgegen und verlangen nicht, daß sie so sind, wie
Sie sich Kinder immer vorgestellt haben. Es geht darum, die Persönlichkeit des anderen wahrzunehmen und zu respektieren.

Die Macht der Ex-Frau bzw. des Ex-Mannes

Der Arm der leiblichen Mutter bzw. des leiblichen Vaters ist lang
und reicht auch über Hunderte von Kilometern hinweg mitten in
die Patchworkfamilie hinein. Wie ein Schatten sitzen sie oft mit am
Tisch, gehen mit spazieren oder sitzen beim Gutenacht-Sagen mit
am Bett. Unmerklich, aber nachhaltig bestimmen sie den Alltag der
Stieffamilie mit – oft so sehr, daß sich Stiefeltern ausgenutzt und
fremdbestimmt fühlen.

*«Die Mutter meiner Stieftochter hat von heute auf morgen beschlossen, daß
ihre Tochter künftig bei uns wohnen soll. Damals war sie gerade 12 geworden
und stand der Mutter ganz offensichtlich bei ihrer Karriereplanung im Weg.
Sie hat uns einfach mitgeteilt, daß Christina nach den Sommerferien zu uns
zieht, basta. Wie wir damit klarkommen in unserer kleinen Wohnung, war ihr*

völlig egal. Und ganz offenbar hat sie dabei auch mit der Gutmütigkeit meines Mannes gerechnet – die kannte sie ja aus eigener Erfahrung. Mir selbst hat der Umzug des Kindes gar nicht gut in den Kram gepaßt, ich war schließlich ebenso voll berufstätig, und Christinas Umzug bedeutete, daß ich die Stundenzahl deutlich würde reduzieren müssen. Es war nur gut, daß ich keine großen Karrierepläne mehr hatte – und meinem Arbeitgeber war es ganz recht, daß ich etwas weniger arbeiten wollte. Aber ich fand es unverschämt, mit welcher Selbstverständlichkeit hier über meinen Kopf hinweg bestimmt wurde.» (Karin L., 44 Jahre, eine sechzehnjährige Stieftochter)

«Die Mutter meiner drei Stiefkinder hat uns immer diktiert, wann wir die Kinder zu nehmen haben. Offenbar richtete sich das nach ihren diversen Reiseplänen. Sie hat uns immer ein Vierteljahr im voraus eine Liste gegeben, und wehe, es kam bei uns etwas dazwischen oder wir äußerten eigene Wünsche. Darüber war kein Verhandeln möglich. Entweder wir akzeptierten ihren Plan, oder die Kinder kamen nicht. Ich fand das unmöglich, aber mein Mann hat zu allem Ja und Amen gesagt. Er wollte keinen Streit und wußte, daß er sowieso den Kürzeren ziehen würde.» (Lena D., 28 Jahre, zwei drei- und achtjährige Stiefkinder)

«Die Absprachen mit der Ex-Frau meines Mannes sind die reinste Katastrophe. Sie hält sich an nichts und hat ständig Extrawünsche. Und dann diktiert sie uns jedesmal, wann sie die Kinder in den Ferien zu sehen wünscht. Daß wir auch eine Planung haben, ist ihr offenbar wurscht. Bei den letzten Sommerferien kam es dann zum Krach. Mein Mann hatte sie rechtzeitig aufgefordert, uns zu sagen, wann sie mit den Kindern verreisen will. Wir hörten nichts und haben unseren Urlaub deshalb unabhängig von ihr gebucht. Eine Woche vor der Abfahrt kam sie an und wollte, daß die Kinder genau in unserer Urlaubszeit zu ihr kommen. Da haben wir aber gestreikt und nicht nachgegeben. Mit dem Erfolg, daß die Kinder in diesen Ferien gar nicht bei ihrer Mutter waren. Darüber waren sie natürlich traurig und haben uns auch noch die Schuld dafür gegeben. Die Mama arbeitet ja so viel und kann nichts dafür ... Ich weiß nicht, was ich noch tun soll, um die Macht dieser Frau einzudämmen.» (Gudrun K., 35 Jahre, zwei Stiefkinder, ein eigenes Kind)

Aber die Macht der Ex-Frau oder des Ex-Mannes reicht noch viel weiter. Sie prägt die Kinder bei den Besuchen an Wochenenden oder in den Ferien. Die Auswirkungen sind noch lange danach zu spüren.

«Ich habe zwei Stiefkinder und drei eigene Kinder. Die Störmanöver der leiblichen Mutter meiner Stiefkinder fingen an, als ich mit meiner jüngsten Tochter – dem einzigen gemeinsamen Kind mit meinem Mann – schwanger war. Die Mutter hat den Kindern gesagt, ich sei die falsche Frau für ihre Kinder, ich könnte sie nicht erziehen. Außerdem seien meine Kinder nicht der richtige Umgang für sie, sie seien zu dumm, und ich sei auch zu ungebildet. Offenbar hatte sie Angst, die Kinder zu verlieren, weil wir nun eine ‹richtige› Familie waren. Immer, wenn die Kinder bei ihr waren, hat sie regelrechte Märchen-Wochenenden veranstaltet, mit Flugreisen in die Alpen zum Skifahren oder ans Meer. Damals, vor 15 Jahren, war das noch sehr viel sensationeller als heute. Sie hat sie mit Süßigkeiten vollgepumpt und mit Geschenken überhäuft. Und meine beiden Kinder hatten nichts und durften zusehen. Die Kinder gingen mit sauberen Sachen und adrett bei mir aus dem Haus, und sie kamen wieder mit einem Koffer voll schmutziger Wäsche, die ich dann waschen durfte. Der Unterschied zwischen unserem einfachen Zuhause und dem Luxus der Hotels und der Wohnung der Mutter war eklatant. Die Mutter hat dann sogar versucht, daß die Kinder zweimal monatlich zu Besuch kommen. Kurz vor dem Gerichtstermin hat die Älteste – damals war sie 10 – sie dann aber gebeten, damit aufzuhören. Darauf hat sie gehört. Aber die Luxus-Wochenenden und der Psychoterror gingen weiter. Die Mutter hat sich die Kinder regelrecht gekauft, später mit Wohnung, Auto und Reisen. Mein Mann hat leider nicht zu mir gehalten und mich verteidigt. Er hat selbst die Argumente seiner Ex-Frau übernommen und mich und meine Kinder als dumm, seine hingegen als hochintelligent bezeichnet. Offenbar war ich nur brauchbar und praktisch, um seine Kinder zu versorgen. Als Mensch und Frau war ich ihm nichts wert. Er hat mich nie vor seinen Kindern verteidigt oder zu mir gestanden. Bis heute nicht. Das hat mich so gekränkt, daß ich unsere Ehe heute als gescheitert betrachte. Die Kinder sind fast alle aus dem Haus. Noch heute ignorieren mich meine

Stiefkinder. Wenn sie ihrem Vater schreiben, lassen sie mich nicht grüßen, reden sie die Familie an, schreiben sie immer nur ‹hallo, ihr›. Ich komme für sie nicht vor. Zum Glück weiß ich durch meinen Beruf und die Bestätigung, die ich dabei erfahre, daß ich durchaus nicht dumm bin. Aber die jahrelange Entwertung zehrt noch heute an meinen Kräften.» (Monika W., 55 Jahre)

Wenn die Mutter bzw. der Vater die Stiefmutter bzw. den Stiefvater ständig schlechtmachen und diffamieren, zwingen sie die Kinder in eine Doppelrolle. Fühlen sie sich in der Stieffamilie wohl, müssen sie dies der Mutter bzw. dem Vater gegenüber verleugnen. Kommen sie nach Hause, müssen sie die Äußerungen der Mutter bzw. des Vaters verheimlichen, weil diese die Stiefmutter bzw. den Stiefvater, die sie ja eigentlich schätzen und gernhaben, kränken und abwerten. Die Kinder sind darüber sehr unglücklich und fühlen sich unwohl. Sie dürfen die Stiefmutter bzw. den Stiefvater nicht gernhaben, weil es der Mutter bzw. dem Vater nicht gefällt. Lieben sie sie bzw. ihn dennoch, begehen sie Verrat an der Mutter. Diesen Konflikt halten die meisten Kinder nicht aus und entscheiden sich dann letztlich dafür, zur Mutter bzw. zum Vater zu halten.

Eine Lösung dieses Konflikts kann es nur geben, wenn die Kinder den Fehler der Mutter bzw. des Vaters erkennen und sie bzw. ihn nicht mehr idealisieren. Das gelingt aber nur den wenigsten, und meist wird es durch materielle Abhängigkeit und Bestechung in Form wertvoller Geschenke erschwert. Der Konflikt wird um so größer, je wichtiger materielle Werte sind. Dabei spielt natürlich eine Rolle, wie wohlhabend die leiblichen Eltern bzw. die Stieffamilie sind. Bei gravierenden Unterschieden ist der Streit nachgerade vorprogrammiert.

«Bei meiner Mutter gab es für uns Kinder nur Tee oder mit Wasser verdünnte Fruchtsäfte zu trinken, weil wir nicht viel Geld hatten. Wenn meine Stiefgeschwister ihre Mutter besuchten, durften sie aber Cola und Limonade oder Säfte pur trinken und gaben damit an, wenn sie wieder nach Hause kamen. Sie haben dann auch meine Mutter schlechtgemacht und ge-

sagt, sie sei ein Tyrann, weil sie sie zwingen würde, dieses verdünnte Zeug zu trinken. Sie können es heute noch nicht verstehen, warum wir damals sparen mußten. Das finde ich von ihnen sehr armselig.» (Laura C., 21 Jahre, zwei Stiefgeschwister)

«Mein Ex-Mann hat unsere Tochter ständig mit Geschenken verwöhnt. Ich habe mühsam versucht ihr beizubringen, daß Geld verdient sein will und nicht vom Himmel fällt, und er macht das alles mit einem Handstreich zunichte. Bei ihm gibt's immer alles im Überfluß: das neue Kleid, den Skianzug, das Fahrrad, die Reise in den Schnee oder im Sommer ans Meer, den Sprachkurs im Ausland, den Schmuck, den teuren Mantel, einen üppig gedeckten Tisch mit den feinsten Speisen und Getränken, den Führerschein, ein Auto. Das ärgert mich maßlos, denn meine Tochter glaubt, ich würde sie nur aus Geiz kurzhalten. Mein Ex-Mann genießt es offenbar, seine Macht auszuspielen und ihr zu zeigen: Siehst du, bei mir hättest du's besser, deine Mutter ist doch eine Versagerin. Ich weiß nicht, ob sie dem Trommelfeuer auf Dauer gewachsen ist. Vielleicht verliere ich sie tatsächlich an ihn, aber dann kann ich es nicht ändern. Möglicherweise erkennt sie dadurch, was sie an mir hat und daß man mit Geld nicht alles kaufen kann.» (Verena N., 46 Jahre, eine Tochter)

Ähnlich vertrackt ist die Situation, wenn eine Mutter oder ein Vater dem Kind keine Liebe geben kann und die Stiefmutter bzw. der Stiefvater das Kind nach jedem Besuch bei diesem Elternteil mühsam wieder seelisch stabilisieren muß. Die Versuchung, auf die Mutter oder den Vater zu schimpfen, ist dann sehr groß. Das Kind wird damit jedoch nur tiefer in seine Verzweiflung gestürzt. Es hilft ihm nicht, die Mutter oder den Vater niederzumachen. Im Gegenteil, es verwehrt ihm, die Eltern so zu sehen, wie sie sind – als Menschen mit Fehlern und Mängeln, Ecken und Kanten.

«Meine vierzehnjährige Stieftochter kam oft tränenüberströmt von ihrer Mutter zurück, mit der sie sich noch nie gut verstand. Sie war total aufgelöst, traurig, wütend, enttäuscht, weil die Mutter sie nicht beachtete, weil sie ihre schulischen Leistungen nicht anerkannte und überhaupt alles, was

sie machte, geringschätzte. Sie ging nicht mit ihr einkaufen, ins Café oder ins Kino – sie beachtete ihre Tochter einfach nicht. Das war für sie kaum zu ertragen. Anfangs habe ich auf die Mutter geschimpft, habe die Wut in meiner Stieftochter noch geschürt, um ihr Luft zu verschaffen – aber das Gegenteil war der Fall. Unter Tränen fauchte sie mich an wie eine Wildkatze, ich solle ihre Mutter nicht schlechtmachen, die sei immer noch besser als ich, und überhaupt, was sie alles auf die Beine gestellt hätte, dagegen wäre ich eine graue Maus, und so weiter, und so weiter. Ich war so perplex, daß ich sofort den Mund hielt und trotzig dachte: Na, dann erstick doch an deiner Wut, wenn du sie auch noch verteidigen mußt. Später bin ich im Rahmen einer Therapie, die ich selbst aus ganz anderen Gründen machte, darauf gekommen, daß ich die Mutter nicht schlechtmachen darf, sondern bei der Tochter vielmehr Verständnis für ihre Fehler wecken muß. Das habe ich dann ausprobiert. Als sie wieder mal in Tränen aufgelöst nach Hause kam, habe ich sie nur in den Arm genommen, sie gewiegt und gehalten und ihr dann in einer Verschnaufpause zwischen zwei Schluchzern gesagt, daß ihre Mama vielleicht einfach nicht anders kann. Daß sie ihr vielleicht gern zeigen und sagen würde, daß sie sie mag, aber es einfach nicht kann. Und daß sie doch eher ihr Mitgefühl braucht als ihren Zorn, weil es eigentlich ja sehr bedauerlich und unangenehm ist, wenn man die eigene Tochter so wenig lieben und beachten kann. Ich habe das auch nicht hämisch gemeint und gesagt, sondern wirklich mitfühlend – die Frau tut mir tatsächlich leid, denn ihre Tochter ist ein Schatz. Es ist doch ein Jammer, wenn man das nicht erkennen kann. Die Reaktion meiner Stieftochter darauf hat mich sehr gefreut – sie hörte tatsächlich auf zu weinen, schaute mich aus noch nassen Augen an und fragte: ‹Meinst du wirklich, daß sie das nicht kann? Die Arme.› Dadurch hatte sie die Möglichkeit, die Schuld von sich selbst wegzuschieben, sich nicht mehr für das Verhalten der Mutter schuldig zu fühlen oder eigenes Unvermögen dafür verantwortlich zu machen. Es ging ja wirklich um die Unfähigkeit der Mutter und nicht die der Tochter. Seither kann sie ihrer Mutter distanzierter begegnen, sie sieht sie in einem anderen Licht. Sie wirbt nicht mehr um sie, sie bettelt nicht mehr um Liebe. Das hat bei beiden die Luft rausgenommen. Und plötzlich sind andere, freiere Begegnungen möglich geworden. Uns beide, meine Stieftochter und mich, hat *diese Konfliktbewältigung enger zusammengeschlossen. Ich bin dafür sehr dankbar.» (Elisabeth K., zwei eigene Kinder, eine Stieftochter)*

Mutter bzw. Vater haben noch eine weitere Möglichkeit, Macht auszuüben und das Leben der Stieffamilie nachhaltig zu beeinträchtigen: indem sie die Gefühle der Kinder ausnutzen, um sich an der Trauer der Kinder selbst aufzurichten.

«Meine Tochter hat die Besuche bei ihrem Vater nach zwei Jahren abgebrochen, weil sie sie zu sehr mitnahmen. Er hat sie jedesmal vollgejammert, nach dem Motto: ‹Du bist das einzige, was ich noch habe auf der Welt›, ‹Ich bin so allein, seit Mami mich verlassen hat›. Und dann hat er sein Leid dadurch demonstriert, daß die Wohnung ungeputzt und unaufgeräumt war. Anja hat beim Nachhausekommen immer geweint, der Papa hat ihr so leidgetan. Sie hat sich schuldig dafür gefühlt, daß er so allein ist. Als er in eine andere Stadt zog, hat sie sich auch dafür verantwortlich gefühlt und sich die Schuld gegeben, daß sie ihn nicht halten konnte. Dabei war das alles nur Masche, er hat seine Tochter gefühlsmäßig regelrecht ausgebeutet und sich selbst daran aufgebaut, sein Leid vor ihr auszuschütten. Als Anja 10 war, hat sie selbst von sich aus den Kontakt abgebrochen, weil sie es nicht mehr ausgehalten hat. Danach ging's ihr dann gut. Heute hat sie wieder losen Kontakt zu ihrem Vater. Mittlerweile ist er auch wieder mit einer Frau zusammen, da muß er nicht mehr so viel jammern.» (Monika W., 55 Jahre)

Gegen solches Ausnutzen von Gefühlen sind weder Kinder noch Eltern oder Stiefeltern gefeit. Immer wieder kommt es vor, daß Eltern die Kinder mit den eigenen Problemen belasten, um sich selbst zu entlasten. Daß die Kinder damit überfordert sind und es überdies nicht ihre Aufgabe ist, mit den Eltern gemeinsam oder gar an ihrer Stelle deren Probleme zu bearbeiten, gerät den Erwachsenen oft völlig aus dem Blick. Viele Kinder in so einer Situation tun sich später schwer, aus dem Gestrüpp der Schuldzuweisungen herauszufinden und das eigene Leben selbstverantwortlich anzupakken.

Stiefgeschwister –
Kumpel oder Eindringlinge?

Wenn beide Partner Kinder mit in die Beziehung bringen, wird die Rang- und Reihenfolge innerhalb der Familie durcheinandergewirbelt. Das geht selten ohne Kämpfe ab.

«Ich war 14, als meine Mutter mit mir zu meinem Stiefvater zog. Er hatte schon zwei Kinder, eine sechzehnjährige Tochter und einen achtzehnjährigen Sohn, die Mutter war fünf Jahre vorher gestorben. Ich war plötzlich die Jüngste. Die anderen haben mich immer belächelt und mich ‹die Kleine› genannt. Das hat mich tierisch genervt. Außerdem meinten sie, mich herumkommandieren zu können. Da hatten sie sich aber geschnitten. Ich habe nie gemacht, was sie wollten. Zum Glück ist mein Stiefbruder bald zum Studium weggezogen, und meine Stiefschwester ist nach dem Abitur als Au-pair-Mädchen ins Ausland gegangen. Dann war alles wieder beim alten. Aber wenn sie zu Besuch kommen, sehe ich zu, daß ich was vorhabe. Wir verstehen uns immer noch nicht, und das wird auch so bleiben.» (Dorothee, 17 Jahre)

«Meine Stiefschwester ist vier Jahre älter als ich, wir sind zusammengekommen, als ich 8 war. Sie hat mich von Anfang an sehr beeindruckt, weil sie so ganz anders ist als ich. Ich bin eher chaotisch, kann schlecht aufräumen und stopfe Süßigkeiten auf einmal in mich rein. Bei ihr ist alles ordentlich, und sie teilt sich die Schokolade in mehrere Häppchen, so daß sie lange etwas davon hat. Das bewundere ich sehr. Und sie ist auch so geschickt, z. B. im Handarbeiten und Basteln. Solange wir zur Schule gingen, haben wir uns gut verstanden, und sie hat mich immer ein bißchen bemuttert. Später hat sie sich aber ziemlich daneben benommen, deshalb haben wir heute kaum noch Kontakt.» (Sylvia, 23 Jahre)

«Mein Stiefbruder ist ein richtiges Ekelpaket. Er meint, immer alles bestimmen zu müssen und teilt Befehle aus. Dabei ist er nur ein Jahr älter als ich. Trotzdem glaubt er, den großen Zampano spielen zu müssen. Aber ich denke gar nicht daran, nach seiner Pfeife zu tanzen.» (Fritz, 13 Jahre)

Vor allem für ältere Kinder und Einzelkinder ist es schwierig, sich mit der neuen Reihenfolge in der Geschwisterhierarchie abzufinden. Aus Erstgeborenen werden mittlere Kinder, die jüngsten sind von heute auf morgen mittlere, ein Einzelkind ist plötzlich nur eines unter mehreren. Das hat Auswirkungen auf die Charaktereigenschaften eines Kindes, vor allem, wenn es beim Entstehen der Patchwork-Familie bereits älter als sechs Jahre ist. Eigenschaften, die sich ein Kind in den ersten Jahren angeeignet hat, lassen sich dann kaum noch abstreifen oder verändern.

Der amerikanische Psychologe Kevin Leman hat die Gesetzmäßigkeiten der Geschwisterrangfolge erforscht und einen Katalog typischer Merkmale für die ältesten, mittleren und jüngsten Geschwister aufgestellt. Erstgeborene sind seiner Meinung nach meist verantwortungsbewußt und zielorientiert, aber auch rechthaberisch und perfektionistisch. «Mittlere» Kinder erkennen schnell, daß es über und unter ihnen noch andere gibt. Sie lernen, sich gegen beide Seiten zu behaupten und sich anzupassen. Sie finden leicht Freunde und sind kompromißfreudig, werden aber auch leicht ausgenutzt. Angefangenes bringen sie meist zu Ende, aber sie können Gefühle nicht gut teilen. Sie verstehen es wunderbar zu vermitteln und sind äußerst diplomatisch. Ein friedliches Miteinander steht für sie an erster Stelle. Sie gehen gern Risiken ein, können aber auch sehr stur und unbeugsam sein. Die jüngsten dagegen sind meist charmant, weltoffen, liebenswert und unkompliziert – aber auch aufmerksamkeitsheischend, unordentlich, ungeduldig und auf den eigenen Vorteil bedacht.

Kinder, die bereits sechs oder sieben Jahre in einem festen Familiengefüge gelebt haben, haben sich bestimmte Charakterzüge angeeignet, die sie auch dann nicht ablegen, wenn sich die Reihenfolge durch die Stiefgeschwister verändert. Solange die Kinder jedoch noch jünger als drei Jahre sind, sind sie noch nicht so stark geprägt. Sie nehmen die Eigenschaften an, die sich aus der neu zusammengesetzten Geburtsfolge ergeben. Dreijährige, die zuvor die Ältesten waren, nun aber ältere und jüngere Stiefgeschwister bekommen, entwickeln sich zu typischen Mittleren. Auch die Jüngsten werden zu typischen Mittleren, sofern sie früh genug Geschwister oder Stiefgeschwister bekommen.

Problematisch wird es oft für Einzelkinder, die plötzlich mit einem oder mehreren Geschwistern konfrontiert sind. Sie verlieren ihren Status als Mittelpunkt der Eltern. Bei Gleichaltrigen kommt es häufig zu einer Art Zwillingseffekt, wobei sich die Charaktere magisch anziehen und die Geschwister fortan unzertrennlich sein können.

Denken Sie an diese Gesetzmäßigkeiten, wenn Sie Ihre Kinder in einer Stieffamilie zusammenführen. Seien Sie sich der Fallstricke bewußt, die das neue Familiengefüge mit sich bringt. Dann werden sie verständnisvoller und offener mit den neuen Rang- und Reihenfolgen umgehen können. Und Sie werden Ihren Kindern besser helfen können, sich in der neuen Familie zurechtzufinden und den angemessenen Platz einzunehmen.

«Ich war 9, als ich mit Mama zu ‹Papa Nummer 2› gezogen bin. Der hatte auch eine neunjährige Tochter: Tina. Wir haben uns auf Anhieb gut verstanden und gleich gemeinsam gespielt. Mama hat dafür gesorgt, daß wir in die gleiche Klasse gehen können. Unsere Spielsachen haben sich toll ergänzt. Tina hatte einen Kaufladen, ich eine Puppenstube. Ihre elektrische Eisenbahn haben wir um meine Ritterburg herumgebaut. Das Kinderzimmer war eine einzige Landschaft aus Tüchern, Klötzen und Gleisen. Wir sollten zwei getrennte Zimmer haben, aber wir haben Mama und Papa schnell davon überzeugt, daß wir in einem schlafen und Hausaufgaben machen und im anderen spielen. Das war super. Wir konnten alles stehen lassen und mußten nicht jeden Abend aufräumen. Jetzt stehen da natürlich nicht mehr Spielsachen herum, sondern wir haben uns eine Art Wohnzimmer mit Kuschelecke eingerichtet, die Wände mit Postern geschmückt und die Stereoanlage aufgebaut. Dort hören wir Musik, lesen und reden stundenlang. Wir halten zusammen wie Pech und Schwefel. Später wollen wir auch gemeinsam studieren. Nur was, das wissen wir noch nicht.» (Julia B., 16 Jahre, eine Stiefschwester)

«Mein Stiefbruder ist ein Jahr älter als ich, und ich finde ihn total blöd. Der tut immer so, als sei er besser und schlauer. In der Schule erzählt er den anderen irgendwelche Märchen, schwärzt mich an, ich würde petzen und so. Das ist echt übel. Ich tue so, als würde ich ihn nicht kennen, aber es ärgert mich, wie er mich behandelt.» (Julius P., 12 Jahre, ein Stiefbruder)

«In unserer alten Familie war ich die Älteste und hatte meinen kleinen Geschwistern gegenüber das Sagen. Als meine Mutter sich von Papa getrennt und mit Arne zusammengetan hat, wurde alles anders. Arnes Sohn war vier Jahre älter als ich, und er hat sich aufgespielt wie Graf Koks persönlich. Das hat mich tierisch genervt.» (Anne D., 15 Jahre, zwei Stiefgeschwister)

Eltern und Stiefeltern müssen sich gut in die Kinderseelen einfühlen, damit die Familie nicht auseinanderbricht. Sie müssen den Kindern Zeit lassen, sich aneinander zu gewöhnen und die Machtkämpfe miteinander auszufechten. Zuviel Einmischung schadet oft mehr, als sie nutzt. Andererseits brauchen Kinder, die sich durch die anderen zurückgesetzt oder schlecht behandelt fühlen, Unterstützung und Hilfe. Es ist nicht einfach, dabei das richtige Maß zu finden.

«Als wir unsere beiden Familien zusammenwarfen, waren unsere Kinder 4, 8, 12 und 13 Jahre alt. Die beiden Ältesten – beides Jungs – haben sich anfangs nur gestritten, es war furchtbar. Offenbar ging es darum, wer nun der Anführer sein sollte – vorher war ja jeder der Älteste, und dann war da plötzlich noch einer, der diesen Rang beanspruchte. Und natürlich wollte sich keiner von beiden unterordnen. Wir haben immer wieder versucht zu vermitteln, es hat alles nichts genutzt. Wir haben dann darauf geachtet, daß sie nicht den gleichen Sport trieben und vor allem in verschiedene Vereine gingen. Außerdem besuchten sie verschiedene Schulen, zum Glück sind zwei in unserer Nähe. Dadurch hat sich das Ganze etwas entspannt. Und den ursprünglichen Plan, die beiden in einem Zimmer unterzubringen, haben wir schnell wieder begraben. Das wäre völlig unmöglich gewesen.

*Ich habe dann auf mein Arbeitszimmer verzichtet und es an meinen Sohn
abgetreten. Anders wäre der Familienfrieden nicht zu retten gewesen.»
(Jutta F., 46 Jahre)*

Teilen und schenken muß man lernen

Für Kinder, die plötzlich Stiefgeschwister bekommen, ist es eine
elementare Frage, wie sie künftig wohnen werden. Ziehen sie in die
Wohnung oder das Haus der anderen, müssen sie sich an neue Zimmer und eine neue Umgebung gewöhnen. Kommen die anderen in
ihr «Nest», gilt es, dieses künftig zu teilen. Beides erfordert Rücksichtnahme, Toleranz, Großzügigkeit. Für Kinder ist es oft schwerer als für Erwachsene, sie aufzubringen.

*«Mama ist mit uns nach der Trennung von Papa nach F. gezogen. Dort hat
sie dann ziemlich schnell Peter kennengelernt. Er hat zwei Kinder, die genau gleich alt sind wie meine Schwester und ich. Wir fanden es klasse, daß
wir gleich zwei Freundinnen hatten und haben uns auf Anhieb gut verstanden. Aber als wir kapiert haben, daß sie bei uns einziehen sollten, waren
wir sauer auf Mama und Peter. Ich hatte mich so auf mein eigenes Zimmer
gefreut, und jetzt sollte ich es mit Kathrin teilen. Das fand ich doof, und
das hab ich ihr auch immer noch nicht verziehen.» (Julia, 12 Jahre)*

*«Mit meiner 5 Jahre älteren Stiefschwester bin ich gleich gut zurechtge-
kommen. Sie hat für mich auch mal gekocht, mir Tips gegeben, was ich in
den Ferien machen kann oder wo es in der Stadt gute Cafés gibt. Ich bin ja
aus einer 500 km entfernten Großstadt in dieses Kaff hier gezogen. Mit
meinem 3 Jahre älteren Stiefbruder dagegen stehe ich immer noch auf
Kriegsfuß. Mit dem habe ich keine gemeinsame Wellenlänge finden können. Er hat in meinen Sachen rumgeschnüffelt, das Klo schweinisch hin-
terlassen und ungefragt meine CDs benutzt. Das hat mich fuchsteufelswild
gemacht. Wenn ich ihn zur Rede gestellt habe, hat er alles abgestritten.
Das fand ich am schlimmsten. Er hat immer so getan, als könne er kein
Wässerchen trüben. Dabei hat er gelogen, daß es kracht. Ich bin froh, daß*

er inzwischen nicht mehr bei uns lebt. Mit dem hat es immer nur Streit ge-
geben, das hat die ganze Familienatmosphäre vergiftet.» (Katja, 18 Jahre,
zwei Stiefgeschwister)

«Für die Kinder war es schwer, als ich mit meinem Mann zusammenzog. Sie
mußten das Haus auf dem Land, den Wald und ihren großen Garten ver-
lassen und zogen in ein Stadthaus, dessen Umgebung längst nicht die ge-
wohnte Freiheit bot und das kleinere und engere Zimmer hatte. Außerdem
konnte ich sie nicht einfach draußen spielen oder allein zur Schule gehen
lassen. Das fanden sie besonders lästig – und ich auch. Hinzu kam, daß die
beiden Kinder meines Mannes schon Freunde in der Nachbarschaft hatten.
Für sie waren die Stiefgeschwister eine ungeliebte Konkurrenz. Manchmal
haben sie sie wie kleine Hunde regelrecht weggebissen, damit sie nicht in
ihr Gehege eindrangen. Es hat etwa zwei Jahre gedauert, bis sich das
Ganze eingependelt hatte. In dieser Zeit habe ich mich oft gefragt, ob ich
die richtige Wahl getroffen habe.» (Sigrun W., 43 Jahre, zwei Kinder, zwei
Stiefkinder)

«Als Mama mit Gregor zusammenzog, habe ich zwei Stiefgeschwister be-
kommen. Die waren ziemlich überheblich und haben immer auf mich her-
untergeguckt. Damals waren sie 14 und 16, und ich war erst 10. Die wollten
auch nicht mit mir spielen, sondern hingen mehr in ihren Zimmern rum,
hörten Kassetten oder lasen. Und ich saß allein in meinem Zimmer und
langweilte mich.» (Anna, 17 Jahre)

Kommen die Kinder nur zu Besuch, lassen sich Konflikte leichter
vermeiden als im täglichen Zusammenleben. Trotzdem müssen Sie
auch dann darauf achten, daß kein Kind benachteiligt wird oder sich
benachteiligt fühlt. Bei größeren Altersunterschieden ist das gar
nicht so einfach.

«Papa hat sich bei meinen Besuchen immer nur um Kathrin gekümmert,
und meine Stiefmutter hat sich auch nicht für mich interessiert. Ich
fühlte mich da ziemlich überflüssig und bin insgesamt nur viermal mitge-
gangen. Danach habe ich mich lieber mit Papa allein verabredet. Dann
sind wir ins Café gegangen oder später auch mal ins Kino. Das war ganz

gut. Da hatte ich ihn wenigstens für mich allein. Zu meiner Stiefmutter
habe ich keinen Kontakt.» (Stefan O., 18 Jahre, eine Schwester)

Was Kinder sich wünschen

Wenn Kinder zusammengewürfelt werden, gibt es viele Möglichkeiten, sich zu ärgern, wütend zu sein, die anderen auf den Mond
schießen zu wollen. Sachen «verschwinden», die Geheimecke wird
durchstöbert, das Badezimmer ist stundenlang blockiert, der Stiefbruder spielt ständig Techno-Musik, bei der man keine Hausaufgaben machen kann, die Stiefschwester läßt niemanden an ihren
Computer, das Tagebuchschloß ist geknackt worden, und keiner
will es gewesen sein, und so weiter, und so weiter.

Die Auswertung unserer Fragebögen hat ergeben, daß es einige
immer wiederkehrende Wünsche von Stiefgeschwistern gibt:

– Ich wünsche mir eine Ecke für mich allein, die von allen respektiert wird und in der keiner meine Sachen durchwühlt.
– Ich würde mich freuen, wenn meine Stiefschwester mich mal
  mitnehmen würde, z. B. ins Kino.
– Jetzt habe ich endlich einen großen (Stief-)Bruder, aber er hilft
  mir nicht, wenn die anderen mich ärgern. Und dabei bin ich so
  stolz auf ihn.
– Meine Stiefschwester ist jetzt zu Hause ausgezogen und hat eine
  eigene Wohnung. Ich wünsche mir, daß sie mich mal einlädt und
  mit mir ein Wochenende verbringt.
– Ich möchte mit dazugehören. Meine beiden Stiefgeschwister
  hängen oft zusammen, und dann fühle ich mich ausgeschlossen.
– Ich möchte, daß mein Stiefvater mich nicht anschreit.
– Es wäre schön, wenn meine Stiefmutter mich mal in den Arm
  nehmen würde.
– Ich will in Ruhe gelassen werden. Meine Stiefmutter drängt sich
  auf, fragt mich immer aus, wo ich war und mit wem. Das mag ich
  nicht.

- Ich will, daß alle es respektieren, wenn meine Tür geschlossen ist, und daß sie anklopfen, bevor sie die Tür aufreißen.
- Ich möchte gefragt werden, wenn jemand sich etwas von mir ausleihen will. Keiner soll einfach so an meine Sachen gehen, meine Pullover anziehen, meine CDs spielen oder meine Bücher lesen. Ich will, daß mein Eigentum respektiert wird.
- Warum gibt es bei uns so oft Streit? Ich wollte, es wäre endlich Frieden.

Wenn noch ein Kind geboren wird

In vielen Stieffamilien ändert sich die Situation noch einmal, wenn aus der neuen Verbindung ein weiteres Kind hervorgeht. Dieses «echte» Kind beider Eltern kann zur Konkurrenz und Bedrohung für die bereits vorhandenen Kinder werden, aber auch zum gehätschelten Mittelpunkt der neu zusammenwachsenden Familie.

«Als ich meinen Kindern mitteilte, daß sie ein Geschwisterchen bekommen, waren sie alle ganz stumm. Sie haben sich nicht gefreut, aber auch nicht mit Abwehr reagiert. Ich war völlig hilflos und wußte überhaupt nicht, wie ich damit umgehen sollte. Wir haben sie dann einfach in Ruhe gelassen. Mit der Zeit, als der Bauch meiner Frau immer umfangreicher wurde, haben sie dann gefragt, was das Baby so macht und sich dafür interessiert, wie das Kinderzimmer eingerichtet wird und ob die Vorhänge rosa oder hellblau oder gelb werden. Und als Stefanie geboren war, waren sie sehr stolz auf ihre Schwester. Daß sie eigentlich ‹nur› eine Halbschwester war, spielte überhaupt keine Rolle. Sie hieß von Anfang an ‹unsere Schwester› und wurde von beiden sorgsam behütet und bewacht. Eifersüchteleien gab es nie.» (Michael P., zwei Kinder aus erster Ehe, eines aus der zweiten)

«Mein Mann hat seinen Töchtern aus der ersten Ehe auf einer Reise im Auto gesagt, daß ich schwanger bin. Das war nicht sehr geschickt, denn wir konnten sie nicht ansehen oder in den Arm nehmen – sie saßen ja auf der Rückbank. Es gab dann zwar keine offene Abwehr, aber verdeckte Aggres-

sionen. Immer wenn sie zu Besuch kamen, haben sie den Umfang meines Bauches kontrolliert, aber ansonsten fanden sie das Baby wenig interessant. Später, als Paula auf der Welt war, haben beide aber sehr lieb mit ihr gespielt und sie gut behandelt. Das lag aber sicher auch daran, daß Paula sie sofort angelacht und mit ihrem Charme eingewickelt hat. Dem konnten sie einfach nicht widerstehen. Später, als Paula ins Trotzalter kam, fanden sie sie dann weniger entzückend, aber das ist wohl normal. Bis heute ist ihr Verhältnis gut, wenngleich nicht sehr eng, aber das ist ja auch nicht nötig.» (Beate G., 34 Jahre, zwei Stieftöchter, eine Tochter)

«Sebastian, mein Sohn aus erster Ehe, war drei, als ich von meinem jetzigen Mann noch ein Baby bekam. Er war total eifersüchtig auf Sonja, wir haben es mit ihm sehr schwer gehabt. Er hat ständig getobt und gekämpft und war mit nichts zufrieden. Nur wenn sich einer von uns mit ihm allein beschäftigte, ging es einigermaßen. Das hat mich an den Rand meiner Kraft gebracht. Später, im Kindergarten und in der Schule, wurde es etwas besser. Aber bis heute wacht er sorgsam darüber, daß er nicht benachteiligt wird und seine kleine Schwester Extrawürste bekommt, die ihm nicht vergönnt waren. Das ist manchmal sehr anstrengend.» (Nadja F., 32 Jahre)

«Meine Tochter war 6 Jahre, als ich von meinem zweiten Mann ein Kind bekam. Anfangs habe ich befürchtet, daß sie eifersüchtig wird, aber das geschah nicht. Schon während der Schwangerschaft tanzte sie um mich herum und erzählte allen, daß sie noch ein Geschwisterchen bekommen würde. Da wir uns das Geschlecht nicht haben sagen lassen, war sie sehr gespannt, ob es nun ein Bruder oder eine Schwester werden würde. Als ihr Bruder dann auf der Welt war, hat sie sich sehr liebevoll um ihn gekümmert. Sie hat ihn gehalten und beim Wickeln zugeschaut, und sie hilft mir, wenn ich sie brauche. Es gab keinen einzigen Moment, in dem sie eifersüchtig war. Im Gegenteil – sie ist beleidigt, wenn Florian ihr nicht gute Nacht sagt!» (Elisabeth K., 40 Jahre)

Entziehen Sie der Eifersucht die Grundlage, indem Sie den Kindern zeigen, daß sie Ihnen ebenso wichtig sind wie vor der Geburt des Babys. Das ist in einer Stieffamilie nicht anders als in einer biologischen Familie. Aber die Angst, zu kurz zu kommen, weniger geliebt zu werden, ist bei Stiefkindern meist noch größer. Dies um so mehr, als das neue Baby ja das «echte» Kind beider Eltern ist.

«Als Julia unterwegs war, kamen die Söhne meines Mannes aus der ersten Ehe sehr schnell auf die Idee, daß dieses Kind ja nun als einziges zu uns beiden ‹Mama› und ‹Papa› sagen darf. Das fanden sie anfangs unfair. Wir haben ihnen dann vor Augen gehalten, wie privilegiert sie sind, insgesamt je zwei Mamas und Papas zu haben. Das hat sie sofort getröstet. Und manchmal necken sie die Kleine sogar: ‹Ätsch, du hast nur eine Mama und Papa . . .›» (Renate G., zwei Stiefkinder, ein leibliches Kind)

Kinder können um so freier mit einem neuen Familienmitglied umgehen, wenn sie nicht gezwungen werden, das Baby toll zu finden. Lassen Sie ihnen den Freiraum, selbst auf das Kind zuzugehen. Fragen Sie sie nicht ständig, ob sie sich auf den Familienzuwachs freuen, und reagieren Sie nicht beleidigt, wenn sie von der Schwangerschaft nicht viel wissen wollen. Je mehr Sie es ihnen überlassen zu bestimmen, wie eng der Kontakt zum neuen Baby sein soll, um so eher können sie eine gute Verbindung zu dem neuen Geschwisterkind aufbauen. Nur wenn das Interesse freiwillig wachsen darf, kann eine echte und tragfähige Bindung entstehen.

Nehmen Sie Hilfsdienste wie z. B. Babysitten deshalb möglichst nur dann in Anspruch, wenn die Kinder sie von sich aus anbieten oder wenn das Familienleben es erlaubt. Zwingen Sie die Kinder nicht, auf das Kleine aufzupassen, es spazierenzufahren oder auf den Spielplatz zu begleiten. Die Kinder haben es sich nicht ausgesucht, noch ein Geschwister zu bekommen – Sie wollten das Baby.

Die Stieffamilie lebt zusammen

Jede Stieffamilie ist anders, und doch gibt es Probleme, die in allen Stieffamilien gleich sind. Das betrifft vor allem den Alltag und die Festtage. Einige Konflikte können Sie vorhersehen und dadurch auch vermeiden. Mit anderen müssen Sie rechnen, ohne daß sie zwangsweise eintreten. Wenn Sie sich an unseren folgenden Hinweisen orientieren, werden Sie mehr Ruhe und Gelassenheit in Ihr Familienleben bringen, denn turbulent ist es ohnehin schon.

- Sprechen Sie Fragen und Konflikte innerhalb der Familie sofort an und schieben Sie sie nicht auf die lange Bank.
- Beziehen Sie immer Ihren Partner bzw. Ihre Partnerin in die Lösungsmöglichkeiten ein.
- Nehmen Sie die Kinder ernst und behandeln Sie sie nicht wie kleine Dummerchen. Kleinkinder haben ein feines Gespür für alles, was ihre Sehnsucht nach Harmonie innerhalb der Familie stört. Tun Sie nicht so, als sei alles in bester Ordnung, wenn dem nicht so ist. Die Kinder sehen es Ihnen an der Nasenspitze an, daß Sie lügen, und fühlen sich entsprechend hinters Licht geführt. Dann müssen Sie sich später nicht wundern, wenn Sie angelogen werden. Auch Eltern haben ein Recht darauf, traurig zu sein, und Kinder dürfen wissen, daß sie das hin und wieder sind.
- Führen Sie klare Regeln im Zusammenleben ein. Verteilen Sie die Hausarbeit auf mehrere Schultern. Dienste wie Spülmaschine ein- und ausräumen, Tisch decken, Müll wegbringen, Flaschen in den Keller tragen usw. sind ideale Kinderdienste. Die Kinder (und der Ehemann) können auch die Wäsche bis zur Waschmaschine bringen und müssen sie nicht einfach in ihrem Zimmer fallen lassen. Socken gehören auseinandergezogen und nicht als undefinierbares Knäuel in den Wäschesack geworfen.

Wenn Sie die Regel einführen, daß alles, was nicht ordnungsgemäß im Wäschekorb liegt, einfach nicht gewaschen wird, werden Sie sehen, wie schnell die Sachen dort liegen, wo sie hin sollen.

- Erwarten Sie keine Liebe von Ihren Stiefkindern und verlangen Sie auch nicht von sich, diese lieben zu müssen.
- Haben Sie Verständnis für Verlustängste bei Kindern, deren Eltern sich erst vor kurzem haben scheiden lassen.
- Versuchen Sie nicht, in Konkurrenz zu den leiblichen Eltern zu treten, sondern finden Sie Ihren eigenen Stil im Umgang mit den Kindern.
- Treffen Sie mit Ihrem Ex-Mann bzw. Ihrer Ex-Frau klare Abmachungen über die Besuchsregelung der Kinder. Abweichungen von diesen Absprachen sollten die Ausnahme bleiben. Sowohl die Stieffamilie als auch die Kinder brauchen diese Regeln, um ihre neue Stabilität zu festigen.
- Organisieren Sie gemeinsame Ausflüge oder Unternehmungen der ganzen Stieffamilie, damit es für alle spürbare Erlebnisse von Gemeinsamkeit gibt. Das «Wir»-Gefühl innerhalb einer Familie stellt sich nicht von selbst ein, sondern will erarbeitet werden.
- Versuchen Sie, täglich eine der Mahlzeiten so festzulegen, daß alle Familienmitglieder daran teilnehmen können, und machen Sie dieses Treffen zur Pflicht für alle. Abwesenheit bedarf der Entschuldigung und Begründung.
- Stoßen Sie Ihren Partner bzw. Ihre Partnerin nicht zurück, wenn Sie sich über die Kinder geärgert haben. Versuchen Sie, die Probleme so klar wie möglich zu umreißen, und suchen Sie gemeinsam nach Lösungen.
- Schließen Sie Frieden mit Ihrer Ex-Frau bzw. Ihrem Ex-Mann – ein ewig währender Scheidungskrieg läßt Ihre Stieffamilie nicht zur Ruhe kommen und belastet den Familienfrieden ständig und nachhaltig.
- Verlangen Sie von Stiefgeschwistern nicht, daß sie einander lieben. Respektieren Sie jedes als eigene Persönlichkeit.
- Die Harmonie in Ihrer Stieffamilie beginnt damit, daß Sie sich

selbst harmonisch fühlen und für Harmonie innerhalb der Familie sorgen. Erwarten Sie nicht, daß andere das für Sie tun.

- Aber bedenken Sie auch: Streit gibt es in jeder Familie. Kehren Sie ihn nicht um der Harmonie willen unter den Teppich. Ein Donnerwetter reinigt manchmal die Atmosphäre, und alle können wieder befreit durchatmen.
- Organisieren Sie für größere Konflikte und Streitfragen eine Familienvollversammlung, auf der jedes Mitglied stimmberechtigt ist. Kommen Sie zu keiner Einigung, können Sie besprechen, welche Person von außen (Freunde, Verwandte) als Schlichter dienen kann.
- Suchen Sie Rat und Unterstützung in einer Selbsthilfegruppe. Sie werden feststellen: Sie sind nicht allein auf der Welt mit Ihren Problemen.
- Versuchen Sie nicht, Ihre Stiefkinder oder Ihren Partner bzw. Ihre Partnerin zu verändern. Nehmen Sie sie so, wie sie sind. Dadurch ermutigen Sie sie, umgekehrt auch Sie so zu akzeptieren, wie Sie sind.

Elternabend

Stiefeltern gehen häufig zu Elternabenden in Kindergarten oder Schule, weil die leiblichen Eltern keine Zeit oder Lust dazu haben. Viele sind dabei anfangs befangen, weil sie in der bereits aufeinander eingeschworenen Elternschaft neu sind und niemanden kennen. Es bedarf schon einer Portion Mut und Selbstbewußtsein, um sich nicht verloren vorzukommen.

«Als meine Stieftochter etwa einen Monat bei uns wohnte, stand der erste Elternabend in der Schule bevor. Es sollte über die Klassenreise und den Unterrichtsausfall gesprochen werden, das waren beides Themen, bei denen niemand fehlen sollte. Mein Mann als Vater des Kindes war jedoch un-

terwegs, die Mutter hatte zu verstehen gegeben, daß sie sich für die El-
ternabende nicht mehr zuständig fühlte, weil das Kind ja bei uns wohnte.
Also mußte ich da hin. Mir war verdammt mulmig zumute, ich war schließ-
lich noch nie bei einem Elternabend gewesen und hatte keine Ahnung, wie
so etwas abläuft. Die Klassenlehrerin kannte ich noch nicht mal vom Se-
hen. Ich habe mich dann mühsam zum Klassenzimmer durchgefragt –
Schulen sind in dieser Hinsicht ja schrecklich anonym. Die meisten Eltern
waren schon da und haben mich angestarrt wie ein Auto, als ich reinkam.
Ich hab mich dann irgendwo hingesetzt und mich den unmittelbar be-
nachbart sitzenden Eltern vorgestellt. Daraus ergab sich dann ein ganz
angeregtes Gespräch, und siehe da – die eine Mutter war auch eine Stief-
mutter. Da fühlte ich mich schon weniger einsam. Als die Klassenlehrerin
reinkam, bin ich zu ihr gegangen und habe mich auch ihr vorgestellt. Sie
war sehr freundlich und freute sich, mich kennenzulernen. Der Eltern-
abend verlief dann mit sehr angeregten Diskussionen. Beim zweiten Mal
kam ich mir schon vor wie ein alter Hase.» (Ilona F., 34 Jahre, zwei Stief-
kinder)

«Als ich das erste Mal zum Elternabend im Kindergarten meiner Stieftoch-
ter ging, kam ich mir vor wie beim Spießrutenlaufen. Alle haben mich an-
gestarrt, keiner hat sich mit mir unterhalten. Nur die Kindergärtnerin war
sehr nett und hat mich begrüßt. Beim zweiten Mal haben sie schon weni-
ger gestarrt, aber gebrochen ist das Eis dann erst beim Sommerfest, als
alle Eltern und Kinder gemeinsam feierten. Ich habe mich daran beteiligt,
den Garten zu schmücken, und über die gemeinsame Arbeit bin ich mit
einigen Müttern ins Gespräch gekommen. Inzwischen fühle ich mich wohl
und von allen akzeptiert.» (Ursula W., 32 Jahre, eine Stieftochter, zwei ei-
gene Kinder)

Sprechen Sie mit dem leiblichen Elternteil ab, worüber Sie mit entscheiden sollen und können und was sie oder er selbst entscheiden
möchte. Und wenn Sie keinen ungezwungenen Umgang mit dem
leiblichen Elternteil haben, sprechen Sie mit ihm unbedingt ab, wer
wann zu welchen Schul- oder Kindergarten-Veranstaltungen geht.
Natürlich wollen die Kinder, daß immer alle kommen. Aber wenn

Sie wissen, daß das nicht gutgeht, können Sie es den Kindern erklären und klare Absprachen treffen.

Widerstehen Sie der Versuchung, sich der Klassenlehrerin bzw. dem Erzieher als «Mutter» oder «Vater» des Kindes vorzustellen – es stimmt ja nicht. Bekennen Sie von vornherein Farbe und sagen Sie: «Ich bin die Stiefmutter bzw. der Stiefvater von Petra.» Bekennen Sie sich zu Ihrer Stiefelternschaft und seien Sie stolz darauf. Und erwarten Sie von anderen Eltern nicht, daß sie sich für Sie interessieren. Gehen Sie selbst auf diejenigen zu, die Ihnen sympathisch sind oder mit deren Kindern Ihr Stiefkind häufig spielt. Wenn Sie offen für neue Begegnungen sind, wird man auch Ihnen offen gegenübertreten.

Ferien und Freizeit

Ferien und Freizeit müssen Sie mit den Eltern Ihrer Stiefkinder teilen. Das ist manchmal schmerzlich, gibt Ihnen aber auch die Chance, Ihre Paarbeziehung zu pflegen. Nutzen Sie diese freien Tage, denn in einer Stieffamilie kommt die Paarbeziehung meist zu kurz. Aber nur wenn Sie als Paar stabil und glücklich bleiben, kann sich Ihre Stieffamilie gut entwickeln. Sie sind das Vorbild der Kinder – in allem, was Sie tun.

Auch wenn die Kinder selten von zu Hause fort sind, sollten Sie in Ihren Alltag Pausen einbauen, die nur Ihnen und Ihrem Partner bzw. Ihrer Partnerin gehören. Kinder müssen lernen, daß man eine Paarbindung pflegen muß, wenn sie stabil bleiben soll. Sie müssen lernen, daß Liebe eine Pflanze ist, die ohne Wasser und Dünger verdorrt.

Treffen Sie mit den anderen Eltern klare Absprachen für die Ferien, und zwar so früh, daß Sie Ihren gemeinsamen Urlaub in Ruhe buchen können. Treten Sie auch hier nicht in Wettstreit mit den anderen Eltern, wer die weiteste oder teuerste Reise mit den Kindern macht. Planen Sie einen Urlaub, bei dem Sie sich mit den Kindern wohlfühlen, bei dem jeder auf seine Kosten kommt. Und denken Sie daran, daß auch in Ferienwohnungen Dienste übernommen werden müssen.

Weihnachten, Ostern und andere Feste

Feiertage sind die großen Stolpersteine für Stieffamilien. Sie stellen alle vor die Frage: Wer feiert bei wem? Aus so heiligen Festen wie Weihnachten und Ostern können die reinsten Wandertage werden. Festliche Stimmung kann dann nur schwer aufkommen.

Grundsätzlich sollten Kinder diese wichtigen Feiertage in der Familie feiern, in der sie leben. Die anderen Eltern können dann am ersten oder zweiten Weihnachtsfeiertag bzw. am Ostermontag besucht werden. Wohnen sie dafür zu weit weg, läßt sich für andere Feiertage eine Besuchsregelung vereinbaren.

Für die Kinder ist es meist verwirrend, wenn sie die Feste abwechselnd in verschiedenen Familien verbringen, also z. B. in den Jahren mit ungerader Zahl beim Vater, in denen mit gerader bei der Mutter. Sie brauchen klare Verhältnisse und sich wiederholende Rituale, die das Jahr gliedern und dem Jahresablauf Verläßlichkeit geben. Für sie ist es meist viel schöner, zweimal Weihnachten feiern oder Ostereier suchen zu können, jedesmal mit den entsprechenden Ritualen, die ja in jeder Familie anders sind.

Wenn die Kinder noch klein sind (unter 6 Jahren), kommt es seltener zu Konflikten. Dann können Sie den Festtagen von vornherein eine eigene Prägung geben, die zur Familientradition wird.

Problematisch wird es meist, wenn ältere Kinder in eine Stieffamilie kommen. Sie haben in ihrer ersten Familie die Rituale schon längere Zeit eingeübt und wollen selten davon abrücken. Sie werden es dann schwer haben, die Feste nach Ihren Wünschen zu gestalten. Da kann es zur Kardinalsfrage werden, ob der Baum mit elektrischen oder Wachskerzen geschmückt wird, ob Lametta aufgehängt wird oder Glaskugeln, wie die Christbaumspitze aussieht und ob es eine Krippe geben muß. Die Kinder wollen meist nicht an den liebgewordenen Traditionen rütteln und bestehen auf den eingeübten Abläufen.

«Vor drei Jahren haben wir mit meiner vierzehnjährigen Stieftochter zum ersten Mal gemeinsam Weihnachten gefeiert. Vorher wohnte sie bei ihrer Mutter. Schon in der Vorweihnachtszeit hat sie ständig an mir herumgemeckert. Nichts konnte ich recht machen. Die Plätzchen, die ich buk, waren die falschen. Die der Mutter schmeckten anders – und natürlich besser. Der Adventsschmuck sollte auf der Fensterbank und nicht auf dem Tisch stehen, und zwar mit ganz bestimmten Schleifen und Kerzen. Das hat mir überhaupt nicht gefallen. Als es dann ans Schmücken des Baumes ging, wurde es ganz schrecklich. Offenbar hatte ihre Mutter ihr die kitschigsten Dinge mitgegeben, inklusive Lametta – und ich hasse Lametta. Meine Versuche, das Zeug auszusortieren, waren zum Scheitern verurteilt. Es war ein reiner Machtkampf zwischen mir und ihr, und es ging richtig zur Sache. Keine wollte nachgeben. Schließlich fingen wir an zu handeln: Darf ich den Rauschgoldengel aufstellen, verzichte ich aufs Lametta – in diesem Stil haben wir miteinander gerungen. Irgendwann stand sie heulend auf und schrie mich an, ich wolle ihr die Erinnerung an ihre Mutter vermiesen. Ich war völlig verdattert – natürlich wollte ich das nicht, ich habe nur einen anderen Geschmack als sie. Ich habe dann versucht, ihr das ruhig und gelassen zu erklären. Aber letztlich mußte ich doch die größere Anzahl von Zugeständnissen machen. Woraufhin ich mir schwor, daß es an Ostern andere Regeln geben würde, nämlich meine. Darauf konnten wir uns dann tatsächlich einigen: Ostern darf ich bestimmen, Weihnachten sie. Damit können wir beide jetzt in Frieden leben.» (Brigitte S., 33 Jahre, eine Stieftochter)

Ebenso wichtig wie der Schmuck der Wohnung ist die Frage, was es zum Essen gibt. Auch da hat jede Familie ihre eigenen Traditionen. In der einen gibt es am Heiligen Abend Würstchen mit Kartoffelsalat, in der anderen Gänsebraten mit Rotkohl und Klößen, und in der nächsten Karpfen blau mit Dampfkartoffeln. Was soll es nun geben, wenn die einen an das, die anderen an jenes gewöhnt sind? Wer darf bestimmen? Daraus können sich ganze Machtkämpfe entwickeln, nicht nur zwischen Kindern und Stiefeltern, sondern oft sogar zwischen den Partnern selbst.

Sie können das Problem lösen, indem Sie rechtzeitig und solange noch kein Plätzchenduft durchs Haus zieht darüber sprechen. Schneiden Sie das Thema ruhig und sachlich an und fragen Sie die Kinder, was für sie unverzichtbar ist und wo sie sich kompromißbereit fühlen. Machen Sie ihnen klar, daß solche Kompromisse in einer Stieffamilie nötig sind, damit sich alle wohlfühlen. Wenn jeder merkt, daß er in seinen Wünschen ernstgenommen wird, fällt es leichter, die Vorstellungen der anderen ebenso zu respektieren und Abstriche in Kauf zu nehmen.

Kompliziert wird es häufig auch bei großen Familienfesten, wenn beide Eltern mit ihren Familien eingeladen werden müßten, sich aber nicht gut verstehen. Die Verwandten müssen sich für einen von beiden entscheiden – und das geht oft zu Lasten der Kinder, die sich zu Recht ausgeschlossen fühlen. Und das nur, weil die Erwachsenen so kindisch sind und nicht miteinander umgehen können. Wenn die Verwandten nicht sehr beliebt sind, wird es die Kinder zwar kaum stören. Aber meist gehen sie gern zu Hochzeiten, Taufen oder Geburtstagen, weil dort immer etwas los ist. Außerdem gibt es meist irgendein Geschenk von Onkel, Tante oder Großeltern.

In solchen Fragen wird es immer Ungerechtigkeiten geben, mit denen Sie leben müssen. Es allen recht zu machen, ist meist unmöglich. Vielleicht läßt sich auch da die Regel einführen, daß Sie im Wechsel zu solchen Festen gehen, die Kinder bei jedem dabeisein können. Besucht die Mutter den Geburtstag des Großvaters, kann der Vater mit seiner Familie zur Hochzeit der Cousine gehen usw. Auch darüber müssen Sie sich mit dem anderen Elternteil verständigen und klare Absprachen treffen.

Die typischen Beschwerden der Stiefkinder

Es gibt eine Reihe von Beschwerden von Stiefkindern, die immer wieder vorkommen. Prüfen Sie sich: Könnten diese Beschwerden von einem Ihrer Stiefkinder stammen? Wie können Sie dazu beitragen, daß das Kind sich wohler fühlt? Welche Antworten Sie geben, müssen Sie selbst herausfinden – sie werden in jeder Familie anders aussehen.

1. Niemand hat genügend Zeit für mich.
2. Ich will meine alte Familie wiederhaben.
3. Ich bin traurig, weil Mama / Papa traurig ist, und beide sind überhaupt insgesamt zu oft traurig.
4. Ich weiß nicht, was meine Stiefmutter / mein Stiefvater immer von mir will, nie ist sie / er zufrieden.
5. Ich bin wütend, aber ich weiß nicht, warum.
6. Papa / Mama ist immer nur mit seiner / ihrer neuen Familie beschäftigt.
7. Papa hat Mama verlassen, aber eigentlich hat er mich verlassen.
8. Ich bin schuld, daß meine Mama / mein Papa weggegangen ist.
9. Papa / Mama läßt immer durch meine Stiefmutter / meinen Stiefvater sagen, was er / sie von uns will. Kann er / sie das nicht mal selber tun?
10. Bei Papa / Mama ist es viel schöner.
11. Ich vermisse meinen Vater / meine Mutter.
12. Meine Stiefmutter / mein Stiefvater redet immer nur schlecht über mich.
13. Ich wünschte, ich wäre nicht hier.
14. Ich könnte besser ohne meine Stiefmutter / meinen Stiefvater leben.
15. Sie / er ist nicht fair zu mir.
16. Ich weiß nicht, wo ich hingehöre.
17. Mama / Papa haben nicht genügend Geld. Ich wünschte, ich könnte ihr / ihm helfen.
18. Keiner weiß, wie schwer es mir fällt, zu Mama / Papa zu gehen.

19. Papa / Mama und ich verstehen uns prima, wenn nur meine Stiefmutter / mein Stiefvater nicht wäre.
20. Sie / er liebt ihre / seine eigenen Kinder mehr als uns.
21. An mich haben sie nie gedacht, als sie den Umzug planten.
22. Ich komme in der Familie doch überhaupt nicht vor.
23. Keiner beachtet mich.
24. Sie / er achtet nur auf ihn / sie, nie auf mich.
25. Irgend etwas kann mit mir nicht stimmen.
26. Immer gehen sie gemeinsam weg und lassen uns allein.
27. Meine Stiefmutter und mein Vater (mein Stiefvater und meine Mutter) regen sich immer auf, wenn ich ihnen erzähle, wie schön es bei Mama (Papa) war.
28. Ich hasse meine Stiefmutter / meinen Stiefvater.
29. Es ging so gut ohne ihn / sie. Warum mußte Mama / Papa bloß wieder heiraten?
30. Papa / Mama hat ja keine Ahnung, wie schwer das Leben ist ohne ihn / sie.
31. Ständig hackt sie / er auf mir herum.
32. So gut wie Mama / Papa kocht niemand.

Wir sind eine Stieffamilie!

Eine Stieffamilie ist keine biologische Familie. Trotzdem wird immer wieder mit großem Enthusiasmus versucht, aus der Stieffamilie eine Familie zu machen, die so funktioniert, handelt und aussieht wie eine biologische Familie. Aber das geht nicht. Die Schwierigkeiten nehmen dann eher zu als ab.

Der Beginn einer Stieffamilie ist oft von unrealistischen Erwartungen gekennzeichnet. Wunsch und Wirklichkeit klaffen auseinander. Über kurz oder lang enden all die schönen Erwartungen in Enttäuschung und Verzweiflung. Wünsche und Hoffnungen zerschlagen sich, und als letzter Ausweg aus dem Desaster bleibt oft nur noch die Scheidung.

Es gibt einige wichtige Fakten in einer Stieffamilie, die Sie berücksichtigen müssen, wenn Sie das Unternehmen Patchworkfamilie zum Erfolg führen wollen. Die Realitäten der Stieffamilie zu erkennen, macht die vielfältigen Problemzonen deutlich. Soll man daran verzweifeln? Natürlich nicht. Sind die Probleme erst einmal als solche erkannt, lassen sich auch Lösungen finden. Es ist kein einfacher Weg – aber was ist schon einfach? Es gibt viele gute Gründe, sich auf diesen Weg zu machen, und alle haben mit den schönen Gefühlen zu tun, die entstehen, wenn man von einer liebenden, warmherzigen Familie umgeben ist, wie auch immer sie entstanden ist.

Es tut sicherlich gut zu sagen «Wir sind eine Familie» und nicht «Wir sind eine Stieffamilie». Aber die Realität ist: Sie sind eine Stieffamilie. Und die ist anders als eine biologische Familie. Nicht besser, nicht schlechter, einfach anders. Und deshalb funktioniert sie auch anders. Die Ablehnung des Begriffs «Stieffamilie» und der Wunsch, die Stieffamilie wie eine biologische Familie zu leben, ist die Wiege für viele überhöhte, unrealistische Erwartungen, die sich nicht erfüllen lassen. Man übersieht dabei leicht, daß Stieffamilien erst in ihre neue Situation hineinwachsen, neue Wege finden, ihre gemeinsame Geschichte erst aufbauen müssen – Tag für Tag.

Die meisten Probleme in einer Stieffamilie rühren daher, daß ihre einzelnen Mitglieder nicht erkennen, daß die Situation besondere Erziehungsmethoden und ein besonders hohes Maß an Verständnisbereitschaft verlangt.

In einer biologischen Familie ist der Aufbau klar: Die Eltern stehen an der Spitze, die Geschwister folgen in der Reihe ihrer Geburt. Der oder die Erstgeborene ist der bzw. die Älteste mit bestimmten Rechten und Pflichten, das Baby ist das Nesthäkchen. In einer Stieffamilie wird diese Struktur dagegen meist kräftig durcheinandergewirbelt. Die Familienmitglieder bekommen andere Rollen und andere Plätze. So wird aus dem ältesten Kind plötzlich das zweite, weil ein älteres Stiefgeschwister dazukommt. Ein Einzelkind soll sein Zimmer mit der Stiefschwester teilen. Die Mutter einer vierjährigen Tochter wird Stiefmutter eines zehnjährigen Sohnes. Ein Stiefelternteil hat noch keine Elternerfahrung und ist plötzlich mit einem pubertierenden Teenager konfrontiert.

Schon diese Beschreibung von Lebensrealitäten macht deutlich, daß eine Stieffamilie keine biologische Familie sein kann. Neue Verantwortlichkeiten entstehen, neue Rollen müssen gefunden und neue Verhaltensmuster entwickelt werden. Viele Stiefeltern verkennen das und trauen sich im Überschwang des neuen «Wir»-Gefühls alles zu. Die zwangsläufige Überforderung legt dabei oft den Grundstein für das Scheitern.

In einer biologischen Familien wachsen die einzelnen Familienmitglieder langsam in ihre Rollen hinein, eine Stieffamilie wird mit dieser Aufgabe in vergleichsweise kurzer Zeit konfrontiert. Es entsteht ein neues System, ein neues Team wird zusammengewürfelt. Es gibt zwei neue «leitende Mitarbeiter» – den leiblichen Elternteil und den Stiefelternteil. Diese beiden müssen neue Regeln einführen, die von allen Beteiligten akzeptiert werden. Hinzu kommt, daß es noch die «ehemaligen Chefs» gibt, den leiblichen Elternteil, den die Kinder künftig besuchen und der aus der Ferne in das Stieffamilienleben hineinwirkt.

In einer Stieffamilie kann nichts als selbstverständlich vorausgesetzt werden. Gemeinsame Erfahrungen sind noch nicht da, sie müssen erst wachsen. Was leibliche Eltern für ihre Kinder tun, wird als selbstverständlicher Teil ihrer elterlichen Fürsorge angesehen und meist ohne Dank von den Kindern angenommen. Für leibliche Eltern ist es auch leichter, sich als Teil ihres Kindes zu sehen und zu fühlen. Für ein Stiefkind eigene Wünsche zurückzustellen, ist weitaus schwieriger als die «Aufopferung» für das leibliche Kind.

Wenn ein Stiefelternteil Aufgaben übernimmt, die üblicherweise vom leiblichen Elternteil wahrgenommen wurden, ist es unerläßlich, daß dem Kind beigebracht wird, sich zu bedanken. Entgegenkommen und Rücksichtnahme sind keine Selbstverständlichkeit, sondern eine bewußte Tat, für die man dankbar sein sollte.

Biologische Familien sollten sich daran ein Beispiel nehmen. Viele Eltern rücken ihre eigenen Interessen zu selbstverständlich in den Hintergrund. Und viele Kinder erwarten das von ihren Eltern, als hätten sie ein natürliches Anrecht darauf. Es wäre für beide Seiten besser, wenn aus den Selbstverständlichkeiten das würde, was sie eigentlich sind: eine gern gewährte Hilfe, ein freudig gegebenes Geschenk, für das man sich genauso bedanken sollte wie für einen Blumenstrauß.

Aller Anfang ist schwer

Entsteht aus zwei Familien eine Stieffamilie, wird meist erwartet, daß die Liebe, die das neue Paar verbindet, auch die anderen Familienmitglieder einschließt. «Ich liebe dich, du liebst mich. Ich werde deine Kinder lieben, und du wirst meine Kinder lieben». Ist das so einfach? Kann diese automatisch einsetzende Liebe wirklich erwartet werden? Wir glauben: nein. Und die Erfahrung zeigt, daß es vor allem diese Erwartungshaltung ist, die dem glücklichen Zusammenwachsen der neuen Lebensgemeinschaft im Wege steht. Eine Stieffamilie ist nicht von Beginn an eine glückliche Familie.

Der Anspruch «ich muß diese Kinder lieben» erzeugt einen Druck, der allein dazu führen kann, diese Liebe zu verhindern. Wo es nicht mehr erlaubt ist, Gefühle der Ablehnung oder der Antipathie haben zu dürfen, können Zuneigung und Liebe nicht gedeihen. Niemand mag ein Kind tage-, monate- und jahrelang in gleichbleibender Intensität. Wie in einer Paarbeziehung gibt es gute und schlechte Zeiten. Wenn Sie sich das nicht von vornherein klarmachen und diese Gefühle zulassen – wie wollen Sie dann den Kindern Liebe geben, die echt und nicht nur geheuchelt ist?

Niemand kann auf Befehl lieben, auch biologische Mütter und Väter nicht. Nur: Sie haben durch Schwangerschaft, Geburt und die ersten Lebensjahre genügend Zeit, diese Liebe wachsen zu lassen, die kleine Persönlichkeit, die ihr Kind ist, kennenzulernen. Ecken und Kanten, die sich dann später zeigen, lassen sich auf dem Hintergrund dieses Erfahrungsschatzes leichter gelassen ertragen.

Was aber, wenn die lieben Kleinen gar nicht niedlich sind, sondern nur nerven? Was tun, wenn an ihnen kein Weg vorbeigeht, weil frau unbedingt den Vater dieser Kinder will? Oder umgekehrt: Was tun, wenn ein Mann, der noch gar keine Elternerfahrung hat, plötzlich zum Stiefvater zweier Kinder wird, nur weil diese seine Traumfrau zur Mutter haben?

Begehen Sie nicht den Fehler, sich die Stiefelternliebe von heute auf morgen abzuverlangen. Sie sind viel zu sehr damit beschäftigt, ein Team auf die Beine zu stellen, das die neuen Aufgaben, die sich jetzt stellen, rasch bewältigt. Dieses Team muß wichtige Entscheidungen treffen: Wo werden wir wohnen? Wer bekommt welches Zimmer? Wer organisiert den Haushalt? Wer mäht den Rasen? Wer kümmert sich nachmittags um die Kinder? Wer bringt sie in den Kindergarten / in die Schule bzw. holt sie dort ab?

Wenn Sie es geschafft haben, diese vordringlichen Aufgaben so zu managen, daß Sie damit als Familie einigermaßen klarkommen, werden Sie merken, daß in der Bewältigung der damit verbundenen Fragen, Sorgen und Nöte alle Familienmitglieder mit- und aneinander wachsen. Dabei entsteht auch Liebe. Tragfähige, belastbare Liebe.

Klare Regeln
sind die beste Voraussetzung

Im «alten» Leben hatte jeder seinen vertrauten Platz. Selbst die Tischordnung war festgelegt: Anne sitzt neben Papa. Nun ist alles umgekrempelt. Und das erzeugt Unsicherheiten. Und Verlustängste. Vergessen Sie nicht, daß Stieffamilien sich vor allem deshalb zusammenfinden, weil vorher ein Verlust stattgefunden hat – Trennung, Scheidung oder Tod. Dieser Verlust muß verarbeitet werden. Bis das geschehen ist, stellen sich Kindern und Erwachsenen viele Fragen: Wo gehöre ich jetzt hin? Welches ist mein Platz? Liebt Mama mich noch? Hat Papa meinen Stiefbruder lieber, weil er schon immer einen Sohn wollte? Bin ich noch wichtig? Mit diesen Fragen verbinden sich Verwirrung, Unsicherheit und Versagensangst. Sie legen das Fundament für das vorprogrammierte Chaos an Gefühlen, Erwartungen, Hoffnungen und Enttäuschungen.

Sie können das Chaos vermeiden, indem Sie Ihrem Zusammenleben feste Regeln geben. Solche Regeln sind Orientierungshilfen und Halteleinen für stürmische Zeiten. Im alltäglichen Miteinander sind sie besonders hilfreich. Klären Sie mit Ihrem Partner bzw. Ihrer Partnerin und den Kindern alle offenen Fragen des Alltags, und seien sie noch so klein:

– Wie werden die gemeinsamen Mahlzeiten organisiert?
– Wer deckt den Tisch, wer räumt ab?
– Wer kocht?

- Wer kauft ein?
- Wer macht sauber?
- Wer kümmert sich um die Wäsche?
- Wer bringt den Müll weg?
- Sollen die Schuhe an der Wohnungs- bzw. Haustür ausgezogen werden, damit Nässe und Dreck nicht in die Zimmer geschleppt werden?
- Wie steht es mit dem Aufräumen?
- Wie wollen wir miteinander umgehen? Sagen wir «Guten Morgen» und «Tschüs, bis nachher», oder schauen wir aneinander vorbei und grunzen etwas Unverständliches?
- Wie will die Stiefmutter bzw. der Stiefvater angeredet werden? Mit Vornamen oder anders?
- Wer darf wie lange fernsehen?
- Dürfen die Kinder Computerspiele machen?
- Wollen Sie, daß die Familie bei den gemeinsamen Mahlzeiten sitzen bleibt, bis der letzte fertig ist, oder kann jeder aufstehen, wann er will?
- Ist es erlaubt, beim Frühstück die Zeitung zu lesen?
- Wer paßt auf die Kinder auf, wenn die Eltern bzw. Stiefeltern abends ausgehen wollen?

Wenn Sie solche Fragen gleich zu Beginn des Zusammenlebens besprechen und Regeln festlegen, müssen Sie sich später nicht mehr damit herumschlagen. Ihr Alltag ist besser organisiert, und Sie haben den Kopf frei für die wesentlichen Dinge.

Regeln helfen auch, Disziplin zu halten. Und Disziplin ist ausgesprochen hilfreich, wenn es darum geht, den Umgang zwischen Menschen, die einander noch nicht gut kennen, zu strukturieren. Sie hilft Kindern und Erwachsenen zu lernen, daß man etwas Angefangenes zu Ende bringt, daß man pünktlich und höflich ist, daß Versprechen gehalten werden müssen. Das erleichtert den Umgang miteinander ungemein.

Eine Stieffamilie
braucht Zeit und Aufmerksamkeit

In einer biologischen Familie erscheinen die Kinder meist erst dann auf der Bildfläche, nachdem das Paar bereits einige Zeit allein gelebt hat. Es gab genügend Zeit, sich kennenzulernen, zu reisen, gemeinsame Erfahrungen zu machen und zu prüfen, ob die Bindung hält.

In einer Stieffamilie ist das anders. Kinder begleiten die Paarbeziehung von Anfang an. Stunden der Zweisamkeit müssen mühsam organisiert werden. Das sind völlig andere Voraussetzungen für eine Beziehung. Die Interessen des Paares für gemeinsame Unternehmungen müssen oft hinter denen der Kinder zurückstehen. Umgekehrt sind die Kinder nicht immer begeistert, wenn sie die Zeit, Aufmerksamkeit und Liebe von Mama und Papa, die ihnen bisher ungeschmälert zuteil wurde, nun mit einem oder einer Fremden teilen müssen, und womöglich auch noch mit fremden Kindern.

«Die Tage, an denen ich mit meinem Mann allein war, kann ich an einer Hand abzählen. Meistens dominieren die Kinder unsere Freizeitgestaltung. Das ist zwar ganz nett, aber wir bräuchten viel öfter ein bißchen mehr Zweisamkeit.» (Marianne G., 32 Jahre, 2 Stiefkinder)

«Solange wir noch nicht zusammenwohnten, hatten meine Frau und ich richtig viel Zeit füreinander, aber seither ist alles anders. Sie kennt nur noch ihren Haushalt und die Kinder, für mich bleibt kaum noch Zeit übrig. Abends sinkt sie todmüde ins Bett – miteinander geschlafen haben wir schon lange nicht mehr. So kann es nicht weitergehen, sonst geht unsere Beziehung vor die Hunde.» (Thomas V., 42, zwei Kinder, zwei Stiefkinder)

Bedenken Sie, daß Sie trotz des Engagements, das die Stieffamilie von Ihnen fordert, auch Zeit für sich und Ihre Partnerschaft brauchen. Machen Sie das auch den Kindern klar – lassen Sie es nicht zu, daß sie Sie leersaugen wie kleine Vampire. Schaffen Sie sich Platz und Raum für sich selbst, für Ihre Hobbys und für gemeinsame Stunden mit Ihrem Partner bzw. Ihrer Partnerin. Schaffen Sie sich Freiräume, indem Sie Prioritäten setzen.

Die vertrackten Schuldgefühle

Schuldgefühle sind ein weiterer wichtiger Stolperstein, der das Gelingen der Stieffamilie in Frage stellen kann. Wo Verluste sind, entstehen Schuldgefühle – das ist nahezu unvermeidlich:

– Biologische Eltern fühlen sich schuldig, weil sie ihren neuen Ehegatten lieben, aber glauben, ihre Liebe ungeteilt ihren leiblichen Kindern zukommen lassen zu müssen.

– Stiefeltern fühlen sich schuldig, weil sie die Kinder einer / eines anderen lieben, aber meinen, ihre Liebe eigentlich ungeteilt ihren leiblichen Kindern zukommen lassen zu müssen.

– Der abwesende biologische Vater fühlt sich schuldig, weil er seine Kinder selten sieht und befürchtet, ihnen seine Liebe nicht ausreichend zeigen zu können. Er hört oft Beschwerden, daß der Unterhalt, den er für seine Kinder zahlt, nicht ausreiche. Er hat das Gefühl, nur Rechnungen bezahlen zu dürfen, aber nichts von den Annehmlichkeiten des Vaterseins zu haben. Am meisten fürchtet er, daß die Kinder ihm entfremdet werden und er keinen Einfluß mehr auf sie hat. Er hat Angst, daß der neue Stiefvater von seinen Kindern mehr geliebt wird als er.

– Eine berufstätige Mutter fühlt sich schuldig, weil sie befürchtet, die Kinder zu vernachlässigen.

– Eine biologische Mutter bzw. ein biologischer Vater fühlt sich schuldig, wenn sie bzw. er am Wochenende mit dem Partner bzw. der Partnerin versucht, eine Beziehung aufzubauen, statt sich um die leiblichen Kinder zu kümmern.

– Eine berufstätige Mutter fühlt sich schuldig, weil sie glaubt, über der Familie ihren Job zu vernachlässigen.

- Eine Mutter oder eine Stiefmutter fühlt sich schuldig, weil sie glaubt, niemals genügend Zeit zu haben, um eine hingebungsvolle Ehefrau, eine liebevolle Mutter und dazu noch eine erfolgreiche Karrierefrau zu sein, ganz zu schweigen von der Zeit für eigene Wünsche und Hobbys.
- Kinder fühlen sich schuldig, weil sie in Loyalitätskonflikte geraten. Gegenüber ihren leiblichen Eltern, weil sie ihren Stiefelternteil gernhaben und befürchten, damit die Liebe zu ihrem Elternteil aufgeben zu müssen oder ihn zu verraten. Gegenüber ihren Geschwistern, weil sie ihre Stiefgeschwister mögen und befürchten, dadurch die Zuneigung der Geschwister zu verlieren und Zank und Streit heraufzubeschwören.
- Kinder fühlen sich schuldig, wenn sie sich bei der Trennung der Eltern mit einem Elternteil solidarisieren. Sie haben ein schlechtes Gewissen dem abgelehnten Elternteil gegenüber, den sie im Grunde trotzdem lieben. Sie glauben, ihn verraten zu haben. Das betrifft vor allem ältere Kinder über 7 Jahre.

Schuldgefühle sind Zeitverschwendung und wenig konstruktiv. Sie lassen uns auf der Stelle treten, statt nach vorn zu sehen und unsere kostbare Zeit für die einzusetzen, die wir lieben.

Aber Schuldgefühle sind da, man kann sie nicht auf Knopfdruck abschalten. Vielleicht hilft es Ihnen, sich in einer Selbsthilfegruppe auszusprechen. Oder suchen Sie eine Familienberatungsstelle auf und sprechen Sie dort über Ihre Schuldgefühle. Schon allein das Aussprechen trägt dazu bei, sie zu bewältigen. Auch mit Ihrem Partner bzw. Ihrer Partnerin sollten Sie darüber sprechen.

Wenn wir Eltern sind, bleiben wir für den Rest unseres Lebens Eltern. Wir können uns dieser Verantwortung nicht entziehen. Auch wenn Vater oder Mutter Hunderte von Kilometern entfernt leben, sind sie im geistig-seelischen Leben präsent. Selbst bei Adoptivkindern wirken Eltern in das Leben des Kindes und dessen Pflegeeltern hinein. Nicht ohne Grund gehen viele Kinder als Erwachsene auf die Suche nach ihren Eltern.

Damit müssen auch Stiefeltern leben. Sie müssen wissen, daß

Kinder den Kontakt zu ihren Eltern suchen und brauchen, selbst wenn es sich in Ihren Augen um verabscheuungswürdige Menschen handelt.

Stiefkinder haben Eltern, und Stiefeltern müssen sich mit diesen Eltern auseinandersetzen, ob sie wollen oder nicht. Der frühere Ehegatte Ihres jetzigen Lebenspartners ist der leibliche Elternteil Ihres Stiefkindes. Und dieses leibliche Band kann nicht zerschnitten werden. Stiefeltern können dem Kind den leiblichen Elternteil nicht ersetzen. Sie sind und bleiben der Stiefelternteil.

Nehmen Sie das nicht als Fluch, sondern als Segen. Es gibt Ihnen die Möglichkeit, eine eigene Beziehung zu dem Kind aufzubauen, die den Eltern nicht möglich ist. Diese Beziehung ist oft freundschaftlicher und weniger von Fragen der Macht und Dominanz geprägt. Nutzen Sie diese Freiheit – für sich und Ihre Stiefkinder.

Typische Fallen für Stiefmütter und Stiefväter

Was sind die typischen Fallen, in die Stieffamilien unbewußt tappen und damit ungeahnte Probleme auslösen?

Falle Nr. 1:
«Ich will keine böse Stiefmutter sein.»

Stiefmütter sind böse – lehren uns die Märchen. Mit diesen unangenehmen Gestalten wollen Stiefmütter von heute nichts gemein haben. Weil uns aber dieses Image immer noch hartnäckig anhaftet, tun wir alles, um das Gegenteil zu beweisen: Stiefmütter sind edel, hilfreich und gut! Sie tun alles für das Wohl ihrer Stiefkinder.

«Von heut' auf gestern wurde ich da hineingeworfen, hatte eine Menge Vorurteile im Kopf, und auf keinen Fall wollte ich eine böse Stiefmutter

sein. Die Kinder waren 6, 10 und 12. Und ich war Mitte 20. Ich hatte keine
Vorstellung, wie ein Ehepaar lebt, das drei Kinder hat. Ich bin in jede Falle
getappt, ohne überhaupt zu wissen, daß es eine war.» (Berta N., heute 50,
seit 25 Jahren verheiratet, Stiefmutter von drei Kindern)

Der Wille, alles perfekt zu machen, den Kindern eine gute Mutter,
dem Mann eine gute Ehefrau und Geliebte zu sein, stellt vielen
Stiefmüttern ein Bein. Sie reiben sich auf und machen gerade deshalb alles falsch. Sie erreichen mit dem Streben nach Perfektion
genau das, was sie vermeiden wollen – Geringschätzung. Je verbis-
sener sie das Ziel ins Auge fassen, um so dramatischer geht es daneben.

Falle Nr. 2:
«Ich will alles so machen wie meine Vorgängerin.»

«Die Ex-Frau meines Mannes wurde von den Kindern idealisiert. Ich wollte
alles so machen wie sie – den Haushalt, die Kinder, die Beziehungen zu
Freunden. Bis ich dahinterkam, was ich mir da antat, hatte ich mich total
überanstrengt. Und keiner hat es mir gedankt. Ich dachte immer, ich ma-
che alles falsch, bin nicht gut genug und schon gar nicht so gut wie SIE. Es
hat mir keiner gesagt, daß ich prima gekocht habe und lustige Geschichten
erzählen konnte.» (Helene M., 52, verheiratet in 2. Ehe, 2 Stiefkinder,
1 eigenes Kind)

«Die Kinder meines Mannes hatten den Tod ihrer Mutter nicht verarbeitet.
Es wurde einfach nicht darüber gesprochen. Überall waren ihre Fotos, ihre
Sachen. Auch in der Küche wurden die Töpfe und Schüsseln dahin gestellt,
wo sie sie aufbewahrt hatte. Es kam mir so vor, als wäre sie nur kurz ein-
kaufen gegangen. Ich hab mich lange nicht getraut, die Sachen einfach
wegzuräumen, neues Geschirr zu kaufen und darauf zu bestehen, daß ich
jetzt den Haushalt organisiere, und zwar auf meine Art. Ich wollte nicht
taktlos sein und habe mich damit total überfordert.» (Marion S., 45,
2 Stiefkinder, seit acht Jahren verheiratet)

Stiefmütter können verstorbene oder weggezogene Mütter nicht ersetzen. Sie haben andere Stärken und Schwächen. Sie sind andere Persönlichkeiten. Wenn Sie anfangen, sich der Ex-Frau unterzuordnen, geraten Sie in eine teuflische Spirale: Sie bekommen dafür nicht die Anerkennung, die Sie suchen, denn Sie können dem Vorbild nie gerecht werden. Also strengen Sie sich um so mehr an. Aus dieser Spirale gibt es nur einen Ausweg: sie radikal zu durchbrechen. Bleiben Sie sich selbst treu, verbiegen Sie sich nicht. Es endet nur in Chaos, Tränen, Vorwürfen. Seien Sie die, die Sie wirklich sind, und spiegeln Sie nicht eine Person vor, die Ihnen fremd ist, deren Charakter Sie nicht haben und von der Sie noch nicht einmal wissen, ob sie Ihnen überhaupt sympathisch ist.

Falle Nr. 3: «Ich will den Mann, aber nicht die Kinder.»

Machen Sie sich klar: Eine Frau bzw. einen Mann mit Kindern bekommen Sie nie allein. Die Kinder sind immer die Dreingabe – ob es Ihnen paßt oder nicht.

«Es war dieses Verliebtsein, er war mein Märchenprinz – ihn wollte ich, die Kinder habe ich notgedrungen in Kauf genommen. Die werden uns schon nicht stören, dachte ich. Später, als ich mittendrin war, habe ich gemerkt, was es eigentlich heißt, die ‹Neue› zu sein, plötzlich in einer Familie mit drei Kindern zu stehen. Es war ein sehr unsanftes Erwachen. Denn natürlich haben sie unsere Zweisamkeit gestört, natürlich waren sie immer dann da, wenn ich sie nicht brauchen konnte, natürlich haben sie genervt – und ich konnte ihnen nicht entrinnen, denn es waren seine Kinder, und er hat sie geliebt. Er hätte sie meinetwegen nie vernachlässigt – und eigentlich liebe ich ihn genau dafür.» (Anna M. 42, 2 Stiefkinder, 1 eigenes Kind, seit drei Jahren verheiratet)

Glauben Sie nicht, daß Sie mit einer solchen Partnerin bzw. einem solchen Partner eine reine Zweierbeziehung führen können, auch wenn die Kinder beim anderen Elternteil leben. Die Kinder prägen Ihre Freizeitaktivitäten, denn am Wochenende kommen sie zu Besuch. Die Kinder prägen Ihre Ferien, denn das ist die einzige Zeit, in der die Besuchsmutter bzw. der Besuchsvater ihre Sprößlinge länger als zwei Tage sehen. Die Kinder prägen Ihren Alltag, denn sie rufen häufig an und klagen Mama bzw. Papa ihre Sorgen und Nöte. Die Kinder prägen Ihre finanzielle Situation, denn sie brauchen Unterhalt, Kleidung, Spielzeug, sie gehen zum Tennis, Schwimmen, Judo oder Fußball. Sie wollen ins Kino, ins Theater. Sie wollen Ferien machen und die Oma besuchen, und sie können dafür kaum öffentliche Verkehrsmittel benutzen.

Falle Nr. 4:
«Für die Kinder gebe ich meinen Beruf gern auf.»

«Als ich mit meinem Mann zusammenzog, habe ich ihm angeboten, der Kinder wegen meinen Beruf aufzugeben. Ich wollte, daß ein warmes Essen auf dem Tisch steht, wenn sie aus der Schule kommen, und daß sie nachmittags gut versorgt sind. Ich habe auch geglaubt, daß wir so schneller zu einer richtigen Familie werden würden. Mir war nicht klar, was das für mich konkret bedeuten würde. Es schien mir alles ganz einfach. Und dann stand ich plötzlich ohne die gewohnten Aufgaben da. Ich verdiente kein eigenes Geld mehr, sondern war darauf angewiesen, daß mein Mann mir welches gab. Ich war eine Frau, die Kost und Logis frei hatte und ansonsten einen harten Arbeitstag im Haushalt mit zwei kleinen Stiefkindern absolvierte. Wir haben uns dann schnell darauf verständigt, für die Kinder nachmittags eine Tagesmutter zu suchen, damit ich wieder arbeiten konnte. Ich wäre sonst gnadenlos vor die Hunde gegangen.» (Karin K., 28, 2 Stiefkinder, seit 5 Jahren verheiratet)

Diese Falle ähnelt der dritten – eine Frau gibt sich selbst auf, um den Anforderungen der Stieffamilie gerecht zu werden. Sie achtet nicht auf die eigenen Wünsche und Bedürfnisse, sie sieht nur, daß eine Hausfrau und Mutter gebraucht wird und stürzt sich in diese Aufgabe. Das klappt nur, wenn sie sich darüber im klaren ist, was es bedeutet, unentgeltlich die Reproduktionsarbeit für die Familie zu leisten. Mann und Kindern ein schönes Zuhause zu bieten, aber dafür nicht entlohnt zu werden, freie Tage, Urlaub und ein 13. Gehalt zu haben. Hausarbeit ist immer noch eine geringgeschätzte Arbeit. Das muß frau wissen, wenn sie sich, aus dem außerhäuslichen Berufsleben kommend, dafür entscheidet, «Nur-Hausfrau» zu sein. Und sie muß sich ein dickes Fell zulegen und nicht darauf angewiesen sein, daß die Kinder ihr dankbar sind, weil sie sich für sie aufopfert. Die Kinder werden die Köchin und Chauffeurin als Selbstverständlichkeit begreifen und darüber kein Wort des Dankes verlieren. Es sei denn, Sie machen Ihre Grenzen deutlich.

Falle Nr. 5:
«Ich muß meine Stiefkinder lieben.»

Über diese Falle haben wir schon mehrfach gesprochen, sie ist eine der gefährlichsten. Der Anspruch, fremde Kinder sofort lieben zu müssen, überfordert jede und jeden. Er ist unsinnig und zerstörerisch. Lassen Sie sich Zeit, Ihre Stiefkinder kennenzulernen und Zuneigung zu ihnen zu entwickeln. Diese Liebe wächst mit der Zeit, die Sie miteinander verbringen, und mit den Klippen, die Sie gemeinsam erfolgreich meistern.

Und wenn ein Kind dabei ist, zu dem Sie keinen Draht bekommen, dann nehmen Sie es hin. Zwingen Sie sich nicht, Eigenschaften zu mögen, die Ihnen unsympathisch sind oder mit denen Sie nichts anfangen können. Es gibt auch unter Kindern Menschen, mit denen Sie gut zurechtkommen und solche, mit denen Sie zeitlebens Probleme haben werden. Das müssen Sie akzeptieren. Selbst leibliche Eltern haben manchmal Schwierigkeiten, ein Kind zu lieben, dessen Charakter ihnen fremd ist. Es gibt nicht wenige Mütter und Väter, die mit einem ihrer Kinder nichts anfangen können, dessen Fähigkeiten sich ihnen nicht erschließen, dessen Neigungen sie nicht teilen. Warum sollen Sie als Stiefeltern davon verschont bleiben?

Falle Nr. 6:
«Ich will den Kindern Mutter bzw. Vater ersetzen.»

Eine weitere Falle, in die viele Stiefeltern blind hineinstolpern:

«Als ich meine Stiefkinder kennenlernte, taten sie mir furchtbar leid. Die Mutter hatte sie dem Vater überlassen, weil sie Karriere machen wollte. Der Vater – mein Freund und ersehnter Ehemann – war mit dieser Aufgabe hoffnungslos überfordert. Also nahm ich mich der Kinder an. Die brauchen doch eine Mutter, dachte ich, und das bin ich. Wäre doch gelacht, wenn die Karrieredame nicht zu verdrängen wäre. Aber da halte ich mich gewaltig geschnitten. Ich konnte machen, was ich wollte, immer wurde daran herumgemäkelt. Nichts konnte ich ihnen recht machen. Und wenn die Kinder von den Besuchen bei der Mutter nach Hause kamen, waren sie ungenießbar. Bei ihr war alles besser. Ich stand oft kurz davor, auszuziehen und wieder meiner Wege zu gehen. Sollte dieses Pack doch sehen, wie es allein zurechtkam.» (Margarethe V., 35 Jahre, zwei Stiefkinder)

Um es noch einmal ganz deutlich zu sagen: Leibliche Eltern sind durch nichts zu ersetzen, weder durch Stiefeltern noch durch sonst jemanden. Versuchen Sie es gar nicht erst. Auch wenn es Ihnen lieb wäre, den außerhalb des Haushaltes lebenden zweiten Elternteil der Kinder möglichst schnell und nachhaltig aus dem neuen Familiensystem auszuschließen – es wird Ihnen nicht gelingen. Die Konflikte sind vorprogrammiert. Und diese Falle schnappt sehr schnell zu.

Falle Nr. 7:
«Wenn wir alle den gleichen Namen tragen,
sind wir eine richtige Familie.»

Um die Einheit der Familie nach außen zu dokumentieren, wünschen sich viele Stieffamilien einen einheitlichen Namen. Dann sieht es wenigstens nach außen so aus, als wäre es eine «richtige» und nicht nur eine «Stieffamilie».

«Wir haben uns viele Gedanken gemacht, wie wir nun heißen wollen. Mein Mann wünschte sich, daß wir alle seinen Namen tragen. Damit wir alle zusammengehören, meinte er.» (Hilde P., 32, seit sechs Jahren verheiratet, 2 eigene Kinder, 2 Stiefkinder)

«Wochenlang haben wir diskutiert, ob mein zweiter Mann meine Tochter adoptiert. Ich wollte das nicht. Er meinte, daß er sich dann verantwortlicher für sie fühlen würde und dann auch nach außen ein richtiger Vater wäre.» (Maike T., 37, seit acht Jahren verheiratet)

Überlegen Sie sich gut, ob der gemeinsame Name die Einheit der Familie nicht nur vortäuscht und ein Ersatz ist dafür, daß die innere Übereinstimmung noch fehlt. Fragen Sie sich, warum Sie Ihren Namen wechseln wollen bzw. warum die Kinder anders heißen sollen, und fragen Sie vor allem die Kinder vorher nach ihrer Meinung. Viele wollen den gewohnten Namen nicht aufgeben, weil sie z. B. in der Schule durch den Namenswechsel auffallen.

Haben Sie Mut und gehen Sie neue Wege!

Eine Stieffamilie aufzubauen, erfordert täglich Kraft und Mut. Aber die Familie gibt auch Kraft, sie öffnet neue, ungeahnte Chancen für die eigene Lebensgestaltung.

«In seiner ersten Ehe war mein Mann der Ernährer, seine Frau die Hausfrau, die die Kinder betreute. Wir wollten beide etwas anderes, eine Neu-

117

orientierung. *Ein neuer Anfang mit anderen Inhalten als das vorher Gelebte. Das sah dann so aus: Ich habe studiert, die Kinder waren bis nachmittags im Kindergarten. Dann kam ich von der Uni. Mein Mann hat abends mit geholfen und sich auch am Wochenende intensiv um die Kinder gekümmert.»* (Ute F., 31, 2 Stiefkinder, 1 leibliches Kind)

«Den Haushalt haben wir zusammen erledigt. Jeder hatte seine Aufgaben – auch die Kinder. Wir haben sie in unseren Lebensalltag einbezogen. Jeder mußte mal kochen, einkaufen, putzen. Es war ein tolles Gefühl, daß jeder etwas zu unserer Gemeinschaft beigetragen hat.» (Sabine B. 43, 2 Stiefkinder, ein leibliches Kind)

«Wir haben uns ein spezielles System ausgetüftelt. Blaue Punkte bekam, wer etwas für die Gemeinschaft tut, rote Punkte, wer sich außerhalb stellt. Wir haben mit halben, viertel und achtel Punkten gearbeitet. Es war für die Kinder sicher sehr schwer, sich an all diese Neuerungen zu gewöhnen. Für uns auch. Aber wir haben auch neue Fähigkeiten entwickelt: kochen, organisieren, einkaufen. Ich kann jetzt mit einer Bohrmaschine umgehen, und unser Sohn kann seine Knöpfe selber annähen und Kekse backen.» (Anne Z., 32, 2 Stiefkinder, 2 leibliche Kinder)

«Ich habe es mir abgeschminkt, daß wir taufrisch in eine neue Ehe gehen. So ist es nicht. Ich habe ein Kind aus meiner ersten Ehe, mein Mann zwei Kinder, die bei seiner Ex leben. Wir sind eine zusammengesetzte Familie. Und an den Wochenenden und im Urlaub bin ich eine Stiefmutter.» (Viola L., 31)

Das Zusammenleben in einer Stieffamilie erfordert jeden Tag Mut, neue Wege zu gehen und Lösungen für die individuellen Probleme in Ihrer Familie zu finden. Stehen Sie dazu, daß manche Dinge bei Ihnen und Ihrer Familie anders sind. Das ist nicht besser oder schlechter – es ist einfach nur anders.

Tips für Stiefväter

Stiefväter sind eine gesellschaftliche Realität, kommen aber bis heute in Büchern und Filmen kaum vor. Viele Stiefväter fühlen sich deshalb mißverstanden, geringgeschätzt und mit ihren Problemen alleingelassen. Ihre Probleme gehören zu den vordringlichen in der Stieffamilie. An den Stiefvater stellen alle beteiligten Familienmitglieder besondere Erwartungen, nicht zuletzt er selbst. Dabei wird übersehen, wie schwierig ihre Rolle zu erfüllen ist. In aller Regel haben die Stiefkinder eine gewisse Zeit mit der Mutter allein gelebt. Und da die Mütter zumeist berufstätig sind, haben die Kinder in dieser Zeit allerlei Verpflichtungen übernommen, damit der Haushalt und das Zusammenleben klappen. Sich da an der richtigen Stelle einzuklinken, ist nicht einfach.

Stiefväter beklagen vor allem folgendes:

- Meine Frau hat mit den Kindern allein gelebt, es war ganz schön chaotisch. Ich wollte da mal Ordnung reinbringen. Aber alle haben mich abgelehnt.
- Ich bin schließlich der Mann im Haus, aber sie tut so, als wäre ich der Laufbursche.
- Ich komme einfach nicht an bei den Kindern mit dem, was ich ihnen als Mann beibringen könnte. Und meine Frau unterstützt mich dabei auch nicht.
- Sie sagt, ich bin zu streng mit den Kindern. Aber Kinder brauchen schließlich eine feste Hand, die sie führt.
- Wenn ich nicht schreie, hört niemand auf mich.
- Meine Frau denkt nur an ihren Beruf, nicht an die Kinder.
- Wenn die Kinder zu Besuch kommen, herrscht eine unerträgliche Spannung.
- Wenn die Kinder da sind, fühle ich mich überflüssig.
- Meine Frau will noch ein Kind und kommt noch nicht einmal mit ihren jetzigen zurecht.
- Über die Probleme von Stiefmüttern reden alle – aber wer denkt mal an die Stiefväter?

- Sie findet alles falsch, was ihr Ex-Mann mit den Kindern macht. Dabei gibt er sich wirklich Mühe.
- Meine Frau verteidigt ihre Kinder wie eine Glucke. Wenn ich die Kinder korrigieren oder ermahnen will, greift sie mich immer an. Dabei will ich ihnen doch gar nichts tun, ich will nur, daß sie sich einigermaßen gesittet benehmen.
- Sie verweichlicht die Jungen vollkommen. Aber mir erlaubt sie nicht, ihnen beizubringen, was männlich ist.
- Ich opfere meine Zeit für die Kinder, und niemand bedankt sich.
- Weiß sie eigentlich, wie schwer es ist, ihre Kinder gernzuhaben?
- Es ist ihr Haus, die Kinder waren vor mir da – und sie lassen es mich spüren.
- Meine Frau behandelt mich wie einen Fremden, wenn wir über die Kinder reden.
- Ich bin sicher, daß ich hier als Mann gebraucht werde, aber niemand läßt mich.
- Ich finanziere unsere Familie, kaufe Sachen für die Kinder, aber niemand bedankt sich.
- Ohne die Kinder bin ich mit meiner Frau sehr glücklich.
- Ich habe hier nichts zu sagen. Die Kinder dominieren alles, und meine Frau läßt sie machen.

Einer der häufigsten Fehler von Stiefvätern ist, den Boß spielen zu wollen. Da meist weder die Ehefrau noch die Kinder das akzeptieren, fühlen sie sich zurückgewiesen und in ihrer männlichen Ehre gekränkt. Sie meinen es doch nur gut und wollen zeigen, daß sie Vaterqualitäten haben.

Hinzu kommen Konkurrenzprobleme mit dem leiblichen Vater.

«Ich wollte meinem Stiefsohn eine Freude machen und habe ihn am Samstagnachmittag zum Fußball mitgenommen, wenn ich zum Training gehe. Er war begeistert, und wir hatten endlich ein gutes Gesprächsthema. Als er dann von seinem Besuchswochenende bei seinem Vater zurückkam, war er sehr ablehnend mir gegenüber und wollte auch nicht mehr mit zum Fußballtraining. Ich habe später herausgefunden, daß sein Vater Fußball blöd

findet.» (Ralf P., 32, verheiratet seit drei Jahren, ein Stiefsohn, eine Tochter.)

Konflikte ergeben sich besonders häufig mit pubertierenden Stiefkindern. Helmuth Figdor, Psychoanalytiker, Kinderpsychotherapeut und Erziehungsberater in Wien, erklärt das in seinem Buch *Scheidungskinder – Wege der Hilfe* so: «Daß in der Pubertät die familiären Konflikte zunehmen, muß nicht eigens erläutert werden. Doch auch hier kommt in Stieffamilien oft ein verschärfendes Moment hinzu: Einer von vielen Gründen, warum in dieser Zeit die Spannungen zwischen Eltern und Kindern so groß sind, warum es Eltern so schwer fällt, die Eigenheiten der Jugendlichen zu akzeptieren und zu respektieren, liegt darin, daß sie für die Eltern in der Art, wie sie sich geben, kleiden, reden, denken, Charaktereigenschaften repräsentieren, die den Eltern schlicht unsympathisch sind. Daß sich Eltern in dieser Lage nicht enttäuscht oder beleidigt völlig von ihren Kindern abwenden, hängt mit jenem Maß bedingungsloser Liebe zusammen, die die meisten Eltern für ihre Kinder niemals verlieren. Über diese bedingungslose Liebe verfügen Stiefväter aus ganz natürlichen Gründen zumeist nicht. Der Stiefvater hat das Kind in einem bestimmten Alter, mit bestimmten Eigenschaften, kennen- und liebengelernt, so wie es *damals* war. Hat der Pubertierende jedoch einige der damals für den Stiefvater liebenswerten Eigenschaften verloren, ist er für diesen auch nicht mehr das Kind, das er einst liebte. Das führt dazu, daß sich Stiefväter im Durchschnitt gegenüber den Jugendlichen um einiges veständnisloser, intoleranter, autoritärer und abweisender verhalten als leibliche Väter. Dazu kommt noch, daß sich beim Stiefvater zur Mutter, die durch seine Unfreundlichkeit oft in eine Beschützerrolle des Kindes gedrängt wird, eifersüchtige Spannungen aufbauen. Das heißt, Stiefvater und Jugendlicher konkurrieren um die Mutter. Und nun gerät diese in einen schweren Loyalitätskonflikt zwischen ihrem Kind und ihrem Mann. Die Folge sind ernsthafte Krisen der Partnerschaft, wodurch der Anpassungsdruck, der auf dem Kind lastet, noch größer wird.»

Andererseits liegt in dem größeren Abstand, den Stiefväter zu ihren Stiefkindern haben, auch die Chance, deren Entwicklung distanzierter und damit toleranter zu begleiten. Sie sehen die Dinge oft weniger emotional als leibliche Eltern und werden so oft zum Anwalt der Kinder, die sich von ihren leiblichen Eltern unverstanden und abgelehnt fühlen.

Zwei Seiten einer Medaille – die Stiefväter, wenn ihnen die Problematik bewußt ist, in die Lage versetzen, mit Konflikten souverän und konstruktiv umzugehen.

Stiefväter fühlen sich durch Stiefkinder jedoch häufig abgelehnt. Auch dafür hat Helmuth Figdor eine plausible Erklärung: «Anfängliche Skepsis, Abneigung oder Ablehnung des neuen Partners der Mutter durch das Kind sind ein ganz normales und in keiner Weise beunruhigendes Phänomen. Eigentlich müßte man sich doch eher verwundern, wenn sich ein Kind einem völlig fremden Menschen an den Hals würfe, noch dazu einem Mann, der für die Mutter eine riesige Bedeutung gewonnen hat, unter dem sie vielleicht aufblüht, ohne daß das Kind sich als Quelle dieses Glücks begreifen kann, der also mit der Mutter seine ganze Welt verändert! (...) Wir müssen also damit rechnen, daß die ‹Adoption› des neuen Partners durch das Kind nicht ohne Reibereien abgeht. Dazu ist weiter nichts zu sagen als: Zwei einander fremde Menschen brauchen einfach Zeit, um sich aneinander zu gewöhnen, einander zu entdecken, um schließlich auch Freundschaft schließen zu können.»

Viele Konflikte zwischen Kindern und Stiefvätern haben ihren Ursprung darin, daß die Stiefväter nicht in der Lage sind, diese Geduld aufzubringen. Sie fordern von dem Kind zu früh, daß es sie als «Ersatzvater» mit der damit verbundenen Autorität akzeptiert. Geschieht dies nicht aus Liebe und gewachsener Freundschaft, unterwerfen sich die Kinder der stiefväterlichen Dominanz aus Angst. Sie haben, wie Figdor sagt, «Angst vor der Macht und Stärke des fremden Mannes, Angst auch vor Liebesentzug durch die Mutter, vielleicht auch Angst *um* die Mutter, falls das Kind den Eindruck gewinnt, sie müßte seine Unfolgsamkeit ausbaden. So mag Disziplin eingeführt werden können, Liebe hingegen wird auf diese Weise kaum entstehen können.»

Und wenn es nichts wird mit der Freundschaft? Wenn das Kind verstockt und verschlossen bleibt, trotz aller Bemühungen und Geduld seitens des Stiefvaters? Dann kann es sein, daß das Kind seine Eifersucht auf den neuen Mann in der Familie nicht überwindet. Daß es sich ständig von seinem ursprünglichen Platz an der Seite der Mutter verdrängt fühlt. Daß es kontinuierlich in Konkurrenz zum Stiefvater steht und alles daransetzt, ihm seinen Platz zu nehmen. Das Leitmotiv dabei ist ebenso die Angst. Angst, die Mutter zu verlieren. Angst, für sie weniger wichtig zu sein. Eine solche Angst kann Kinder zu ungeahnten Kraftakten beflügeln. Da gibt es oft nur einen Ausweg: Professionelle Hilfe von Therapeuten suchen, um den Kindern die Angst zu nehmen. Mutter und Stiefvater stehen ihr oft ohnmächtig gegenüber, weil sie in ihren Rollen befangen sind.

Stiefväter sind häufig besonders ungeduldig und erwarten, daß die Familie auf Knopfdruck funktioniert. Sie verkennen, daß eine Stieffamilie eigenen Gesetzen folgt, die mit dem Ablauf in einer biologischen Familie nicht zu vergleichen sind. Ist der Stiefvater beruflich stark eingespannt, fällt es ihm oft schwer, zu den Stiefkindern eine enge Beziehung aufzubauen. Meist sieht er sie nur am Wochenende, und da stehen dann in regelmäßigen Abständen die Besuche beim leiblichen Vater an.

Dazu kommt ein anderes Problem, mit dem Stiefväter sich häufig herumschlagen: die Rivalität zum leiblichen Vater. Gerade wenn die Beziehung zwischen der Mutter und ihrem ehemaligen Partner ungeklärt und durch unbearbeitete Konflikte belastet ist, versuchen Stiefväter oft, den Konkurrenten mit allerlei Tricks auszustechen. Sie buhlen um die Gunst des Kindes, indem sie es verwöhnen. Und trotzdem bleiben sie – egal, wieviel Geld, Zeit und Mühe sie investieren – die Verlierer. Denn die Bindung des Kindes an den leiblichen Vater ist älter, tiefer und damit stärker. Die amerikanischen Psychologen Emily und John Visher, selbst Eltern und Stiefeltern, raten in ihrem Buch *Stiefeltern, Stiefkinder und ihre Familien*: «Ein einfühlsamer Stiefvater wird sich aus den Bereichen heraushalten, die der leibliche Vater für sich reserviert hat. Er wird den Mitteilungen des Kindes mit bewußtem Respekt vor der anderen Beziehung zuhören. ‹Papa sagt, er will mir das Segeln beibringen›, ist für ihn nicht ein Signal, selbst zum nächsten Hafen zu stürmen, sondern die Aufforderung, an Land zu bleiben.»

Finden Sie als Stiefvater also Ihren eigenen Platz in der Familie, und füllen Sie ihn aus:

– Als Stiefvater können Sie nicht funktionieren wie der leibliche Vater. Sie sind nicht der leibliche Vater und werden es nie sein. Mit der Zeit können Sie aber eine wichtige Bezugsperson für die Kinder werden, ein Freund und Partner. Lassen Sie sich und den Kindern Zeit dafür.

– Versuchen Sie nicht, den Haushalt und das Familiengefüge im Alleingang umzukrempeln. Das ist eine gemeinsame Angelegenheit von Ihnen und Ihrer Frau. Klären Sie miteinander, wer welche Aufgaben hat. Pflichten und Verantwortung sollen auch von den Kindern übernommen werden.

– Halten Sie die gemeinsam aufgestellten Familienregeln ein, dann werden es auch Ihre Stiefkinder tun.

– Nehmen Sie sich Zeit für die Familie. Erwarten Sie nicht, daß sich alles von allein fügt. Sie werden gebraucht – Ihr Mut, Ihre Kreativität, Ihr Verständnis, Ihr Engagement, Ihre Lebensfreude, Ihre Liebe.

– Inhalt und Ausmaß von Disziplinierungsmaßnahmen müssen zwischen Ihnen und Ihrer Frau abgesprochen werden. Üblicherweise tadelt bzw. straft der biologische Elternteil sein leibliches Kind, der Stiefelternteil erinnert nur an die Absprachen.

– Maßregeln Sie Ihr Stiefkind nicht ständig. Ihre Frau wird unter Umständen dagegen angehen und das Gefühl entwickeln, sie müsse ihr Kind vor Ihnen schützen. Diskutieren Sie lieber mit der Mutter das Verhalten ihrer Kinder und wie Sie dazu stehen – natürlich nicht in deren Gegenwart.

- Wenn Sie den Kindern drohen, müssen Sie konsequent bleiben, sonst werden Sie künftig nicht mehr ernstgenommen. Drohen Sie deshalb nur mit Maßnahmen, die Sie auch tatsächlich umsetzen können, und sprechen Sie sie mit der Mutter der Kinder ab. Sie muß Ihre Erziehungsmaßnahmen mittragen, sonst wirken sie nicht.
- Verwöhnen Sie die Kinder nicht, um deren Zuneigung zu erringen. Sie können sich die Liebe der Kinder nicht erkaufen.
- Versetzen Sie sich in die Situation des Vaters der Kinder und versuchen Sie, ihn zu verstehen. Viele Dinge, die Sie an ihm kritisieren, erklären sich aus seiner Lage: Er sieht die Kinder viel seltener als Sie. Er bekommt ihre Entwicklung weniger intensiv mit. Er vermißt sie vielleicht sehr. Er ist eifersüchtig auf Sie, weil Sie sie täglich sehen. Er hat womöglich ein schlechtes Gewissen, daß er sich so wenig um sie kümmern kann. Er liebt die Kinder, kann es ihnen aber kaum zeigen. Er fühlt sich ausgenutzt, weil er immer nur zahlen darf. Er wird von seiner Ex-Frau schlechtgemacht und erfährt das von seinen Kindern. Er fühlt sich schuldig, weil er die Familie verlassen hat, und versucht, das wiedergutzumachen, indem er die Kinder verwöhnt, wenn sie bei ihm sind. Er hat Angst, die Kinder zu verlieren, wenn er in der kurzen Zeit, die sie bei ihm sind, auch noch streng zu ihnen ist.
- Respektieren Sie den Vater der Kinder, auch wenn er ein anderer Typ ist als Sie, und zeigen Sie das auch den Kindern. Sprechen Sie in ihrer Gegenwart nicht abschätzig über ihren Vater.
- Bleiben Sie sich treu, auch wenn Sie das Gefühl haben, daß die Kinder Sie nicht mögen.
- Seien Sie zuverlässig. Halten Sie sich an Versprechen und Zusagen. Durch vorhersehbares Verhalten schaffen Sie Vertrauen. Dazu gehören klare Standpunkte und eine gute Organisation. Kinder haben ein gutes Gedächtnis.
- Lassen Sie den Mut nicht sinken, wenn sich Ihre Vorstellungen nicht gleich verwirklichen lassen. Geben Sie nicht auf. Geben Sie sich und Ihrem Stiefkind Raum, Vertrauen wachsen zu lassen.

– Haben Sie keine unrealistischen Erwartungen. Sie können von Ihrem Stiefkind nicht verlangen, daß es Ihnen sofort seine Ängste und Nöte anvertraut oder gar Papa zu Ihnen sagt. Solche Forderungen erzeugen Zurückweisung und Vorbehalte. Das mühsam gewonnene Vertrauen kann dadurch rasch wieder verlorengehen.

– Sorgen Sie für «Rendezvous-Zeiten» mit Ihrer Frau: allein, ungestört, ohne Kinder. Wenn die Paarbeziehung funktioniert, dann klappt auch die Stieffamilie.

– Vergessen Sie Ihre eigenen Belange und Hobbys nicht. Schaffen Sie sich persönliche Freiräume.

– Erhalten Sie sich Ihren Sinn für Humor. Sie brauchen ihn!

Tips für Stiefmütter

Viele der Hinweise für Stiefväter gelten auch für Stiefmütter. Zum Beispiel die Warnung, nicht in Konkurrenz zur Mutter zu treten. Oder der Rat, sich viel Zeit zu lassen, um ein Vertrauensverhältnis zum Stiefkind aufzubauen. Dennoch unterscheidet sich die Rolle der Stiefmutter maßgeblich von der des Stiefvaters. Das Image der Stiefmutter ist schon durch das unangenehme Erbe der bösen Stiefmutter aus dem Märchen belastet, weil sie dort das Böse an sich symbolisiert: die Gefahr, den Haß, die Mißgunst. Deshalb möchte kaum eine Stiefmutter als solche bezeichnet werden.

Frauen fühlen sich von der Rolle als Stiefmutter oft überfordert. Sie haben vielfach keine Erfahrung als Mutter, was in unserer Gesellschaft immer noch ein Stigma darstellt. Frauen, die sich bewußt gegen Mutterschaft und für eine berufliche Karriere entscheiden, gelten nach wie vor als unweiblich, eiskalt, karriieregeil. Kommt zu diesem negativen Image, gegen das eine Frau nur mit viel Selbstbewußtsein angehen kann, noch das traditionell belastete Image der Stiefmutter hinzu, fühlen sich viele Frauen dem nicht mehr gewachsen. Sie sind unsicher, wie sie mit dem Kind oder den Kindern umgehen sollen, sie lehnen die Mutterrolle innerlich ab und tun sich entsprechend schwer, den Stiefkindern unbefangen, tolerant und liebevoll zu begegnen. Ängstlichkeit und Unsicherheit bewirken bei Kindern jedoch Mißtrauen. Sie fühlen sich ungeliebt und nicht ernstgenommen. Entsprechend aggressiv und abwehrend reagieren sie auf die Stiefmutter und machen ihr das Leben in der Stieffamilie schwer.

«Ich habe meinen Mann kennengelernt, als ich kurz vor einer wichtigen Beförderung stand. In dieser Zeit forderte der Beruf meine ganze Kraft. Wenn seine Kinder am Wochenende zu Besuch kamen, fühlte ich mich heillos überfordert. Ich brauchte den Sonntag, um mich zu erholen, um auszuschlafen, nichts zu tun, mich zu entspannen. Und dann quirlten da zwei Kinder durch die Wohnung, weckten uns morgens um sieben, verlangten Frühstück und wollten beschäftigt werden. Ich wußte, daß ich dagegen nicht ankam, und ich fühlte mich einsam, ausgenutzt, überanstrengt, alleingelassen. Irgendwann konnte ich nicht mehr, und wir bekamen einen Riesenstreit. Gerd warf mir vor, an den Kindern kein Interesse zu haben, sie nur abzulehnen und damit auch ihn zu kränken. Das wollte ich natürlich nicht, aber ich hatte einfach keine Kraft mehr. Es fiel ihm schwer, das zu verstehen. Schließlich haben wir uns darauf geeinigt, daß wir an den Kinderwochenenden nur Samstag nachmittags, wenn ich da bin, etwas gemeinsam unternehmen und daß er am Sonntag mit den Kindern die Zeit überwiegend anderswo verbringt – im Park, im Schwimmbad, auf dem Spielplatz, auf einem Ausflug, im Zoo. Damit war die Luft raus, ich fühlte mich erleichtert und entlastet, und so konnte ich dann am Samstag viel freier auf die Kinder zugehen. Trotzdem ist unser Verhältnis bis heute nicht sehr eng. Aber zu mehr bin ich einfach nicht in der Lage.» (Stella V., 34 Jahre)

Stiefmütter machen andere Fehler als Stiefväter. Sie neigen dazu, sich selbst abzuwerten und ihre mütterlichen Qualitäten geringzuschätzen. Wenn die Kinder sie dann noch ablehnen, fühlen sie sich komplett minderwertig. Sie geraten oft nichtsahnend und arglos in Zwickmühlen, aus denen sie nur schwer wieder herausfinden.

«Was hätte ich tun können? Als wir heirateten, war mir noch nicht klar, daß die Kinder unter einem erheblichen Verlustgefühl litten. Natürlich konnten sie ihren Vater nicht verlieren, aber nach ihrer Meinung hatten sie gerade einen sehr großen Teil von ihm verloren – und zwar an mich. Ich war nicht mehr der nette neue Spielkamerad, die verständnisvolle Freundin, ich war eine Räuberin. Ich hatte ihren Vater geklaut. Also begann der Kampf – der Gewinner würde den Preis bekommen, und das war mein Mann. Wem gegenüber würde er Loyalität zeigen, mit wem würde er sich zusammentun? Wir waren alle gefangen in diesem Spiel, das sich unversehens zu einem nervenaufreibenden Ringen entwickelte. Und ihr Vater? Mein Prinz, meine Liebe, der Mann, für den ich meine Karriere aufgegeben hatte, mein Zuhause, meine Stadt – was machte er? Nichts. Sie attackierten mich, stampften mich in Grund und Boden, kein gutes Haar blieb an mir. Er hörte schweigend zu. Sie waren unhöflich, frech und lieblos. Sollte ich mich verteidigen, ihnen mal so richtig sagen, was Sache war? Er würde ihre Position einnehmen. Ich bin nicht auf den Mund gefallen, aber das erste Mal in meinem Leben fiel mir nichts mehr ein. Noch mehr Porzellan zerschlagen? Alles aufs Spiel setzen? Einfach weglaufen – Scheidung? Und mein Kind? Hatte es nicht gerade erst so viel hinter sich zu bringen gehabt? Und nun alles kaputt?

Ich suchte das Gespräch mit meinem Mann. Sinnlos. Nicht die Kinder sind das Problem, sagte er, du bist das Problem. Was? Das konnte doch nicht wahr sein. Zum ersten Mal in meinem erwachsenen Leben fühlte ich mich komplett hilflos. Was war aus mir geworden, der kämpferischen, unternehmungslustigen, lebensfrohen Frau? Ich war ein Schatten meiner selbst. Zänkisch, verbissen, unzufrieden.

In jener Zeit damals hätte ich lieber sonst was gemacht – ein Fußballfeld umgegraben, zehn Kilo Kartoffeln geschält, hundert Gedichte auswendig gelernt –, als diese einsamen Tage und durchweinten Nächte zu ertragen, in denen ich versuchte herauszufinden, wie ich eine gute Stiefmutter, eine gute Mutter, eine gute Ehefrau und auch noch gut zu mir selbst sein könnte.

Eines Tages beschloß ich, mit meinen Stiefkindern direkt zu sprechen, nicht über meinen Mann. Als die beiden aus der Schule kamen, hatte ich *den Mittagstisch gedeckt, ihr Lieblingsessen gekocht. Und als die Teller leer waren, fing ich an zu reden. Von mir. Was mir alles zuviel war, daß ich so nicht weitermachen könnte, was ich alles aufgegeben hatte und daß ich auch Wünsche hätte. Und dann habe ich meine Wünsche aufgezählt. Daß ich nicht jeden Tag kochen wollte, daß ich ihre Hilfe bräuchte, um den Haushalt zu ordnen, daß ich wieder arbeiten wollte, daß ich wollte, daß wir einander respektieren. Und daß ich ihnen ihren Vater nicht wegnähme, daß er aber mein Ehemann sei.*

Ich hatte danach das Gefühl, daß meine Stiefkinder mich langsam als eigenständige Person zur Kenntnis nahmen, als eine, die nicht etwas wegnimmt, sondern gibt. Und so ging es langsam bergauf.« (Marga M., 49, zwei Stiefkinder, ein Sohn)

Es gibt einige typische Beschwerden von Stiefmüttern. Sie sind charakteristisch für ihre Situation und die Fehler, die sie immer wieder begehen:

- Die Kinder behandeln mich wie einen Putzlumpen. Es heißt immer nur: «Mach mal für mich, kauf mal für mich, fahr mich mal». Und sie sagen noch nicht mal «danke» dafür. Selbst zur Putzfrau sind sie freundlicher als zu mir.
- Seit wir mit den Kindern zusammenleben, haben wir keinen Sex mehr.
- Mein Mann erwartet, daß ich seinen Kindern eine Mutter bin.
- Die Kinder und seine Ex-Frau haben immer Vorrang vor mir.
- Ich möchte selber ein Kind und mich nicht immer nur um seine kümmern.
- Seine Ex-Frau sagt nie «danke» für das, was ich für ihre Kinder tue.
- Mein Mann tanzt total nach der Pfeife seiner Ex-Frau. Wenn sie anruft, läßt er alles stehen und liegen. Sie hat mehr Einfluß auf ihn als irgend jemand sonst.
- Wir sind darauf angewiesen, daß ich zur Arbeit gehe, weil sein Geld für den Unterhalt für seine Ex-Frau und die Kinder drauf-

geht und wir uns sonst nichts leisten könnten. Das belastet mich sehr.

- Ich bin mir mit meinem Mann in den Erziehungsfragen nicht einig. Er ist viel zu streng (bzw. viel zu großzügig) mit den Kindern.
- Ich habe Angst, als «böse Stiefmutter» abgestempelt zu werden, wenn ich die Kinder in ihre Schranken weise.
- Ich reibe mich ständig auf für die Familie, und für mich selbst bleibt keine Zeit.
- Es ist so praktisch, daß es mich gibt. Ich kümmere mich um die Kinder, wenn ihr Vater zur Arbeit geht oder Tennis spielt oder Geschäftsreisen macht. Ich fühle mich nicht wie eine Ehefrau, sondern wie eine Haushälterin.
- Ich möchte für ihn an erster Stelle kommen, vor den Kindern.

Diese Beschwerden zeigen, wo die Fehler liegen: in zu hohen Erwartungen an die Aufgaben als Stiefmutter, in zuwenig Respekt von seiten der Kinder, in fehlenden Aussprachen über Erziehungsfragen und Geringschätzung durch den Partner.

Wenn Sie diese Probleme erkannt haben, haben Sie schon halb gewonnen. Sie können daraus ableiten, was zu tun ist, um sie zu lösen. Selbst wenn sich nicht alles sofort verändern läßt, halten Sie damit den Schlüssel für ein zufriedeneres Leben in der Hand:

- Die Stieffamilie folgt eigenen Gesetzen. Alle haben Verluste erlitten, deren Wunden schwer verheilen. Machen Sie sich nicht selbst dafür verantwortlich. Sie können nicht wiedergutmachen, was andere getan haben. Kinder und auch Erwachsene handeln oft aus diesem Kummer heraus, der mit Ängsten verbunden ist und immer wieder hochkommt.
- Versuchen Sie nicht, eine «Super-Stiefmutter» zu sein und Ihren Stiefkindern jeden Wunsch von den Augen abzulesen. Seien Sie nicht immer nur freundlich und hilfsbereit. Zeigen Sie, was Sie verletzt, was Ihnen zuviel wird, wobei Sie Hilfe brauchen und was Sie einfach nicht ausstehen können. Stehen Sie zu Ihren Gefühlen.

- Lassen Sie sich nicht von Partner, Großeltern, Freunden oder Kollegen unter Druck setzen, die «bessere» Mutter zu sein. Sie müssen nicht alles im Griff haben. Schonen Sie Ihre Kräfte. Sie brauchen Zeit, sich an die neue Situation zu gewöhnen.

- Die Stiefmutter ist das weibliche Oberhaupt der Stieffamilie, die «Mutter» ist sie nicht. Auch wenn die leibliche Mutter verstorben ist, ist das Wort «Mutter» vergeben. Für das Kind gibt es keinen Ersatz für die Mutter.

- Sie müssen Ihre Stiefkinder nicht lieben, und Ihre Stiefkinder müssen Sie nicht lieben. Aber gegenseitige Achtung ist unerläßlich. Ihre Stiefkinder müssen Ihre Position als weibliches Oberhaupt der Familie respektieren. Das dürfen Sie von ihnen verlangen. Und von Ihrem Partner dürfen Sie erwarten, daß er Sie dabei unterstützt.

- Bilden Sie mit der ganzen Familie ein Team mit zwei Anführern. Jeder bekommt seinen Platz und seine Aufgaben zugewiesen. Jeder übernimmt einen Teil der Verantwortung. Einer für alle – alle für einen. Fühlt jemand sich ungerecht behandelt, muß es eine Vertrauensperson geben, an die er sich wenden kann – jemand aus der Familie oder aus der nahen Bekannt- bzw. Verwandtschaft.

- Schreiben Sie die Regeln der Familienordnung auf und hängen Sie sie auf, wo sie von allen gesehen werden, z. B. in der Küche.

- Machen Sie nicht die Kinder für Ihre Schwierigkeiten oder Traurigkeit verantwortlich. Wenn Sie Kummer und Leid mit den Kindern teilen, werden sie sich dafür verantwortlich fühlen. Damit belasten Sie die Kinderseelen, die ohnehin schon einiges an Verlusten und Ängsten zu verkraften haben.

- Seien Sie höflich und entgegenkommend zu der leiblichen Mutter der Kinder, auch wenn es Ihnen schwerfällt. Schließlich sind Sie jetzt eine wichtige Ansprechpartnerin für deren Kinder, Sie teilen Ihr Leben mit ihnen. Für die Kinder ist es entlastend, wenn sie sehen, daß Stiefmutter und leibliche Mutter einander respektieren und miteinander ohne Haß und Eifersucht kommunizieren können. Es erleichtert ihnen, beide zu lieben. Und die für Kinder so belastenden Loyalitätskonflikte werden dadurch vermieden.

- Sprechen Sie die Mutter Ihrer Stiefkindern mit ihrem Namen an, wenn sie anruft, wechseln Sie ein paar höfliche Worte, und reichen Sie nicht einfach wortlos den Hörer weiter.

- Übernehmen Sie nicht die Rolle Ihres Partners, wenn es um seine Kinder geht. Dafür ist er zuständig. Sie sollten ihn nicht aus dieser Verantwortung entlassen, auch wenn er sie Ihnen gern zuschanzen würde. Lehnen Sie es ab, das Besuchswochenende für seine Kinder zu gestalten, während er die Sportschau sieht. Es ist Sache der Väter, sich um ihre Kinder zu kümmern.

- Strafen und Grenzen für die Kinder müssen zwischen Ihnen und Ihrem Partner geklärt sein. Überlassen Sie die Durchsetzung von Disziplinierungsmaßnahmen soweit wie möglich dem leiblichen Elternteil. Bei Übertretungen erinnern Sie die Kinder an die Vereinbarung. Gibt es weiterhin Streit, verweisen Sie darauf, daß die Sache besprochen wird, wenn der Vater zu Hause ist.

- Achten Sie darauf, daß die ganze Familie regelmäßig zusammentrifft, z. B. eine Mahlzeit pro Tag gemeinsam einnimmt. So bildet sich langsam eine Gemeinsamkeit heraus, und die Kinder merken, daß ihnen Gehör und Aufmerksamkeit geschenkt wird.

- Haben Sie Verständnis für die Situation der Mutter der Kinder. Sie plagt sich womöglich mit Schuldgefühlen, weil sie die Kinder so selten sieht und ihrer Mutterrolle nicht gerecht wird. Frauen, die ihre Familie verlassen und ihr eigenes Leben leben, gelten immer noch als Rabenmütter. Tun Sie nicht so, als wären Sie eine Supermutter und die andere nur auf Karriere aus. Auch im Beruf erfolgreiche Frauen haben mütterliche Seiten, und vielleicht fällt es ihnen schwer, beides unter einen Hut zu bringen.

- Gönnen Sie sich Zeiten, die Sie ausschließlich mit Ihrem Partner verbringen und die nicht durch die Kinder gestört werden.

- Vergessen Sie Ihre eigenen Hobbys nicht. Nehmen Sie sich Zeit dafür. Sie müssen nicht ständig für Ihre Stiefkinder da sein. Lassen Sie sie ruhig mal mit dem leiblichen Elternteil allein. Fahren Sie ein Wochenende allein weg und lassen Sie sich verwöhnen. Diese Form eines gesunden Egoismus steht Ihnen zu.

- Verlieren Sie Ihren Humor nicht – mit einem Lachen löst sich mancher Konflikt von allein, mit Verbissenheit wird er schlimmer.

Konfliktmanagement

Manchmal erscheint das Leben aussichtslos: Der Ärger nimmt kein Ende. Täglich gibt es Streit, über alles und nichts. Zwischen den Kindern, dem Paar, den Kindern und dem Stiefelternteil, den Kindern und dem Elternteil. Hört das denn nie auf? Doch, Sie müssen nur Abstand gewinnen.

Konflikte lassen sich vermeiden, wenn Sie erkennen, worin der Konflikt besteht, meint Sabine Walper, Dozentin für Psychologie an der Universität München. Vor allen Dingen lassen sich Konflikte vermeiden, die dadurch entstehen, daß Sie zu hohe Erwartungen haben – an sich selbst, den Partner bzw. die Partnerin, an die Kinder bzw. die Stiefkinder. Wenn Sie Anforderungen stellen, die nicht einzulösen sind, holen Sie sich den Ärger ins Haus.

«Ich habe vor 10 Jahren zwei Stiefkinder übernommen, deren Mutter gestorben war. Damals waren die Kinder 10 und 6 Jahre alt. Ich habe sogar meinen Beruf einige Jahre lang aufgegeben, um die Kinder zu unterstützen, den Tod ihrer Mutter zu verarbeiten. Das Dumme war nur: Sie haben es mir nicht gedankt. Sie wurden weder zugänglicher, noch haben sie sich einmal anerkennend geäußert, daß ich so viel für sie aufgegeben habe. Das hat mich sehr gekränkt und enttäuscht. Wir haben uns oft gestritten. Heute ist Helga, die Ältere, schon aus dem Haus. Und Hans ist 16, in drei Jahren hat er sein Abitur und wird dann auch gehen. Ich bin froh, wenn es soweit ist.» (Beatrix F., 44 Jahre, zwei Stiefkinder)

Stiefeltern, die einen sehr hohen Einsatz bringen und als Gegenleistung erwarten, daß die Kinder sie lieben, sind frustriert, wenn die erhofften Reaktionen ausbleiben. Und das führt meist zu Ärger und Verdruß. Der Stolperstein ist nicht das Verhalten der Kinder, sondern es sind die zu hohen Erwartungen der Stiefeltern.

Kinder, die bereits mitten in der Pubertät stecken oder sie schon hinter sich haben, betrachten Stiefeltern oft als erklärte Feinde. Sie wollen den leiblichen Elternteil ganz für sich allein und gestehen es ihm nicht zu, ein eigenes Leben zu führen. Gegen solche Intoleranz, die aus Verlustängsten entsteht, ist oft kein Kraut gewachsen. Und selbst die gelassensten und geduldigsten Stiefeltern verzweifeln oft an solchen Konstellationen.

«Ich habe einen Mann mit drei fast erwachsenen Töchtern geheiratet. Sie waren damals 12, 14 und 16 Jahre alt. Als ich kam, haben sie ihre pubertären Ablösekämpfe an mir ausgetobt, nicht an ihrem Vater. Es war ein ständiges Hauen und Stechen. Was auch immer ich machte, es war falsch. Sie haben mich nur als Eindringling und Feindin begriffen. Ein Gespräch über ihr Verhalten war völlig unmöglich, sie haben es schlicht verweigert. Ich wollte nicht aufgeben und habe später ihr Studium zu großen Teilen mitfinanziert, weil mein Mann weniger verdiente als ich. Trotzdem bildeten die drei Mädchen weiterhin eine geschlossene Front gegen mich. Heute habe ich aufgegeben. Ich gebe mir keine Mühe mehr, meine Enttäuschung und meinen Haß zu verbergen.» (Dorothee S., 56 Jahre)

Einer der Auswege aus einem solchen Dilemma kann darin bestehen, die Verantwortung rundherum und offen abzulehnen. Wenn die Kinder dem Stiefelternteil keinen Respekt entgegenbringen, dürfen sie auch nicht erwarten, selbst geachtet und ernstgenommen zu werden. Das muß ihnen unmißverständlich klargemacht werden.

Wenn Kinder noch damit beschäftigt sind, die Trennung der Eltern oder den Verlust eines gestorbenen Elternteils zu betrauern, ist vom Stiefelternteil ein hohes Maß an Verständnis und Einfühlungsvermögen gefordert. Plötzlich ist das Kind mit einem ihm unbekannten Menschen konfrontiert, der das einzige, was ihm geblieben ist, zumindest teilweise annektiert: den Vater bzw. die Mutter. Das Kind weiß zunächst gar nicht, was eigentlich los ist, und fragt sich nur: Will die Neue mir jetzt meine Mutter ausreden, oder soll ich sie als Ersatzmutter annehmen? Will der Neue hier Papa spielen oder mich nur schikanieren?

In einer solchen Situation ist es wichtig, den Kindern die Möglichkeit zu geben, von sich aus auf den Stiefelternteil zuzugehen. Das Tempo bestimmen die Kinder, nicht Sie. Sie können nur Angebote machen (aber nicht zu viele) und im übrigen abwarten. Das Kind darf nicht das Gefühl haben, daß der noch verbliebene Elternteil an den Rand gedrängt wird und daß ihm der gewohnte Zugang zu ihm verwehrt wird. Und es darf nicht den Eindruck gewinnen, daß der weggegangene oder gestorbene Elternteil schlechtgemacht wird. Es will dessen Andenken in Ehren halten, und das müssen Stiefeltern respektieren.

Oft liegt es nahe, sich für diesen verlorenen Elternteil besonders zu interessieren, das Kind z. B. mit Fragen zu löchern, um Anteilnahme zu zeigen. Aber Vorsicht – das ist eine schwierige Gratwanderung, bei der man leicht in den Abgrund stürzt.

«Ich habe einen Witwer mit einer dreizehnjährigen Tochter geheiratet. Ihre Mutter war vier Jahre zuvor gestorben. Ich habe mir sehr viel Mühe gegeben, dem Kind nicht den Eindruck zu vermitteln, daß es meinetwegen die Mutter vergessen soll. Ich habe nach ihr gefragt, mir Bilder zeigen lassen, nach Erinnerungen gegraben. Aber das ging vollkommen nach hinten los. Sobald ich nach der Mutter gefragt habe, wurde sie wütend, hat die Fotos versteckt, mich rausgeworfen und die Tür zugeschlossen. Ich hörte, wie sie drinnen weinte. Ich habe durch die Tür mit ihr gesprochen, aber es war nicht an sie heranzukommen. Es ist mir nie gelungen, ihr die Angst zu nehmen, daß ich die Mutter verdrängen will. Sie hat immer noch Vorbehalte mir gegenüber, und die werden vermutlich auch nie verschwinden. Das belastet mich sehr und trübt auch unsere ansonsten gute Ehe.» (Vicky A., 52 Jahre)

Stiefeltern müssen es aushalten, daß Kinder von ihnen nicht begeistert sind. Sie müssen es ertragen, abgelehnt und bekämpft zu werden – zumindest zeitweise. Dafür brauchen sie ein dickes Fell, und zwar gerade am Anfang, wenn die Stieffamilie zusammenfindet. Es tut gut, wenn die Partnerschaft in dieser schwierigen Phase, die oft ein Übergang ist, aber auch lange anhalten kann, trägt. Wenn man sich gegenseitig den Rücken stärken und einander sagen kann: «Nimm's nicht so schwer und nimm's vor allem nicht persönlich. Es ist das Problem des Kindes, nicht deines, und es ist nicht deine Schuld. Laß uns gelassen bleiben. Es ist eine Herausforderung, der wir uns gemeinsam stellen.» Alles braucht seine Zeit. Vertrauen zu fassen, dauert lange – insbesondere nach Enttäuschungen und Verlusten.

Konflikte müssen angesprochen werden

Wenn Konflikte da sind, ist es wichtig, ihnen mutig ins Auge zu blicken und sich einzugestehen, daß der Haussegen schief hängt.

«Jeden Tag habe ich mich darüber aufgeregt, daß meine Stiefkinder nicht ‹Guten Morgen› und ‹Auf Wiedersehen› sagten, sondern nur stumm in die Küche kamen, den Kühlschrank aufmachten, Milch und Joghurt nahmen, in ihre Zimmer verschwanden und nichts mehr von sich hören ließen. Irgendwann klappte dann die Haustür, und ich wußte, jetzt waren sie weg. Ich saß vor dem gedeckten Frühstückstisch, war extra früh aufgestanden, weil ich ihnen ein Schulbrot machen wollte und warmen Kakao, und kam mir ziemlich blöd vor. Wir haben dann einmal darüber geredet und uns so geeinigt, daß ich kein Schulbrot mache, wir aber zusammen frühstücken und der Tag mit einem ‹Guten Morgen› beginnt. Das ‹Tschüs, bis nachher› hat sich nach einer Weile von selbst ergeben.» (Helene M., 52, zwei Stiefkinder)

Kinder sind konfliktscheu. Sie sprechen Probleme und Ängste nicht von sich aus an. Man muß selbst die Initiative ergreifen und sagen:

«Ich möchte mit dir reden, mir gefällt nicht, wie du dich verhältst. Laß uns eine Lösung suchen.» Oder man muß sie direkt nach ihrem Kummer fragen und manchmal den Hintergrund erraten. Vielen Kindern hilft es, wenn die Erwachsenen etwas aussprechen, was das Kind von sich aus nicht zur Sprache bringen kann. Wenn es z. B. in Loyalitätskonflikte mit den Eltern kommt, weil es sich zu einem Stiefelternteil stark hingezogen fühlt, entlastet es das Kind ungemein, wenn die Eltern dies aussprechen und dem Kind damit das Gefühl geben, daß es die Stiefeltern ebenso lieben darf wie die Eltern. Das setzt natürlich voraus, daß die Eltern diese Großzügigkeit auch aufbringen.

«Meine zwölfjährige Stieftochter kam in den ersten Monaten, als sie bei uns wohnte, immer mit Leichenbittermiene nach Hause, wenn sie bei ihrer Mutter war. Sie schloß sich in ihr Zimmer ein und war für niemanden mehr ansprechbar. Ich habe ihr dann ihr Abendessen einfach vor die Tür gestellt und sie gebeten, das Geschirr bitte wieder in die Küche zu bringen. Das hat sie dann oft nicht gemacht, und ich durfte am nächsten Morgen die vertrockneten Brotreste und die halbvolle Kakaotasse beseitigen. Mit der Zeit fand ich das eine ziemliche Zumutung. Mir ging dieses Primadonnengehabe auf die Nerven. An einem Nachmittag, als wir beide allein zu Hause waren, habe ich dann eine Extra-Portion Kakao für uns beide gekocht und bin in ihr Zimmer gegangen, als sie gerade Schularbeiten machte. Ich habe mich zu ihr gesetzt und ihr gesagt, daß ich mit ihr reden möchte. Ich habe sie gefragt, warum sie sich immer so verschließt, wenn sie von ihrer Mutter kommt. Keine Antwort. Verschlossenes Gesicht. Da habe ich mir ein Herz gefaßt und einfach gefragt: «Liegt es daran, daß du so traurig bist, weil du wieder von ihr wegmußtest, aber eigentlich gerne länger bleiben möchtest?» Da stürzten ihr die Tränen nur so aus den Augen, sie fiel mir geradezu in die Arme und weinte herzerweichend. Und dann kam alles aus ihr heraus: daß es ihr immer so wehtut, von der Mutter wegzugehen; daß sie sich so allein fühlt; daß sie Angst hat, die Mutter zu verlieren; daß sie uns gegenüber ein schlechtes Gewissen hat, weil sie sich so verhält; daß sie mich mag und der Mutter das nicht sagen kann; und, und, und. Es wurde

ein zweistündiges, sehr intensives Gespräch daraus. Wir sind uns dabei sehr nahegekommen. Wir haben uns darauf verständigt, daß sie sich ruhig zurückziehen kann, wenn sie das nächste Mal von der Mutter kommt. Aber wir haben auch abgemacht, daß sie am gemeinsamen Abendessen teilnimmt und nicht allein auf ihrem Zimmer ißt. Ich habe das Gefühl, daß sie das Gespräch sehr erleichtert und einen großen Druck von ihr genommen hat.» (Katharina P., 36 Jahre, eine Stieftochter, zwei leibliche Kinder)

Oft entstehen Konflikte auch dadurch, daß die Eltern sich zuwenig über die häuslichen Regeln abgesprochen haben. Wie lange darf ein Vierzehnjähriger am Samstagabend ausgehen? Darf die Freundin der Tochter mitten in der Woche über Nacht bleiben? Müssen die Schularbeiten fertig sein, bevor die Freundin besucht wird? Die Antworten auf diese Fragen müssen von beiden Eltern- bzw. Stiefelternteilen einheitlich sein. Nichts ist schlimmer, als wenn sie sich nicht einig sind. Kinder haben ein gutes Gespür dafür, welcher Elternteil etwas erlaubt und welcher etwas verbietet. Sie spielen die Eltern bzw. Stiefeltern mit großem Geschick gegeneinander aus. Sie wollen sich durchsetzen. Und wenn die Eltern nicht an einem Strang ziehen, lassen sie sich besser für die eigenen Interessen nutzen. Da hilft nur eins: miteinander reden.

«Immer wenn sie bei uns zu Besuch ist, quengelt Martha. Sie will noch mehr Schokolade, mehr Fernsehen, mehr Taschengeld. Ihr Papa – mein Mann – sagt: «Na gut, na gut.» Ich explodiere dann jedesmal und fahre ihn an: «Nun gib ihr doch nicht immer nach, du mußt auch mal Grenzen setzen.» Darauf kriege ich dann zu hören: «Halt du dich da raus, das ist mein Kind, ich entscheide.» Und Martha grinst und kaut mit vollen Backen ihre Schokolade.» (Gisela V., 29 Jahre, eine Stieftochter)

So bilden sich Gewitterfronten. Das Kind macht den Schulterschluß mit Papa und vermittelt: Meine Stiefmutter ist doof, sie will mir Böses, sie gönnt mir nichts. Der Vater hat ein schlechtes Gewissen und denkt: Das arme Trennungskind, was hat es alles mitmachen müssen. Ich muß das wiedergutmachen. Die Stiefmutter fühlt sich düpiert, weil sie mit ihrem Anliegen nicht ernstgenommen wird. Über diese Erziehungsfragen entstehen Partnerkonflikte, die dazu führen können, daß sich die Erwachsenen einander entfremden.

Die Probleme sind hausgemacht und werden von den Eltern aufgrund ihrer persönlichen Befangenheit verstärkt. In so einer Situation ist es wichtig, die eigene Betroffenheit zu erkennen. Vielleicht machen Sie sich vor lauter schlechtem Gewissen nicht klar, daß auch Grenzen und Verzicht zu normalen Lernerfahrungen von Kindern gehören. Es müssen nicht immer alle Wünsche und Bedürfnisse sofort erfüllt werden. Kinder müssen lernen, daß es Grenzen und ein NEIN gibt. Es ist wichtig, daß Sie dabei konsequent bleiben. Sonst werden diese kleinen Verbote und Einschränkungen zur Verhandlungsmasse, die plötzlich etwas mit der Beziehung zu tun hat, mit Lieben und Nichtlieben. Und da gehören sie nicht hin. Grenzen und Verbote sind wichtige Bestandteile einer normalen Erziehung. Sie umreißen ein Areal, in dem sich Kinder wohlfühlen können. Erfahren sie solche Grenzen nicht, werden sie unsicher. Sie versuchen auszutesten, wie weit sie gehen können. Es ist für sie regelrecht entlastend, endlich einen Punkt zu finden, an dem sie erkennen: Bis hierhin und nicht weiter.

Etwas Eigenes auf die Beine stellen

Viele Konflikte ergeben sich daraus, daß die Stieffamilie in der Wohnung oder in dem Haus eines Elternteils zusammenzieht. Dabei gibt es immer welche, die etwas aufgeben und andere, die mehr behalten. Das schafft Unzufriedenheit und das Gefühl von Unter- bzw. Überlegenheit. Diejenigen, die umziehen müssen, fühlen sich unterlegen, weil sie sich anpassen und das bisher Gewohnte aufgeben müssen. Die «Hausherren» fühlen sich überlegen, weil sie in der gewohnten Umgebung bleiben, auch wenn diese sich verändert.

Es kann deshalb günstiger sein, wenn eine Stieffamilie sich an einem neutralen, neuen Ort gründet. Dann sind die Ausgangsbedingungen für alle gleich, und zudem schafft die Stieffamilie von vornherein etwas Neues. Alle sind daran beteiligt, dieses Neue mit zu gestalten und zu prägen. Es gibt keine «Platzhirsche» und keine «Eindringlinge».

Wenn Ihnen ein solcher Wechsel nicht möglich ist, können Sie viele Konflikte vermeiden, wenn Sie die Neugestaltung der Wohnung bzw. des Hauses gemeinsam mit den neu Einziehenden regeln. Gehen Sie Zimmer für Zimmer durch und besprechen Sie, was sich ändern soll. Wo finden die Sachen der neuen Familienmitglieder Platz? Was muß dafür verschwinden? Wie lassen sich Verluste ausgleichen?

Machen Sie deutlich, daß dabei alle Zugeständnisse machen und Kompromisse schließen müssen – die Erwachsenen ebenso wie die Kinder. Bilden Sie Arrangements auf Probe. Werfen Sie Möbel oder Gegenstände, die weggeräumt werden müssen, nicht gleich weg. Lagern Sie sie auf dem Dachboden oder im Keller. Wenn sich später herausstellt, daß sie zu sehr vermißt werden, können sie wieder hervorgeholt werden. Bedenken Sie, daß sich Kinder sehr viel schwerer von gewohnten und geliebten Dingen trennen als Erwachsene. Geben Sie ihnen nicht das Gefühl, daß ihnen alles weggenommen wird, was ihnen bisher lieb und wichtig war. Wenn etwas hergeben müssen, sollten sie etwas anderes behalten dürfen. Verlust und Gewinn müssen sich die Waage halten.

Wenn es möglich ist, sollten Sie gemeinsam benutzte Räume neu gestalten, z. B. die Küche, das Wohnzimmer, den Flur, das Bad. Eine neue Tapete, eine neue Wandfarbe, ein neuer Teppich vermitteln ein neues Wohngefühl. Lassen Sie die Kinder mitbestimmen, wie die Räume aussehen sollen. Auf diese Weise schaffen Sie gemeinsam ein neues Zuhause, in dem sich alle gleichermaßen wohlfühlen können.

Eine Stieffamilie braucht Management

Das Handling einer Stieffamilie ist wie der Neueinstieg in ein Unternehmen mit vielen Altlasten. Da kommt ein neuer Chef in die Etage, und schon geht's rund. Da werden Forderungen gestellt nach mehr Effizienz, besseren Ergebnissen, weniger Kosten. Und wer nicht mitmachen will, fliegt.

Aber so einfach ist es in einer Stieffamilie natürlich nicht. Die Mitarbeiter stehen fest, es gibt keine Entlassungen. Die Probleme und Herausforderungen sind so mannigfaltig wie eine Patchworkdecke mit tausend Farben und tausend Mustern. Immer wieder anders.

«Ich hab einfach losgelegt und gedacht, wir schaffen das schon. Ich mochte meinen Mann, also würde ich auch seine Kinder mögen. So einfach war es dann natürlich nicht. Manchmal habe ich mir gewünscht, es hätte mich jemand auf diese Aufgaben und Probleme vorbereitet. So war ich völlig auf mich gestellt.» (Sabine P., 29, 2 Stiefkinder)

«Anfangs war ich voller Enthusiasmus und hatte vor nichts Angst. Niemand hat mir gesagt, daß mich meine Stiefkinder vollkommen und endgültig ablehnen würden und wie ich das vielleicht hätte verhindern können.» (Petra L., 32, 3 Stiefkinder)

«Ich habe mir Bücher gekauft und mit meinem Mann überlegt, in welchen Bereichen Probleme entstehen könnten. Über die Lösungsmöglichkeiten haben wir lange diskutiert. Das hat uns sehr geholfen.» (Julia M., 32, 2 Stiefkinder, 2 leibliche Kinder).

«Meine Freunde haben den Kopf geschüttelt, als ich ihnen erzählte, daß ich einen geschiedenen Mann mit zwei Kindern heiraten würde. Sie haben mich für verrückt erklärt und mich auf die anstehenden Auseinandersetzungen mit den Kindern und der Ex-Frau, den Großeltern usw. hingewiesen. Ich habe das alles beiseite gewischt und gesagt, das passiert mir nie, ich bewältige das mit Bravour. Na ja, es kam dann doch anders, aber wenn ich alle Probleme schon vorher gekannt hätte, wäre ich vor lauter Angst, ihnen

*nicht gewachsen zu sein, davongelaufen. Meine Naivität hat mir auch ge-
holfen, die Herausforderungen sportlich zu nehmen. Und als es wirklich
dicke kam und ich nicht mehr weiterwußte, hab ich mir in einer Selbsthilfegruppe Hilfe geholt.»* (Maren S., 45, 2 Stiefkinder, 1 eigenes Kind)

Es gibt einige Faustregeln, die es Ihnen erleichtern, eine Stieffamilie zu managen:

- Die Erwachsenen sollten erst einmal bei sich selbst klare Verhält-
  nisse schaffen, besonders was die Trennung oder den Tod eines
  Partners anbelangt.
- Klären Sie für sich: Was will ich, was kann ich? Paßt das zu den
  Erwartungen meiner Partnerin bzw. meines Partners?
- Schauen Sie sich die Familie, in die Sie hineinkommen, genau an.
  Passen Sie dazu, bzw. paßt die Familie zu Ihnen?
- Seien Sie sich bewußt, daß Sie auf ein bestehendes Beziehungs-
  geflecht stoßen.
- Schauen Sie sich die Umgangsregelungen mit dem anderen leib-
  lichen Elternteil genau an. Liegt darin noch Sprengstoff für die
  Familie?
- Wenn Sie Kinder in die Gemeinschaft bringen, klären Sie vor-
  weg, welche Vorstellungen von Erziehung Sie haben. Wo gibt es
  Unterschiede, die problematisch werden könnten?
- Wenn mehrere Kinder betreut werden müssen und beide Partner
  berufstätig sind, sollten Sie vor dem Zusammenziehen klären,
  wie der Alltag zu organisieren ist und ob einer von beiden zu
  Hause bleibt.
- Wenn Sie merken, daß Sie sich überfordern, müssen Sie sich eine
  Auszeit nehmen. Verreisen Sie für ein paar Tage, sprechen Sie
  über Ihre Probleme mit Freundinnen und Freunden, die Ihre Familie wohlwollend, aber mit Abstand betrachten.
- Lernen Sie, Aufgaben abzugeben und nicht alles selbst zu machen. Delegieren können ist für jeden Manager der Schlüssel
  zum Erfolg. Das gilt auch für Sie als Familienoberhaupt – und
  zwar für Mann und Frau gleichermaßen.

- Klären Sie vor dem Einzug, wer welche Rechte hat. Wer unterschreibt den Mietvertrag? Wem gehört das Haus? Wer wird als Begünstigte(r) in der Lebensversicherung eingetragen?

- Setzen Sie gemeinsam ein Testament auf, das vom ehemaligen Ehepartner nicht angefochten werden kann, und hinterlegen Sie es bei einem Notar.

- Glauben Sie nicht, daß Liebe von allein alle Hindernisse überwindet. Liebe fällt nicht vom Himmel, sondern braucht Zeit, um wachsen zu können. In einer Stieffamilie gibt es dafür keinen Raum, wenn die Alltagsprobleme alle Kraft absorbieren.

Die Paarbeziehung

Die Stieffamilie wird von dem Paar zusammengehalten. Sie beide sind der Rettungsanker für alle Familienmitglieder, wenn stürmische Zeiten drohen. Und Sturm gibt es ziemlich oft, innerhalb und außerhalb des Familienverbandes.

Wiederverheiratete Paare haben andere Erwartungen an ihre Ehe als Paare, die zum erstenmal heiraten. Sie erwarten mehr Gleichberechtigung, mehr emotionalen Austausch und gemeinsames Anpacken der Probleme, unabhängig von geschlechtsspezifischen Rollen. Man könnte meinen, daß sich damit mehr Chancen für die erfolgreiche Gestaltung der zweiten Ehe verbinden. Schließlich sind Paare bei der zweiten Eheschließung älter, reifer und verfügen über den Erfahrungsschatz ihrer ersten Lebensgemeinschaft. Doch das bietet keine Gewähr dafür, daß die Partnerschaft besser funktioniert. Denn eine zweite Ehe ist meist auch besonderen Belastungen ausgesetzt:

- Stiefmutter bzw. Stiefvater müssen sich den Stiefkindern und diese den Stiefeltern anpassen.
- Stiefkinder sind die Brücke in die Vergangenheit der Partnerin bzw. des Partners, und die war nicht nur erfreulich, sonst gäbe es keine zweite Ehe. Viele Probleme hängen damit zusammen, daß Stiefkinder diese Vergangenheit immer wieder lebendig werden lassen.
- Unbewältigte Konflikte aus der früheren Beziehung sorgen für zusätzlichen Sprengstoff.
- Konflikte können dazu führen, daß das Paar wenig Zeit für sich hat.
- Kinder fühlen sich schnell vernachlässigt, wenn sich die Stiefeltern oder leiblichen Eltern um sich selbst kümmern.

«Mein Mann blieb in den ersten Jahren unserer Ehe immer stundenlang bei seiner Ex-Frau und den Kindern. Und ich saß mit unserem gemeinsamen Baby allein zu Hause. Er hatte offenbar ein schlechtes Gewissen ihr und den Kindern gegenüber, weil er sie meinetwegen verlassen hatte. Ich fand es unmöglich, daß er ständig bei ihr herumsaß. Es hat dann mal einen Riesenkrach gegeben, seither kommen die Kinder regelmäßig zu uns, und die Mutter bringt sie nur bis zur Wohnungstür. Seine ständigen Besuche hat er eingestellt.» (Valerie F., 33 Jahre)

«Meine Stieftochter ist das Ebenbild ihrer Mutter. Wenn sie zu uns kommt, ist mein Mann kaum zu gebrauchen. Offenbar erinnert ihn das Kind so sehr an seine Ex-Frau, die ihn wegen eines anderen Mannes verlassen hat, daß er jedesmal wieder an die alten Zeiten denkt. Das hält er kaum aus. Ich habe ihn schon ermutigt, eine Therapie zu machen, aber das lehnt er strikt ab. Er sei nicht verrückt, erklärt er dann immer. So ein Blödsinn! Er braucht einfach Hilfe. Und ich kann sie ihm nicht geben, dafür bin ich nicht ausgebildet, und mit gesundem Menschenverstand allein kommen wir nicht mehr weiter.» (Gertrud C., 38 Jahre, eine Stieftochter)

«In den ersten Jahren unserer Ehe hatten wir so gut wie keinen Tag Zeit für uns. Am Abend waren wir von der Arbeit erschöpft; bis die Kinder im Bett lagen und der Haushalt aufgeräumt war, war es meist 8 oder 9 Uhr. Dann besprachen wir noch kurz, was in den nächsten Tagen anlag, und sanken völlig erledigt ins Bett. Am nächsten Morgen um 6 Uhr klingelte wieder der Wecker. Auch unser Sexualleben tendierte in dieser Zeit gegen Null, selbst im Urlaub. Ich wußte: Das geht nicht lange gut. An einem Sonntagabend im Sommer, als die Kinder alle im Garten spielten und beschäftigt waren, sprach ich meinen Mann darauf an, daß mir die Zweisamkeit mit ihm fehlte. Er war sehr froh, daß ich ein Gespräch darüber anfing, denn ihm ging es genauso, er wollte mich nur nicht damit belasten. Wir haben dann beschlossen, die Paten des einen Sohnes zu fragen, ob sie uns für ein Wochenende vertreten würden, damit wir mal rauskommen. Das hat tatsächlich geklappt, und wir sind für drei wundervolle Tage in ein schönes Hotel gefahren. Es war wie eine Verjüngungskur unserer Ehe. Seither machen wir das alle drei Monate, häufiger können wir es uns nicht leisten. Ich bin *überzeugt, daß das unsere Ehe gerettet hat.» (Alice P., 49 Jahre, drei Kinder)*

In Stieffamilien brauchen die Partner häufiger als in biologischen Familien Auszeiten, in denen sie ihre Paarbeziehung pflegen können. Die Kinder sind von Anfang an fester Bestandteil der Beziehung. Dadurch fehlt dem Paar die Zeit zu zweit, die einer biologischen Familie immer vorausgeht. Deshalb ist es wichtig, solche Auszeiten zu organisieren. Denn das Paar ist das Herz der Familie. Wenn die Stieffamilie zusammenwachsen soll, ist das gute Zusammenwirken von Mann und Frau unverzichtbar. Nur wenn das Paar miteinander glücklich ist, können es auch die Kinder werden.

Das bedeutet nicht, daß Konflikte unter den Teppich gekehrt werden sollen. Streit muß sein – in Familien und Stieffamilien. Aber es muß auch Versöhnung und Harmonie geben, Ausgeglichenheit und Freude am Miteinander. Das Paar lebt den Kindern vor, wie eine partnerschaftliche Beziehung funktioniert. Und das bedeutet, daß es über all den Eltern- und Stiefelternpflichten die Beziehung zueinander nicht vergessen darf. Daß es Zeit braucht, um die Paarbeziehung zu pflegen – auch wenn die Kinder manchmal zurückstehen müssen.

«Ich habe vor kurzem gemeinsam mit meiner Frau meine vierjährige Stieftochter – ihre Tochter – im nahe gelegenen Waldorf-Kindergarten angemeldet. Im Aufnahmegespräch fragte die Erzieherin nach unserem Tagesablauf. Ich habe voller Stolz erzählt, daß ich jeden Tag schon um 17 Uhr nach Hause komme, um Christina abends noch baden zu können. Danach lese ich ihr eine halbe Stunde eine Geschichte vor und streichele sie dann noch eine Weile, bis sie eingeschlafen ist. Da sagt die Erzieherin doch glatt: ‹Streicheln Sie lieber Ihre Frau, die braucht das wahrscheinlich mehr als Ihr Kind.› Ich war total baff. Meine Frau hat nur leicht gelächelt. Als ich darüber nachdachte, fiel mir auf, daß wir seit acht Wochen nicht mehr miteinander geschlafen hatten. Seither sitzt mir dieser Satz im Ohr, und ich kann ihn nicht mehr vergessen.» (Olaf G., 34 Jahre, eine Stieftochter)

Häufig werden Probleme mit den Kindern vorgeschoben, um die eigenen Schwierigkeiten zu verdecken. Motto: «Wir verstehen uns prima, nur mit den Kindern ist es schwierig.» Meist reagieren die Kinder aber nur auf unausgesprochene Konflikte zwischen den Eltern. Kinder bündeln die Probleme in einer Partnerschaft wie in einem Brennglas. Sie spiegeln das Verhalten der Erwachsenen, deren Schweigen und Nebeneinanderherleben.

«Meine Stieftochter Tanja lebte seit ungefähr einem Jahr bei uns, als mir auffiel, daß sie sich mehr und mehr in sich zurückzog. Ich habe alles versucht, um sie aus der Reserve zu locken – vergebens. Sie blieb verschlossen. Und das war sehr untypisch für sie, denn normalerweise ist sie sehr kontaktfreudig und aufgeschlossen. Mein Mann hat auch versucht, mit ihr zu reden. Es ging nicht. Wir haben sie dann gelassen, aber das Familienleben war dadurch ziemlich gestört. Etwa zwei Monate später erkannten wir, daß unsere Ehe in einer schweren Krise steckte. Wir haben ein halbes Jahr gebraucht, um sie zu überwinden. Danach war Tanja wie ausgewechselt, plötzlich war ihre alte Fröhlichkeit wieder da. Offenbar hatte sie unsere Probleme besser gespürt als wir selbst, konnte aber nicht in Worte fassen, was sie belastete. Das hat mir sehr zu denken gegeben.» (Ursula F., 45 Jahre, zwei Stiefkinder)

Kinder spüren Unlust und unterdrückte Wut sehr genau und reagieren darauf. Wie sie es tun, hängt sehr von ihrem Temperament ab. Manche Kinder ziehen sich zurück, andere werden aggressiv, fühlen sich wegen allem und jedem zurückgesetzt oder ungerecht behandelt, können sich nicht mehr allein beschäftigen, sind nervös und unausgeglichen – wie die Erwachsenen eben auch.

Wenn das Scheitern der ersten Partnerschaft nicht richtig verarbeitet wurde, wirken sich die offenen Fragen auch in die zweite Ehe hinein aus.

«Mein Mann wurde von seiner ersten Frau verlassen, weil sie einen anderen kennen- und liebengelernt hatte. Der gemeinsame Sohn lebt bei ihr. Mein Mann hat sich aber nie mit seiner Ex-Frau ausgesprochen. Er weiß heute

noch nicht, warum sie sich auseinandergelebt hatten und seine Frau sich in einen anderen verliebt hat. Sie haben nie darüber gesprochen. Wenn der Sohn zu uns kommt und von seiner Mutter erzählt, braust mein Mann jedesmal auf. Mir tut der Junge leid, er kann doch nichts dafür, daß die beiden ihre Probleme nie geklärt haben. Ich habe meinen Mann schon oft gebeten, mit der Ex mal zu reden – schließlich sind sie jetzt schon über 5 Jahre geschieden. Aber da ist nichts zu machen. Er will nicht. Er findet, das müsse von ihr ausgehen. Aber wenn jeder so stur ist, wird das natürlich nie was. Und das Kind leidet darunter.» (Margot J., 39 Jahre, ein Stiefsohn, eine eigene Tochter)

«Meine Freundin hat sich mit ihrem Ex-Mann jahrelang ständig gestritten – da muß wirklich Krieg geherrscht haben. Wenn wir uns jetzt mal in die Wolle kriegen, rastet sie immer noch ganz schnell aus und wird panisch. Sie denkt dann immer, das Ganze geht von vorn los. Dabei sind wir uns nur mal nicht einig. Sinnvoll zu streiten, muß sie erst noch lernen. Aber da ich keine Angst davor habe, werden wir das schon hinkriegen.» (Justus W., 32 Jahre)

«Mein Ex-Mann versucht noch oft, mich zu schikanieren, vor allem, wenn es um den Besuch unserer Tochter geht. Das sieht dann so aus, daß er mit mir einen Besuchstermin vereinbart, und da ich mich darauf verlasse, nehme ich mir für die ‹tochterfreie› Zeit auch etwas vor, meist einen beruflichen Termin oder einen Besuch bei meinem Freund, der in einer anderen Stadt wohnt. Mein Ex-Mann sagt die Vereinbarung dann ein oder zwei Tage vorher ab und begründet das mit unvorhersehbaren beruflichen Terminen. Ich stehe dann natürlich dumm da, habe alles arrangiert und kann plötzlich sehen, wo ich bleibe. Dieses Verhalten macht mich jedesmal total wütend. Aber ich habe keine Möglichkeit, ihm die Suppe zu versalzen. Ich will dem Kind nicht den Vater nehmen. Nur: Ich bin jedesmal die Dumme, und mein Freund ist wütend, weil unsere Verabredung nicht klappt. Er gibt mir die Schuld, weil ich mich meinem Ex-Mann gegenüber nicht durchsetze, und schon haben wir den schönsten Krach. Ich weiß nicht, wie ich das Problem lösen soll.» (Ulrike K., 29 Jahre, eine Tochter)

In ausweglosen Situationen sollte man überlegen, ob sich nicht eine Zeitlang eine «Sendepause» einlegen läßt, damit man sich nicht ständig aneinander aufreibt. Das geht dann zwar zu Lasten der Kontakte des Kindes zum anderen Elternteil, aber so eine befristete Übergangsphase ist immer noch besser als ständiger Streit, der die Partnerschaft und das Kind belastet. Solange ein Elternteil unzuverlässig ist und Verabredungen nicht einhält, muß der andere sich und das Kind nach Möglichkeit vor Enttäuschungen schützen.

Wenn Sie den Eindruck haben, daß Ihre Ex-Frau bzw. Ihr Ex-Mann es darauf anlegt, Ihnen Ihr freies Wochenende zu zerstören, verlangen Sie von ihr bzw. ihm einen schriftlichen Nachweis für die «plötzliche Konferenz», den «unaufschiebbaren Termin» oder die «dringende Geschäftsreise». Rechnen Sie ihr bzw. ihm vor, was es Sie kostet, Ihrerseits eingegangene Verpflichtungen abzusagen. Je klarer und entschlossener Sie Ihre Position vertreten, desto weniger können Sie schikaniert werden.

Im übrigen gibt es über das Jugendamt die Möglichkeit, ein gemeinsames Gespräch herbeizuführen mit dem Ziel, künftig zu verläßlichen Regelungen für alle Beteiligten zu kommen. Sie können ein solches Gespräch fordern, wenn Ihre Ex-Frau bzw. Ihr Ex-Mann wiederholt unzuverlässig ist. Wenn es gelingt, die Fehler der ersten Partnerschaft in der zweiten zu vermeiden, werden die gemeinsamen Jahre oft als bereichernd und beglückend empfunden. Offene Auseinandersetzungen, die Bereitschaft, ständig dazuzulernen, der Wille, Unzufriedenheit sofort auszusprechen und nicht in stumme Vorwürfe münden zu lassen, der solidarische, gleichberechtigte Umgang miteinander und der Ehrgeiz, Fehler nicht zweimal zu machen – das alles sind wichtige Garanten dafür, daß die neue Paarbeziehung eine gelungene Keimzelle für die Stieffamilie wird.

Ein Wunschzettel an den Partner/die Partnerin

Im Alltag einer Familie gehen die persönlichen Freiräume manchmal unter. Und wenn dieser Zustand zu lange anhält, entstehen Frustrationen. Streß mit den Kindern führt manchmal dazu, daß man den Partner bzw. die Partnerin aus dem Auge verliert. Besonders in einer Stieffamilie ist es wichtig, daß die Erwachsenen gut miteinander auskommen. Sie sind das Band, das die ganze Familie zusammenhält. Und dieses Band können Sie aktiv stärken.

Sie könnten z. B. Ihrem Partner bzw. Ihrer Partnerin einen Wunschzettel schreiben, auf dem Sie notieren, was Ihnen fehlt, wonach Sie sich sehnen und was Sie sich erhoffen. Vielleicht läßt sich das eine oder andere erfüllen.

Auf einem solchen Wunschzettel könnte z. B. stehen:

- Ich habe es gern, wenn ich Sonntag morgens in Ruhe meinen ersten Tee allein im Bett trinken kann. Ohne Kinder, ohne Geschrei.
- Ich genieße es, wenn du kommst und mir den Rücken massierst, wenn ich am Schreibtisch sitze.
- Ich freue mich, wenn du mich in der Küche nicht allein läßt und mir Geschichten erzählst, während ich koche.
- Es wäre schön, wenn du Dinge, die in der Wohnung gemacht werden müssen, selbst siehst und anpackst, ohne daß ich erst darauf hinweisen muß.
- Spiel dich nicht so auf, wenn du etwas für die Familie tust.
- Ich würde mich freuen, wenn du mir ein Wochenende allein zugestehen und derweil auf die Kinder aufpassen würdest.
- Ich bin sehr gerührt, wenn du etwas für meine Mutter tust.
- Ich bin erleichtert und dankbar, wenn du nach einem langen chaotischen Tag mit den Kindern mich abends ohne viel Worte ablöst, damit ich Luft holen kann.
- Ich finde es wunderbar, wenn du uns einen Ausgeh-Abend organisierst.
- Ich liebe es, wenn du geduldig und verständnisvoll bist, wenn du

zuhörst, deine Arme ausbreitest und ich mich hineinkuscheln kann.

- Ich wünsche mir mehr Zeit für uns, ohne die Kinder.
- Fahr mit mir in ein Überraschungswochenende ohne Kinder und hol mich mit gepackten Koffern im Büro ab.
- Steck mir öfter mal einen Liebesbrief in meine Tasche.
- Nörgele nicht an mir herum, weil dein Tag mit den Kindern eine einzige Plage war. Sag mir lieber, wie ich dir helfen kann.
- Mach mir Komplimente und sag mir, was du an mir gern hast.
- Leg deine Arme um mich und streichle mich, wenn ich abends nach Hause komme.
- Ich wünsche mir, daß du mir zeigst, wie wichtig ich für dich bin, z. B. dadurch, daß du abends erst mich und dann die Kinder begrüßt, wenn du nach Hause kommst.
- Es ist wichtig für mich, daß ich dir erzählen kann, was mit den Kindern tagsüber passiert ist und daß du dich nicht gleich vor den Fernseher hängst, wenn du nach Hause kommst.

Rabeneltern? Rabenkinder?
Oder: Die Chancen der Stieffamilie

Stiefeltern sind keine Rabeneltern. Im Gegenteil. Sehr viele Stiefeltern bemühen sich sehr um die Kinder und können viel von dem wieder wettmachen, was vorher schiefgelaufen ist. Sie bieten den Kindern neue Rollenmodelle, eröffnen ihnen neue Chancen und binden sie in ein neues soziales Netzwerk ein.

Die Vorstellung, daß Stiefeltern herzlos seien oder kein Verständnis für Kinder hätten, entspricht nicht der Realität. Die böse Stiefmutter gehört der Märchenwelt an. Es gibt eine Reihe von Stiefkindern, die mit stolzgeschwellter Brust sagen: «Ich habe zwei Papas (bzw. Mamas).» Sie sehen darin einen Vorteil.

Aber die lieben Kleinen können auch anders. Stiefkinder verhalten sich manchmal gegenüber den Eltern wie Rabenkinder, die hacken und beißen. Sie machen es den Stiefeltern nicht immer leicht. Verständlich, denn sie begegnen ihren Stiefeltern nicht unbelastet. Sie haben eine enge Bindung an ihren leiblichen Elternteil, der getrennt von ihnen, manchmal weit weg, in einem eigenen Haushalt lebt. Möglicherweise haben sie noch den starken Wunsch, daß die Eltern sich wieder aussöhnen. Und dann kommt plötzlich der oder die Neue. Es braucht Zeit, diese Situation zu verdauen.

Umgekehrt sind auch Stiefeltern für Kinder oft die Rabeneltern, mit denen sie es nicht leichthaben. Eltern, die zuviel verlangen, die ungeduldig sind, zuwenig Zeit haben, sich zuwenig in die Kinderseelen einfühlen, zu streng sind.

Es erfordert viel Toleranz und Geduld, um aufeinander zuzugehen, miteinander auszukommen, einander zu respektieren und zu verstehen. Machen Sie sich das immer wieder klar, wenn Sie glauben, daß es gerade mal wieder keinen Schritt vorangeht.

152

Wenn das Wörtchen «wenn» nicht wär ...

Wir könnten so glücklich sein, wenn ... Eigentlich würden wir prima zusammenpassen, wenn ... Was wäre, wenn ...? Ja, dann – dann wäre einfach alles große Klasse: kein Ärger, kein Streß, nur noch Spaß und gute Laune. Ach, wenn das so einfach wäre!

WENN

■ anerkannt wird, daß die Stieffamilie eine besondere Struktur hat,

■ akzeptiert wird, daß es einen Elternteil außerhalb der Stieffamilie gibt,

■ es gelingt, die Beziehung der Kinder zu ihrem leiblichen Elternteil konstruktiv zu gestalten,

■ alle Beteiligten begreifen, daß sie gemeinsam an einem Strick ziehen,

■ den Kindern Zeit gegeben wird, eine individuelle Beziehung zur Stiefmutter bzw. zum Stiefvater als Person und zusätzlichem Elternteil zu entwickeln,

■ der außerhalb lebende Elternteil die neue Familie respektiert,

DANN

bietet die Stieffamilie, diese besondere Form familiärer Organisation in der modernen Gesellschaft,

■ den *Kindern* die Chance zu einem breiteren und differenzierteren Spektrum positiver Erfahrungen mit Eltern, elterlicher Partnerschaft und ein erweitertes Netz verwandtschaftlicher Beziehungen,

■ den *Eltern* die Sicherheit, daß ihre Kinder in einem stabilen sozialen Netz geborgen sind,

■ *Kindern und Eltern* die Gewißheit, daß traumatische Erlebnisse aufgrund des Verlustes eines Elternteils bzw. Partners wegen Trennung, Scheidung oder Tod überwunden werden können,

■ *Stiefeltern* die Erkenntnis, daß sie ihren Stiefkindern geliebte und respektierte Freunde werden können.

Bevor es soweit ist, müssen noch viele Erfahrungen gemacht und viele Auseinandersetzungen durchgestanden werden. Irgendwann hat es dann geklappt: das Zusammengehörigkeitsgefühl ist da. Die Angst, immer wieder vor scheinbar unlösbaren Situationen zu stehen, ist weg.

Die Möglichkeit, sich von Konventionen zu lösen, nicht wie die anderen sein zu müssen, eigene Wege im Zusammenleben zu finden, sich persönlich das zu suchen, was man braucht, ist die große Chance der Stieffamilie. Ilse Rapp und Monika Tack von der «Selbsthilfegruppe Stieffamilie» in Frankfurt / Main sagen: «Man kann eine andere Form des Familienlebens gestalten. Man kann viel mehr Gleichberechtigung praktizieren. Man kann mit Kindern anders umgehen, sie viel mehr mit in die Familie einbeziehen. Es gibt nicht nur die leibliche Bindung, das Dreieck Vater-Mutter-Kind. Jemand Neues kommt in die Familie, der einen anderen Blick hat und seine Erfahrungen mit einbringt. Man muß bereit sein, darüber zu reden, dann ist es eine Bereicherung.»

Aber es gibt natürlich auch die Angst, nicht so zu sein wie die anderen und deshalb «nicht richtig» zu sein. Für Stieffamilien gibt es (noch) keine festgelegten Verhaltensmuster wie z. B. für Kernfamilien, bei denen die Rollen von Müttern, Vätern und Kindern viel festgelegter sind. Das mag vordergründig als Manko erscheinen, in Wahrheit ist es eine große Chance. Bietet der Mangel an Festlegung doch die Möglichkeit zu neuen Strukturen, zu individueller Gestaltung, zu eigenen Wegen.

«Mein Partner hat eine ganz andere Beziehung zu seinen Kindern bekommen, er hat kochen und backen gelernt. Er hat sich neue Bereiche erschlossen, die ihm vorher verwehrt waren, die seine erste Frau als Hausfrau und Mutter besetzt hatte.» (Gerda M., 52, zwei Stiefkinder, eine Tochter)

«Meine Kinder sind völlig unmusikalisch. Meine Stieftochter spielt Klavier und singt gern. Das war eine ganz neue Erfahrung für uns, soviel selbstgemachte Musik in der Wohnung zu haben. Ich entdecke plötzlich neue Fähigkeiten in mir, nämlich dieser Musik ruhig zuzuhören, statt ständig irgend etwas tun zu müssen.» (Peter B., 56, zwei Kinder, eine Stieftochter)

«Ich war alleinerziehende Mutter eines Sohnes (8), als meine Stiefkinder Vera (6) und Petra (10) dazukamen. Ich mußte mich erst daran gewöhnen, Neuerungen mit allen anderen abzustimmen, bevor ich sie einführte. Vorher habe ich das einfach gemacht, ohne meinen Sohn zu fragen. Das hat mir ein ganz neues Gefühl für das familiäre Miteinander eröffnet.» (Marga P., 40)

«Seit wir eine Stieffamilie sind, muß meine zehnjährige Tochter keine ‹Erwachsenenaufgaben› mehr übernehmen. Als alleinerziehende Mutter habe ich sie oft mit in die Verantwortung nehmen müssen. Sie war für mich oft die einzige Ansprechpartnerin für meine Probleme, nach denen sie gefragt hat, weil sie natürlich mitbekam, wenn ich niedergeschlagen oder mutlos war. Jetzt bespreche ich mit meinem Partner meine finanziellen und beruflichen Sorgen. Die Kinder dürfen Kinder sein, die Erwachsenen können und müssen erwachsen sein. Das empfinde ich als sehr wohltuend.» (Sibylle S., 33 Jahre)

Bei Kindern kommt es oft vor, daß sie zum «schwächeren» Elternteil stehen. Sie fühlen sich für das Wohlergehen von Mutter oder Vater verantwortlich. Das sind jedoch keine Aufgaben für Kinder. Sie überfordern sich dabei und kommen als Kinder zu kurz. Eine Stieffamilie entlastet Kinder von dieser selbst auferlegten Verantwortung. Kinder sind Kinder und keine Therapeuten für Vater oder Mutter.

Die praktischen Seiten der Stieffamilie

Eine Stieffamilie bietet auch ganz praktische Chancen:
- Der Stiefelternteil kann den leiblichen Elternteil in der Verantwortung für die Kinder unterstützen.
- Das Einkommen von zwei Erwachsenen bietet mehr finanzielle Sicherheit.
- Ein bisher alleinerziehender Elternteil steht mit den alltäglichen

Aufgaben, die Kinder mit sich bringen, nicht mehr allein. Lasten und Pflichten werden auf zwei Schultern verteilt: die Kinder zum Kindergarten oder zur Schule bringen, einkaufen, kochen, Fahrdienste für die Kinder zum Sport oder zum Musikunterricht, Hausaufgaben kontrollieren, vorlesen, ins Bett bringen. Das setzt Kräfte frei, die auch den Kindern zugute kommen.

- Kinder haben zwei Ansprechpartner statt nur einen. Was für einen manchmal zuviel wird, können zwei leichter bewältigen.
- Kinder lernen, wie zwei Erwachsene eine tragfähige Partnerschaft führen können. Verletzungen und Ängste, die eine Trennung oder Scheidung ausgelöst haben, lassen sich so leichter bewältigen. Die Kinder erfahren, daß es auch anders geht als mit Streit, Haß oder Mißgunst.

Für Sabine Walper, Dozentin für Psychologie an der Universität München, liegt eine besondere Chance der Stieffamilie darin, daß sie ein offenes System von Beziehungen leben muß, gerade wenn der außerhalb der Stieffamilie lebende Elternteil noch da ist und der Kontakt aufrechterhalten wird. Es entwickelt sich ein großes, breites Netz von Sozialbeziehungen. Das erfordert Offenheit und Respekt seitens der Erwachsenen gegenüber den eigenen Beziehungen der Kinder. Kinder lernen dadurch einen anderen zwischenmenschlichen Umgang, der auf Toleranz und Achtung aufbaut. In Kernfamilien ist diese Herausforderung nicht im gleichen Umfang gegeben.

In der Stieffamilie können alle Beteiligten lernen,
- Auseinandersetzungen zu führen
- flexibel zu sein
- Anforderungen, die sich mit jeder neuen Entwicklungsphase der Familie und der Kinder ergeben, standzuhalten
- neue Strategien zu entwickeln
- sich anzupassen.

Die Pubertät von Kindern verläuft in Stieffamilien oft anders als in biologischen Familien. In der Stieffamilie erfahren Jugendliche mehr Akzeptanz, wenn sie sich absondern und abgrenzen wollen.

Ihre Freiräume werden eher respektiert. Sie werden früher als eigene Persönlichkeiten anerkannt. Wo leibliche Eltern oft Schwierigkeiten haben, vor lauter Ärger über Pubertätsflausen das Gute in ihrem Kind zu erkennen, hat ein Stiefelternteil den nötigen Abstand, um Gelassenheit und Ruhe zu bewahren und das Entwicklungspotential des Kindes zu erkennen. Den Jugendlichen gelingt es dann leichter, die emotionale Verbundenheit mit den Eltern beizubehalten und trotzdem Autonomie und Selbständigkeit zu gewinnen.

Mehr Rechte – mehr Pflichten für Stiefeltern?

Vielfach wird beanstandet, daß unser Recht den Stiefelternteil an der Ausübung der elterlichen Sorge nicht beteiligt. Eine Lücke, die gerade im täglichen Zusammenleben nachteilig sein kann.

Ob die «faktische Elternschaft» die «rechtliche Elternschaft» einfach verdrängen kann, darüber scheiden sich die Geister. Ein wesentlicher Unterschied dieser beiden Elternschaften liegt darin, daß die Beziehung zwischen Kind und Stiefelternteil – zumindest zunächst – eine Beziehung ist, die durch den sorgeberechtigten Elternteil vermittelt wird. Eine soziale Bindung ergibt sich in aller Regel erst durch das Zusammenleben in der Haushalts- und Lebensgemeinschaft.

Wie tief das Verhältnis zwischen Stiefkindern und Stiefelternteil wird und ob es überhaupt zu einer Beziehung kommt, die der zwischen Eltern und Kind ähnelt, weiß vorher niemand. Sind die Kinder noch klein, wenn sich die Stieffamilie gründet, nehmen die Stiefkinder ihren Stiefelternteil leichter an.

Es ist durchaus möglich, daß die Kinder den Stiefelternteil als Eindringling erleben, als Konkurrenten, oder daß sie glauben, der Stiefelternteil habe die Ehe der Eltern zerstört. Liegen solche Gefühle vor, wird der Stiefelternteil viel Geduld und Einfühlungsvermögen benötigen, um diese Hürden zu überwinden. Manchmal gelingt es ihm nie.

Es ist fraglich, ob Stiefkind und Stiefelternteil leichter eine Beziehung zueinander aufbauen können, wenn der Stiefelternteil von Anfang an mit Sorgerechten ausgestattet ist. Eine automatische gesetzliche Mitbeteiligung des Stiefelternteils, sobald er die Mutter oder den Vater der Kinder heiratet, erscheint – jedenfalls als generelle Lösung – verfrüht. Hinzu kommt, daß die Stiefkinder ein Recht darauf haben, gehört zu werden, wenn es z. B. um Adoption oder Namensgebung geht. Der Gesetzgeber hat sich an diese schwierigen Fragen noch nicht herangetraut. Erste Zeichen sind allerdings durch die Reform des Kindschaftsrechts zum 1. 7. 1998 gesetzt worden.

Der Gesetzgeber hat festgelegt, daß Stiefeltern eine Fürsorgepflicht gegenüber den Kindern des Partners haben. Unterhalt und Erbrecht jedoch bleiben den leiblichen Eltern überlassen. Schließlich hat jedes Kind in der Regel neben dem Elternteil, bei dem es lebt, noch den anderen Elternteil, von dem es Unterhalt erhält und bei dem es erbberechtigt ist.

Wünscht der Stiefelternteil, sich gegenüber seinem Stiefkind wirtschaftlich zu verpflichten, so läßt sich dies mit Hilfe eines Vertrages zugunsten des Stiefkindes organisieren. Der Stiefelternteil kann dabei selbst bestimmen, in welchem Umfang und für welchen Zeitraum er diese Pflicht eingehen will.

Die «Bundesarbeitsgemeinschaft Selbsthilfegruppen Stieffamilien» wünscht sich eine breitere öffentliche Diskussion über die Probleme und Chancen der Stieffamilie mit dem Ziel, Stieffamilien den Kernfamilien rechtlich gleichzustellen. Angestrebt wird, daß zwischen beiden Familienformen keine Unterschiede mehr gemacht bzw. Stieffamilien abgewertet werden.

Als Stieffamilie sollten Sie sich an vier Grundregeln halten:

1. Sie müssen als Paar zusammenhalten.
2. Üben Sie keinen Druck auf die Kinder aus. Verlangen Sie nicht,

daß die Kinder Sie oder ihre Stiefgeschwister lieben. Aber erwarten Sie Respekt.

3. Lassen Sie die Kinder ihre Probleme selbst lösen. Mischen Sie sich nicht in alles ein.

4. Kinder brauchen Menschen, die sich um sie kümmern, die Zeit haben, ihnen zuhören und ihnen Werte vermitteln. Eltern oder Stiefeltern, die ihnen das Gefühl geben, daß sich jemand um sie sorgt und zu ihnen steht.

Wir wünschen Ihnen den Mut, die Kraft und die Geduld, Ihre Stieffamilie langsam zusammenwachsen zu lassen.

Teil 2 *Das Recht*

Bei einem Zusammenschluß zweier Familien zählt nicht nur die Liebe. Auch die rechtlichen Aspekte dieser Lebensgemeinschaft bilden einen Pfeiler der Stieffamilie.

Durch das neue Kindschaftsrecht, das am 1. 7. 1998 in Kraft getreten ist, wurde die rechtliche Stellung der Stiefeltern verbessert in den Bereichen[1] Umgangsrecht, Namensrecht mit der Möglichkeit der Einbenennung und der Verbleibensanordnung. Weitergehende Neuregelungen, insbesondere im Zusammenhang mit der elterlichen Sorge, sieht das Gesetz dagegen nicht vor. Und trotz gewisser Verbesserungen gibt es nach wie vor einen erheblichen Unterschied zwischen dem rechtlichen Status von Stiefeltern und leiblichen Eltern.

Die Pflicht zur Zahlung von Kindesunterhalt, Sorge- und Umgangsrecht sowie Erbrechte werden zwischen Kindern und leiblichen Eltern allein aufgrund ihrer biologischen Verbundenheit begründet, unabhängig davon, ob die Eltern verheiratet sind oder wie ihre emotionale Beziehung zu den Kindern beschaffen ist.

Stiefeltern sind nach wie vor nicht verpflichtet, Unterhalt an ihre Stiefkinder zu zahlen, weder während des Zusammenlebens mit dem leiblichen Elternteil noch danach, falls es zu einer Trennung bzw. Scheidung kommt. Von einem Stiefelternteil wird lediglich verlangt, daß er sich um die Stiefkinder kümmert, solange sie im gleichen Haushalt miteinander leben. Bei Trennung bzw. Scheidung gibt es zwar ein Besuchsrecht des Stiefelternteils, aber keine Pflicht zum Umgang, wie es bei einem leiblichen Elternteil der Fall ist. Und es gibt auch kein Sorgerecht, ganz unabhängig davon, wie

---

1 BT-Drucksache 13 / 4899, Seite 66.

lange die Stiefkinder mit dem Stiefelternteil zusammengelebt haben. Das Sorgerecht verbleibt grundsätzlich bei den leiblichen Eltern. Stirbt ein leiblicher Elternteil, so erhält der überlebende Elternteil im Regelfall das Sorgerecht, auch wenn er sein Kind jahrelang nicht gesehen hat. Ein Stiefelternteil, dessen Ehepartner (leiblicher Elternteil) stirbt, hat zwar die Möglichkeit, bei Gericht eine Verbleibensanordnung zu erwirken, so daß das Stiefkind die Möglichkeit hat, zunächst im Haushalt seines Stiefelternteils bleiben zu können. Im übrigen bewirkt die Verbleibensanordnung nur, daß er die Angelegenheiten des täglichen Lebens für sein Stiefkind bestimmen darf. Alles andere bestimmt der nicht verstorbene leibliche Elternteil. Hier wird darüber nachzudenken sein, wie die gesetzlichen Grundlagen zwischen Stiefeltern und ihren Stiefkindern auf eine breitere Basis gestellt werden können.

Auch wenn es im Zusammenleben einer Stieffamilie wenig Rechte und Pflichten zu geben scheint, so entstehen doch mannigfaltige Fragen, die juristische Antworten erfordern. Diese näher zu betrachten, ist das Anliegen dieses Teils.

Namensrecht

Wie sollen wir heißen? Eine weitreichende Frage, die sich jedes Paar stellt, das sich zusammentun will. Sie ist nicht einfach zu beantworten. Die Vorgeschichte des Paares spielt eine Rolle, vielleicht wurde der Geburtsname bereits durch eine frühere Ehe verändert, vielleicht tragen Kinder aus dieser ersten Ehe den Namen des leiblichen Vaters, vielleicht ist es für einen Partner die erste Ehe. Und schließlich kann auch der Name der Frau gewählt werden. Das alles will bedacht sein. Der Name ist wie ein Dach, das anzeigt, wie viele Mitglieder darunter Platz finden. Es gibt ihnen Schutz und signalisiert nach außen Gemeinsamkeit.

Wie heißen die Eheleute bei der Eheschließung?

Nach ihrer Scheidung hat Clara Meyer den Ehenamen ihres ersten Mannes beibehalten. Nun möchte sie Hubert Müller heiraten. Kann sie bei ihrer erneuten Heirat ihren Namen Meyer beibehalten?

Ja. Der Name aus der ersten Ehe kann beibehalten werden, wenn er nicht *Ehename* wird. Das Gesetz zur Neuordnung des Familiennamensrechts (FamNamRG) beschränkt die Wahlmöglichkeit darauf, zum Ehenamen den *Geburtsnamen* der Frau oder den *Geburtsnamen* des Mannes zu bestimmen. Der angeheiratete Name der ersten Ehe Meyer kann also nicht der Ehename der zweiten Ehe werden, weil er nicht Claras Geburtsname ist. Clara kann den Namen ‹Meyer› als *Begleitnamen* verwenden, wenn der Name ihres zweiten Ehemannes der Ehename werden soll. Sie könnte sich dann «Meyer-Müller» oder «Müller-Meyer» nennen.

Clara Meyer möchte im Fall der Wiederheirat auf ihren Geburtsnamen ‹Zart› zurückgreifen. Geht das?

Ja. Clara kann auf die Fortführung ihres Namens Meyer verzichten und statt dessen ihren Geburtsnamen Zart verwenden. Ihr Geburtsname kann auch der Ehename werden. Dann bleibt Clara bei dem Namen Zart, ihr zweiter Ehemann kann nun entweder auch Zart heißen oder sich den Doppelnamen Zart-Müller oder Müller-Zart zulegen.

Clara und Hubert können sich nicht einigen, wie sie nach der Eheschließung heißen wollen. Keiner von beiden möchte auf den bislang geführten Namen verzichten. Was nun?

Eine Entscheidung muß nicht getroffen werden. Beide Partner können ihre zur Zeit der Eheschließung geführten Namen beibehalten. Mit der Eheschließung *soll* zwar ein gemeinsamer Familienname (= Ehename) bestimmt werden, das *muß* aber nicht der Fall sein. Mit der gesetzlichen Neuregelung erkennt der Gesetzgeber das Interesse jedes Ehegatten an, den bisherigen Namen beizubehalten. Clara heißt also nach der Wiederheirat «Zart», wenn sie ihren Geburtsnamen wieder annehmen möchte, oder «Meyer», wenn es bei dem Namen der ersten Ehe bleiben soll. Hubert heißt dann nach wie vor «Müller». Damit ist aber noch kein *Ehename* gewählt. Diese Entscheidung steht an, wenn Kinder kommen.

Wie heißen die Kinder nach der Wiederheirat?

Zu unterscheiden sind die Fälle, in denen das neue Ehepaar (a) gemeinsame eheliche Kinder bekommt, (b) nichteheliche Kinder oder (c) Stiefkinder mit in die Ehe bringt.

Wie heißt das eheliche Kind?

Wie bisher wird auch künftig, wenn die Eltern miteinander verheiratet sind und einen Ehenamen führen, der Ehename zum Familiennamen ihrer Kinder. Das Kind erhält den Ehenamen seiner

Eltern automatisch, ein Bestimmungsrecht der Eltern gibt es nicht[1].

Clara und Hubert führen den Ehenamen «Müller». Clara hatte bei der Heirat ihren Geburtsnamen «Zart» dem Ehenamen vorangestellt und heißt «Zart-Müller».

Das gemeinsame Kind Andrea heißt «Andrea Müller», denn der Ehename wird zum Nachnamen des Kindes.

Clara und Hubert haben keinen gemeinsamen Ehenamen gewählt. Bei ihrer Heirat haben sie beschlossen, daß jeder seinen Namen behält, Clara heißt «Clara Zart» und Hubert heißt «Hubert Müller». Wie heißt das gemeinsame Kind Andrea mit Nachnamen?

Das Gesetz beschränkt die Namenswahl auf eine *Namensauswahl*, das heißt, die Eltern können das Kind nur nach dem Vater oder nach der Mutter benennen. Andrea heißt also entweder «Andrea Zart» oder «Andrea Müller».

Diese Erklärung der Eltern ist unwiderruflich und gilt auch für sämtliche weiteren Kinder dieser Eltern. Etwas anderes gilt nur, wenn das erste Kind verstirbt. Dann kann eine andere Namensbestimmung bei weiteren Kindern vorgenommen werden.

Clara und Hubert können sich nicht einigen, welchen Nachnamen ihre Tochter Andrea tragen soll. Was geschieht?

Können die Eltern sich innerhalb der erforderlichen Frist von einem Monat nach Geburt des Kindes nicht auf einen Nachnamen einigen, so überträgt das Familiengericht das Bestimmungsrecht auf einen Elternteil. Zuvor werden die Eltern vom Familiengericht angehört. Es wird versucht, eine einvernehmliche Regelung zwischen den Eltern zu erreichen. Gelingt das nicht, trifft das Gericht seine Entscheidung im Hinblick auf die Interessen des Kindes und setzt dem Elternteil eine Frist für die Namensbestimmung. Wird

---

1 So geregelt in § 1616 BGB.

diese Frist versäumt, erhält das Kind automatisch den Namen des bestimmungsberechtigten Elternteils.

Nach ihrer Scheidung heißt Clara «Meyer-Zart», ihre minderjährige Tochter heißt «Julia Meyer». Clara will sich wieder verheiraten mit dem ebenfalls geschiedenen Peter Husum-Hinse, dessen minderjähriger Sohn Herbert Hinse heißt. Wie heißt die neue Familie, und wie heißen die gemeinsamen Kinder von Peter und Clara?

Erste Alternative:

Das «neue» (gemeinsame) Kind erhält als Geburtsnamen automatisch den gemeinsam geführten Familiennamen seiner Eltern. Wenn Clara und Peter sich entschlossen haben, als Ehenamen den Geburtsnamen von Peter, «Hinse», zu führen, heißt das gemeinsame Kind «Hinse». Hatten sie sich auf Claras Geburtsnamen «Zart» als Familiennamen geeinigt, so heißt das gemeinsame Kind «Zart».

Zweite Alternative:

Hatten die Eltern keinen gemeinsamen Ehenamen vereinbart, sondern jeweils ihre eigenen Namen behalten, so stehen der Name des Vaters oder der Name der Mutter als Geburtsname für das Kind zur Wahl.[1] Sind die Eltern außerstande, sich binnen eines Monats auf einen Namen zu einigen, überträgt das Familiengericht einem Elternteil das Bestimmungsrecht.[2] Um sicherzustellen, daß dem Kind auch bei Untätigkeit des erwählten Elternteils ein Geburtsname zuteil wird, erhält das Kind nach Ablauf der vom Familiengericht bestimmten Frist automatisch den Namen, den der vom Familiengericht berufene Elternteil trägt.

---

1 So geregelt in § 1617 Absatz 1 BGB. Voraussetzung ist, daß den Eltern die Sorge gemeinsam zusteht.

2 So geregelt in § 1617 Absatz 2 BGB.

Wie heißt das nichteheliche Kind?

Clara Zart und Hubert Müller sind nicht miteinander verheiratet. Sie haben eine gemeinsame Tochter Anne. Welchen Geburtsnamen bekommt das Kind?

Durch das neue Kindschaftsrechtsreformgesetz, in Kraft getreten am 1. 7. 1998, werden die Unterschiede zwischen ehelichen und nichtehelichen Kindern aufgehoben. Führen die Eltern keinen Ehenamen, weil sie nicht miteinander verheiratet sind, so kommt es darauf an, wer die elterliche Sorge für das Kind hat. Hat die Mutter die alleinige elterliche Sorge, heißt das Kind nach der Mutter. Haben die Eltern gemeinsam die elterliche Sorge, können sie – ebenso wie die Eltern eines ehelichen Kindes, wenn sie keinen Ehenamen führen – den Namen des Vaters oder den Namen der Mutter zum Geburtsnamen des Kindes bestimmen. Können sie sich nicht einigen, so kann das Familiengericht das Namensbestimmungsrecht auf einen Elternteil übertragen. Dieser Elternteil bestimmt dann, wie das Kind heißt.

Für den obigen Fall gilt: Hat Clara die alleinige elterliche Sorge, heißt das Kind «Anne Zart». Haben Clara und Hubert die gemeinsame elterliche Sorge, können sie wählen, ob ihre Tochter «Anne Zart» oder «Anne Müller» heißen soll.

Clara Zart und Hubert Müller sind nicht verheiratet. Sie haben eine gemeinsame Tochter Anna. Clara hat die alleinige elterliche Sorge, das Kind heißt daher «Anna Zart». Nun heiraten Clara und Hubert. Wie heißt das Kind?

Die Eltern haben mit der Eheschließung die gemeinsame elterliche Sorge für das Kind. Damit eröffnet sich für sie die Möglichkeit, den Namen des Kindes neu festzusetzen. Haben sie bei ihrer Heirat einen Ehenamen bestimmt, so bekommt das Kind den Ehenamen. Die neue Namensgebung muß innerhalb von drei Monaten nach der Begründung der gemeinsamen elterlichen Sorge erfolgen. Das gleiche gilt, wenn die Eltern nicht durch Heirat, sondern durch übereinstimmende Sorgeerklärung die gemeinsame Sorge begründen[1].

Wie heißt das Stiefkind?

Bildet sich eine Stieffamilie, so fragen sich die Beteiligten: Und wie sollen wir jetzt heißen? Vielleicht möchten alle ihre Namen behalten, die seit Jahren zu ihnen gehören. Oder die Familie möchte signalisieren, daß sie nun eine Familie ist, und überlegt, ob nicht alle den gleichen Namen tragen sollten.

Beides ist möglich: Eine erneute Eheschließung läßt den Kindesnamen unberührt. Damit ist klargestellt, daß ein Kind seinen Geburtsnamen auch dann beibehält, wenn seine Eltern nach zwischenzeitlicher Scheidung erneut heiraten und einen anderen oder keinen Ehenamen führen.

Lebt ein Kind bei einem Elternteil, der eine neue Ehe eingehen will, kann dem Kind dieses Elternteils der Ehename aus der neuen Ehe zugewiesen werden[2]. Dieser Vorgang heißt «Einbenennung».

Die Möglichkeit der Einbenennung sah das bisher geltende Bürgerliche Recht nur für das nichteheliche Kind vor. Mit der Geltung des Kindschaftsrechtsreformgesetzes zum 1. 7. 1998 ist auch die Einbenennung eines ehelichen Kindes im Falle von (Wieder-)Verheiratung des Elternteils möglich[3].

Clara Meyer, geborene Zart, ist geschieden und hat eine Tochter Anne Meyer aus der Ehe mit Werner Meyer. Sie hat die alleinige elterliche Sorge. Sie heiratet nun Hubert Müller. Es wird der Ehename Müller geführt. Kann das Kind Anne so heißen wie der Stiefvater?

---

1 So geregelt in § 1626a BGB.
2 So geregelt in § 1618 Absatz 1 Satz 1 BGB.
3 So geregelt in § 1618 BGB.

Ja. Mutter und Stiefvater können durch Erklärung gegenüber dem Standesbeamten dem Kind ihren Ehenamen erteilen. Das Kind heißt dann «Anne Müller».

Clara Müller möchte, daß ihre Tochter Anne Meyer aus erster Ehe sowohl den Namen ihres Stiefvaters führt als auch den Namen ihres leiblichen Vaters behält. Ist das möglich?

Ja. Das Kind kann den Namen seines Stiefvaters als Zusatz zu seinem Namen bekommen und heißt dann «Anne Müller-Meyer» oder «Anne Meyer-Müller». Das Kind behält seinen bisherigen Namen als Geburtsnamen, und der stiefelterliche Ehename tritt durch Voranstellung oder Anfügung als Begleitname hinzu[1].

Mit dieser Regelung soll erreicht werden, daß sich die Lebenssituation des Kindes auch namensrechtlich wiederspiegelt und damit letztlich die Eingliederung in die neue Stieffamilie erleichtert wird[2].

Mit jeder Wiederheirat ist eine erneute Einbenennung möglich. Es entfällt jedoch aufgrund vorangegangener Einbenennung der Name, der dem des Kindes vorangestellt oder angefügt wurde[3].

Peter Meyer, der leibliche Vater von Anne, ist gegen die Einbenennung seiner Tochter. Er möchte, daß sein Kind auch in Zukunft «Anne Meyer» heißt und nicht den Namen des Stiefvaters trägt. Kann er die Einbenennung verhindern?

Nein. Er muß zwar seine Zustimmung zur Einbenennung geben, verweigert er diese aber, so ersetzt das Familiengericht seine Zustimmung durch einen gerichtlichen Beschluß, wenn die Einbenennung zum Wohle des Kindes erforderlich ist[4]. Das kann allerdings ein schwieriges Verfahren werden. Bei der Prüfung des Kindes-

---

1 Diederichsen in Palandt, § 1618, Anm. 7.
2 BT-Drucksache 13 / 8511, Seite 73.
3 So geregelt in § 1618 Satz 2 Halbsatz 2 BGB.
4 So geregelt in § 1618 Satz 4 BGB.

wohls wird auch zu berücksichtigen sein, daß die neue Ehe scheitern kann und das Kind dann unter Umständen die einzige Person ist, die den Namen des Stiefelternteils trägt, obwohl es nur eine vorübergehende Beziehung zu ihm gehabt hat. Eine Lösung wäre, den Namen des Stiefelternteils als Begleitnamen für das Kind zu wählen, so daß das Kind einen Doppelnamen trägt. Oder die Einbenennung erfolgt auf den Geburtsnamen des sorgeberechtigten Elternteils, der ja auch Ehename oder Begleitname werden kann.

Nach Abschluß des fünften Lebensjahres muß das Kind der Einbenennung zustimmen.

Rechtsfolgen der Einbenennung

Mit der Einbenennung erhält das Kind den Ehenamen seines sorgeberechtigten leiblichen Elternteils und des mit diesem verheirateten Stiefelternteil als eigenen Namen bzw. als Begleitnamen.

Die Namenserteilung begründet weder Rechte noch Pflichten. Der Stiefelternteil erlangt durch die Einbenennung kein Sorgerecht, auch nicht das gemeinsame Sorgerecht mit dem zuvor allein sorgeberechtigten Elternteil. Der leibliche Elternteil bleibt trotz der Namensangleichung wie bisher allein sorgeberechtigt.

Das Recht des Stiefelternteils auf Umgang mit seinem Stiefkind nach Trennung der Eheleute basiert auf der früheren häuslichen Gemeinschaft mit dem Kind und erfolgt nicht aufgrund der Einbenennung.

Zwischen dem Kind und dem Stiefelternteil bestehen keinerlei Unterhaltsansprüche. Aber: Leistet der Stiefelternteil freiwillig Unterhalt, so geht der Unterhaltsanspruch des Kindes gegen den anderen leiblichen Elternteil auf den Stiefelternteil über[1], soweit er als Ehegatte des anderen Elternteils für den Unterhalt seines Stiefkindes aufkommt.

---

1 So geregelt in § 1607 Absatz 3 Satz 1 BGB.

Änderungen des Einbenennungsnamens

Die Einbenennung ist grundsätzlich endgültig. Es besteht weder die Möglichkeit zur Anfechtung, noch gibt es ein Recht auf Widerruf der Einbenennung bei Scheidung der Ehe mit dem sorgeberechtigten Elternteil oder einer schweren Zerrüttung der Beziehungen zu diesem oder zwischen Stiefelternteil und Kind. Dies kann dazu führen, daß das Stiefkind den Namen seines Stiefvaters trägt, obwohl die Ehe der Mutter wieder geschieden ist und sie zu ihrem Namen zurückkehrt, den sie vor dieser Ehe geführt hat. Das Kind kann an dieser Namensänderung nicht teilnehmen. Ihm bleibt nur die erschwerte Möglichkeit der Namensänderung nach dem Namenrechtsänderungsgesetz – und das bedeutet, daß ein «wichtiger Grund» vorliegen muß.

Anders sieht es aus, wenn sich der Ehename des sorgeberechtigten Elternteils und des Stiefelternteils ändern, z. B. bei einer nachträglichen Bestimmung oder Änderung des Ehenamens. Dann nimmt das einbenannte Kind daran teil[1].

Heiratet der sorgeberechtigte Elternteil mehrfach, kann jedesmal eine Einbenennung erfolgen. Der vorher einbenannte Name entfällt ohne weiteres, der neue einbenannte Name tritt automatisch an dessen Stelle[2].

Formvorschriften

Die Erklärungen des sorgeberechtigten Elternteils und des Stiefelternteils müssen öffentlich beglaubigt werden. Das gleiche gilt für die Einwilligung des anderen Elternteils und des Kindes. Die Beglaubigung erfolgt entweder durch einen Notar oder durch den Standesbeamten[3].

---

1 Nach Maßgabe des § 1617 c BGB.
2 So geregelt in § 1618 Satz 2 Halbsatz 2 BGB.
3 So geregelt in § 31 a Absatz 1 Nr. 6 PStG.

Zuständig zur Entgegennahme sämtlicher Erklärungen ist der Standesbeamte, der die Geburt des Kindes beurkundet hat. Ist das Kind im Ausland geboren, ist der Standesbeamte des Standesamtes I in Berlin zuständig[1].

Übergangsvorschriften

Ein vor dem 1. Juli 1998 geborenes Kind, das einen Geburtsnamen führt, behält diesen Geburtsnamen. Die Möglichkeiten der Namensänderung und der Einbenennung bestehen jedoch auch bei diesen Kindern[2].

---

1 So geregelt in § 31a Absatz 2 PStG.
2 Art. 224 § 3 Absatz 1 EGBGB.

Adoption

Ein Kind zu adoptieren, ist keine leichte Entscheidung. Schon viele Stiefeltern haben sich die Frage gestellt, ob sie ihr Stiefkind adoptieren sollen oder nicht. Manche meinen, daß dadurch nicht nur die Bande zwischen Stiefelternteil und Stiefkind, sondern alle Bindungen in der Stieffamilie enger geknüpft werden, und daß sich auch die Stiefkinder untereinander verbundener fühlen. Nach außen wird deutlich gemacht: Wir meinen es ernst. Für das ganze Leben. Eine Adoption geschieht für das ganze Leben. Mit Rechten und Pflichten für beide Seiten. Für den adoptierenden Elternteil und das adoptierte Kind.

Deshalb gibt es auch Gegner der Adoption. Sie verweisen darauf, daß auch die neue Ehe scheitern kann und das Risiko so groß ist, daß es besser nicht eingegangen wird. Allen Beteiligten wird eine Last aufgebürdet, deren größten Teil letztlich das Kind zu tragen hat. Es verliert zunächst einen leiblichen Elternteil, der durch den Stiefelternteil ersetzt wird. Wird die Ehe geschieden, verliert es den Stiefelternteil, hat aber alle Pflichten wie gegenüber einem leiblichen Elternteil. Unter Umständen besteht aber keine emotionale Bindung an den Stiefelternteil, weil die Zeit des Zusammenlebens in einem Haushalt zu kurz war, um diese wachsen zu lassen.

Es gibt keine generelle Antwort auf die Frage, ob ein Stiefkind adoptiert werden soll oder nicht. Eine offene Diskussion zwischen beiden leiblichen Elternteilen, den Geschwistern, dem adoptierenden Elternteil und dessen Kindern kann sicherlich zur Konfliktverhütung beitragen. Wenn die Betroffenen wissen, was auf sie zukommt, werden sie in schwierigen Situationen leichter damit umgehen können.

Vieles will bedacht sein

Jede Stieffamilie muß ihre eigene Lösung finden. Einige Überlegungen können bei der Entscheidungsfindung hilfreich sein.

Zunächst ist es wichtig, sich die Unterschiede zwischen der Adoption eines Stiefkindes und der «üblichen» Adoption eines Kindes durch Adoptiveltern klarzumachen, um besser zu verstehen, welche Probleme es zu lösen gilt.

Die grundlegenden Unterschiede zwischen der Adoption eines Stiefkindes in eine Stieffamilie und der Adoption eines Kindes in eine Adoptivfamilie stellen sich folgendermaßen dar[1]:

– In der Stieffamilie ist das Kind des Partners bereits vorhanden, während bei der typischen Adoptivfamilie der Wunsch nach einem zu adoptierenden Kind in der Regel deshalb im Vordergrund steht, weil keine Kinder da sind.

– In der Stieffamilie ist ein Elternteil mit dem Kind biologisch verwandt und ihm emotional verbunden. In der Adoptivfamilie sind beide Elternteile nicht mit dem Kind verwandt und haben auch keine gemeinsame Beziehungsgeschichte mit dem Kind, d. h., beide müssen erst eine Beziehung zu dem Kind aufbauen.

– In der Herkunftsfamilie eines Stiefkindes hat zwischen den leiblichen Eltern und dem Kind bereits eine Lebensgemeinschaft mit beiden leiblichen Elternteilen bestanden, es gibt also emotionale und auch rechtliche Beziehungen zwischen den Familienmitgliedern. Das typische Adoptivkind hat solche festen Beziehungen in der Regel nicht schließen können.

– Für ein Stiefkind geht bei einer Adoption zumeist nur ein Elternteil verloren, für das Adoptivkind beide Elternteile.

– Bei einem Kind, das zur Adoption freigegeben wird, sind die Herkunftseltern zumeist nicht in der Lage oder nicht willens, ihr Kind selbst aufzuziehen. In einer Familie, in der sich die Eltern

---

1 Fthenakis, Wassilios E.: *Zur Adoption von Kindern durch ihre Stiefeltern*, Gutachten, vorgelegt im Rahmen einer Verfassungsbeschwerde, 1995.

scheiden lassen, ist das anders. Zumindest ein Elternteil übt de facto die elterliche Sorge allein aus. Nach der seit 1. 7. 1998 geltenden neuen Regelung werden viele Eltern auch nach der Scheidung weiterhin die gemeinsame elterliche Sorge haben.

Diese grundlegenden Unterschiede machen deutlich, daß eine Stiefkindadoption andere Fragen aufwirft als eine «normale» Adoption.

Überdenken Sie die folgenden Fakten zusammen mit Ihrer Partnerin oder Ihrem Partner, um herauszufinden, ob eine Stiefkindadoption für Ihre Familie wirklich das ist, was Sie wollen, oder ob Ihre Wünsche auch ohne eine so einschneidende Maßnahme wie eine Adoption erfüllt werden können. Scheuen Sie die offene Diskussion mit dem leiblichen Elternteil nicht. Je eher, desto besser. Er muß ohnehin zustimmen und wird dazu eher bereit sein, wenn er Ihre Gründe für eine Adoption versteht.

Es gilt, sich die Fakten und Realitäten einer Stieffamilie noch einmal bewußt zu machen:

– Das Stiefkind hat zwei leibliche Elternteile und die damit zusammenhängende Verwandtschaft.

– Ein leiblicher Elternteil lebt außerhalb der Stieffamilie. Er ist in der Regel ansprechbar und steht für das Kind mehr oder weniger zur Verfügung. Er bildet für das Kind einen Rahmen, über den es sich auch identifiziert.

– Selbst wenn über einen längeren Zeitraum keine oder nur wenig Kontakte zum außerhalb lebenden Elternteil vorhanden sind, können diese Kontakte jederzeit wieder intensiviert werden. Jeder Versuch der Stieffamilie, den außen lebenden Elternteil auszuschließen, wegzusperren, totzuschweigen, löst die bestehenden Konflikte nicht. Sie schwelen im Untergrund und schaffen langfristig nur neue Konflikte.

– Das Stiefkind ist abgesichert durch zwei leibliche Elternteile. In der Regel versorgt die Mutter das Kind im Alltag, der Vater zahlt Unterhalt. Auch erbrechtlich ist das Stiefkind von beiden leiblichen Elternteilen abgesichert.

Es geht auch ohne Adoption

- Der Wunsch nach Absicherung des Stiefkindes in emotionaler Hinsicht kann durch eine intensive Beziehungsarbeit geleistet werden und ist von einer Adoption unabhängig. Auch die Auseinandersetzung mit dem abwesenden leiblichen Elternteil kann die Beziehung zwischen Stiefkind und Stiefelternteil stärken.
- Der Wunsch nach wirtschaftlicher Absicherung des Stiefkindes, z. B. durch die erbrechtlichen Folgen der Adoption, kann durch ein entsprechendes Testament des Stiefelternteils erreicht werden, in dem das Stiefkind bedacht wird.
- Der Wunsch nach mehr Rechten im Alltag (Schule, Arztbesuch, Ausbildungsfragen etc.) kann durch eine Vollmacht des leiblichen Elternteils erfüllt werden, mit der er Rechte auf den Stiefelternteil delegiert.

Ich möchte mein Stiefkind adoptieren

Die Diskussion über eine Adoption sollte unter der Prämisse stattfinden, daß der maximale Kontakt zwischen dem Kind und allen Mitgliedern seines Familiensystems – und dazu gehört auch seine Herkunftsfamilie – erhalten bleibt. Die wahre Herkunft des Kindes darf nicht verschwiegen werden.

Zu bedenken bleibt immer, daß dem Kind durch eine Adoption auch Rechte genommen werden, nämlich die zu seinem anderen leiblichen Elternteil und dessen Verwandtschaft. Und das sollte nicht ohne Not geschehen.

Dem Kind werden auch Pflichten auferlegt, nämlich gegenüber dem Adoptivelternteil, meistens dem Ehemann der Mutter, der diese unter Umständen nach einigen Jahren verläßt. Dann hat das Kind womöglich Unterhaltspflichten gegenüber seinem Stiefelternteil, wenn dieser sich z. B. im Alter und bei Pflegebedürftigkeit nicht selbst versorgen kann.

Die rechtliche Situation bei der Adoption Minderjähriger

Wenn Sie sicher sind, daß die Adoption der richtige Weg ist, sehen die rechtlichen Folgen so aus:

Helene und Michael haben geheiratet. Helene hat ein Kind aus erster Ehe, die dreijährige Susanne. Michael möchte seine Stieftochter adoptieren. Er findet, sie solle ganz zu ihm gehören. Helene ist gegen eine Adoption, sie befürchtet, daß ihre Tochter damit alle rechtlichen Bindungen zum leiblichen Vater und den Großeltern verliert. Ist Helenes Befürchtung richtig?

Ja. Helenes Befürchtung ist richtig. Das Recht unterscheidet zwischen Adoptionen minderjähriger und volljähriger Personen. Bei Stiefkindadoptionen handelt es sich üblicherweise um die Adoption Minderjähriger. Stiefkindadoptionen sind nach altem und neuem Recht grundsätzlich Volladoptionen. Das bedeutet, daß der adoptierende Stiefelternteil und seine Verwandten an die Stelle des durch die Adoption verdrängten leiblichen Elternteils und seiner Verwandten treten. Dies hat zur Folge, daß ein Verwandtschaftsverhältnis – juristisch gesehen – nur noch zu dem adoptierenden Stiefelternteil und dessen Verwandten besteht.

Bei dem oben geschilderten Fall bedeutet das, daß das minderjährige Kind Susanne jede rechtliche Beziehung zu ihrem leiblichen Vater und dessen Verwandtschaft, also z. B. zu ihren Großeltern, verliert. Sie hat keinen Anspruch auf Unterhalt von ihrem leiblichen Vater, und auch ihr gesetzliches Erbrecht entfällt.

An die Stelle des leiblichen Vaters tritt mit der Adoption ihr Stiefvater und dessen Verwandtschaft. Sie hat einen Unterhaltsanspruch gegenüber ihrem Stiefvater und auch ein gesetzliches Erbrecht.

Zu dieser Regel gibt es eine Ausnahme: Das Verwandtschaftsverhältnis zu den Verwandten des leiblichen Vaters erlischt nicht, wenn ein Elternteil verstorben ist.[1] Der Sinn dieser Regelung be-

---

1 So geregelt in § 1756 Absatz 2 BGB.

steht darin, daß bei einer Stiefkindadoption nach dem Tod eines Elternteils verwandtschaftliche Beziehungen nicht ohne Not abgebrochen werden sollen.

Das Adoptionsverfahren

Derjenige, der ein Kind adoptieren möchte, muß einen Antrag an das Vormundschaftsgericht stellen. Der Antrag muß notariell beurkundet sein[1]. Vor der Adoption eines Minderjährigen holt das Gericht eine gutachterliche Äußerung des Jugendamtes ein[2]. Es erfolgen auch Anhörungen des Kindes, der Eltern des Kindes und der Kinder des Adoptierenden, also der zukünftigen Stiefgeschwister.

Das Kind[3] und die Eltern[4] des Kindes müssen der Adoption zustimmen. Unter bestimmten Voraussetzungen kann das Vormundschaftsgericht die Zustimmung eines Elternteils ersetzen[5].

Da es sich um ein sehr komplexes Gebiet handelt, sollte für die Einzelheiten der Rat einer Anwältin oder eines Anwalts eingeholt werden.

Das Vormundschaftsgericht entscheidet durch Beschluß[6]. Mit Zustellung des Beschlusses an den Adoptierenden wird die Adoption wirksam. Der Beschluß ist nicht anfechtbar und nicht abänderbar! Es sei denn, die Adoption soll aufgehoben werden.

Wegen der Änderungen des Familienstandes und Namens ist die Mitteilung des Beschlusses an das Standesamt vorgeschrieben.

---

1 So geregelt in § 1752 Absatz 2 BGB.
2 So geregelt in § 56d FGG.
3 So geregelt in § 1746 BGB.
4 So geregelt in § 1747 BGB.
5 So geregelt in § 1748 BGB.
6 So geregelt in § 1752 BGB.

Rund um das Sorgerecht

Von einer Wiederheirat sind oft Kinder aus den Vorehen beider Ehepartner betroffen. In Stieffamilien ist das ein besonders schwieriges Thema, weil Stieffamilien meist viele Kinder haben. Wem steht die elterliche Sorge zu? Wer darf über den Lebensalltag der Kinder entscheiden? Darf der Stiefelternteil überhaupt Entscheidungen fällen, die das Stiefkind betreffen? Schließlich lebt man als Familie zusammen, der Stiefelternteil übernimmt Pflichten, auch solche des außerhalb lebenden leiblichen Elternteils. Aber hat der Stiefelternteil dadurch die gleichen Rechte? Welche Rechte hat der außerhalb lebende leibliche Elternteil nach der Scheidung? Besonderer Klärung bedarf die Frage, mit welchen Rechten die leiblichen Eltern des Kindes «ausgestattet» sind und inwieweit die Ausübung dieser Rechte Konflikte im Verhältnis zu dem Stiefelternteil auslösen können.

Die Rechte der Stiefeltern sind auch nach der Familienrechtsreform vom 1. 7. 1998 immer noch sehr beschränkt. Eine echte Teilhabe an der elterlichen Sorge gibt es für Stiefeltern deshalb nach wie vor nicht. Um zu verstehen, wie es um die Rechte des Stiefelternteils bestellt ist, muß man wissen, in welchen Bereichen die leiblichen Eltern auch nach Trennung und Scheidung gemeinsam tätig werden «müssen».

Wer hat die elterliche Sorge für die Kinder, wenn die leiblichen Eltern sich scheiden lassen?

Nach dem neuen Kindschaftsrecht, das am 1. 7. 1998 in Kraft getreten ist, behalten Eltern nach der Scheidung die gemeinsame elterliche Sorge für ihre minderjährigen Kinder, wenn sie dies wünschen. Sie bleiben beide sorgeberechtigt, ohne daß ein Gericht mit der Sorgerechtsangelegenheit befaßt wird, und tragen juristisch weiterhin gemeinsam die Verantwortung. Sie vertreten das Kind gemeinschaftlich[1]. Bei Gefahr im Verzug, z.B. Unfällen, Körperverletzung oder Krankheit auf Reisen, ist allerdings jeder Elternteil berechtigt, alle Rechtshandlungen vorzunehmen, die zum Wohl des Kindes notwendig sind. Hierbei handelt es sich um eine Notvertretung, die sich aus der Situation ergibt. Der andere Elternteil ist davon unverzüglich zu unterrichten[2].

Auch nach der neuen gesetzlichen Regelung gibt es weiterhin die Möglichkeit, die elterliche Sorge nach Trennung oder Scheidung allein auszuüben. In diesem Fall muß ein Antrag gestellt werden. Das Familiengericht überträgt die Sorge einem Elternteil, wenn es meint, daß dies für das Kind besser sei. In diesem Fall wird das Kind ausschließlich von diesem Elternteil vertreten, der andere Elternteil kann nicht «hineinreden».

Wer darf Entscheidungen für die Kinder treffen bei gemeinsamer elterliche Sorge?

Müssen Eltern nach Trennung oder Scheidung alles gemeinsam entscheiden, oder gibt es auch weiterhin Bereiche, die von einem Elternteil allein übernommen werden können?

Viele Eltern sind in der Lage, ihre Konflikte, die sie als Paar austragen, von ihrer Elternschaft zu trennen. Wenn die Eltern zur Kooperation bereit und fähig sind, kann die gemeinsam ausgeübte elterliche Sorge Kindern auch über Trennung und Scheidung hinaus eine beruhigende Sicherheit geben und über Konflikte hinweghelfen. Beide Elternteile sind verantwortlich für die Belange des Kindes. Das klingt allerdings einfacher, als es im täglichen Umgang ist. Denn: Das Kind lebt in der Regel bei *einem* Elternteil, dort ist sein Zuhause, dort wird sein Alltag strukturiert, die Freunde wohnen in der Nähe, dort ist der Kindergarten, die Schule usw. Sie alle bestim-

---

1 So geregelt in § 1629 BGB.
2 So geregelt in § 1629 Absatz 1 Satz 4 BGB.

men das Umfeld des Kindes. Auch der neue Partner der Mutter bzw. die Partnerin des Vaters nehmen Einfluß, ebenso die neu hinzutretenden Verwandten des Stiefelternteils. Sie äußern ihre Meinungen und Vorstellungen, sie gewinnen Bedeutung für die Kinder und nehmen allmählich einen wichtigen Platz ein.

Es liegt nahe, daß der Elternteil, bei dem das Kind lebt, die Entscheidungen, die das Kind betreffen und das tägliche Leben vereinfachen, allein fällt, selbstverständlich unter Beachtung der *Selbstbestimmungsinteressen* des Kindes.

An dieser Stelle setzen regelmäßig die Probleme ein: Wer entscheidet, was die *Alleinentscheidungsbefugnis* umfaßt und was nicht? Was sind *Angelegenheiten des täglichen Lebens* und was *Angelegenheiten von erheblicher Bedeutung*, bei denen der andere Elternteil kraft des gemeinsam auszuübenden Sorgerechts ein Mitentscheidungsrecht hat?

Diese Unterscheidung ist von zentraler Bedeutung und birgt erheblichen Zündstoff. Eine Abgrenzung fällt nicht nur den Betroffenen schwer, auch in der juristischen Literatur scheiden sich die Geister. Die einen sagen, eine klare begriffliche Abgrenzung sei nicht möglich, die anderen meinen, «Grauzonen» dürfe es nicht geben. Zudem kommt nach Auffassung von Diederichsen[1] erschwerend hinzu, daß in der Erziehung eines Kindes und insbesondere eines Heranwachsenden unversehens fast jedes Entscheidungsproblem schnell aus dem Bereich der Alltagssorge in den Bereich des Grundsätzlicheren umschlagen und von erheblicher Bedeutung für das Kind werden kann. Diederichsen empfiehlt deshalb, für die Abgrenzung der «Alltagssorge» von denen der «erheblichen Bedeutung» ausschließlich objektive Kriterien heranzuziehen, die sich an der konkreten Situation orientieren.

Als Orientierungshilfe sind nachstehend einige Beispiele zusammengestellt[2], die einen Anhaltspunkt geben, ob gemeinsame Ent-

---

1 Diederichsen in Palandt, Anm. 4 zu § 1687.
2 Schwab in FamRZ 1998, Seite 345 ff.

scheidungen der leiblichen Eltern zu treffen sind oder ob ein Elternteil Entscheidungen allein treffen kann. Ausschlaggebend ist letztlich der konkrete Einzelfall. Familiensituationen sind sehr unterschiedlich zu beurteilen, auch wenn sie äußerlich vergleichbar erscheinen.

Schule / Ausbildung:

Gemeinsam: Wahl der Schulart und Schule, Ort der Ausbildungsstätte

Allein: Entschuldigung im Krankheitsfall, Teilnahme an Sonderveranstaltungen, Notwendigkeit von Nachhilfe, Auswahl der Wahlfächer, Teilnahme am Schulchor.

Gesundheit:

Gemeinsam: Operationen (außer in Eilfällen), medizinische Behandlungen mit besonderem Risiko, grundlegende Entscheidungen der Gesundheitsvorsorge.

Allein: Behandlung bei leichteren Erkrankungen üblicher Art (z. B. Erkältungen, alltägliche Gesundheitsvorsorge, Routineimpfungen)

Aufenthalt:

Gemeinsam: Grundentscheidung, bei welchem Elternteil das Kind lebt, freiheitsentziehende Unterbringung.

Allein: Aufenthaltsbestimmung im einzelnen (Wahl des Wohnsitzes, Teilnahme an Ferienlagern, Besuch bei Großeltern etc.)

Umgang:

Gemeinsam: Grundentscheidungen, die das Ob und die Dimension des Umgangs betreffen. Nach den seit 1. 7. 1998 geltenden Änderungen gehört hierzu auch der Umgang mit den Großeltern, den Stiefelternteilen, Geschwistern und Pflegeeltern.

Allein: Einzelentscheidungen im täglichen Leben, z. B. Kontakte des Kindes zu Nachbarn und Schulfreunden.

Vermögenssorge:

Gemeinsam: grundlegende Fragen der Anlage von Kindesvermögen, grundlegende Fragen der Verwendung von Geldvermögen.

Allein: vergleichsweise unbedeutende Angelegenheiten wie z. B. das Anlegen eines Sparbuchs für das Taschengeld oder die Verwaltung von Geldgeschenken.

Status- und Namensfragen und Fragen der Religion sind gemeinsam zu klären.

Was geschieht, wenn die leiblichen Eltern sich nicht einigen können?

Es gibt eine Vermittlungsstelle beim Amt für Soziale Dienste (Jugendamt), die Sie in Anspruch nehmen sollten, wenn Sie das Gefühl haben, nicht weiterzukommen. Hilft auch das nicht, kann das Familiengericht auf Antrag eines Elternteils die Entscheidungsbefugnis in dieser für das Kind wichtigen Frage auf einen Elternteil übertragen. Die Übertragung kann mit Beschränkungen oder mit Auflagen verbunden werden [1].

Das Kindeswohl und das Eigeninteresse des Kindes stehen immer im Vordergrund.

---

1 So geregelt in § 1628 BGB.

Deshalb führt kein Weg daran vorbei, daß die leiblichen Eltern auch nach Trennung und Scheidung viele Fragen gemeinsam besprechen und klären müssen. Sie bleiben Eltern, trotz Scheidung und Wiederheirat. Es gibt keine Ex-Eltern.

Wenn die Kommunikation mit dem anderen Elternteil einfach nicht mehr funktioniert und Streitigkeiten ausgetragen werden statt erforderliche Entscheidungen zu treffen, kann jeder Elternteil einen Antrag auf Übertragung der alleinigen elterlichen Sorge stellen. Aus triftigen, das Wohl des Kindes nachhaltig berührenden Gründen kann das Familiengericht bzw. das Vormundschaftsgericht die zuvor getroffene Entscheidung abändern [1].

Was darf ein Stiefelternteil für sein Stiefkind entscheiden?

Ein Stiefelternteil hat zwar de facto Sorge für sein Stiefkind übernommen, aber er hat im Zusammenhang mit der elterlichen Sorge keine gesetzlichen Rechte gegenüber seinem Stiefkind. Auch dann nicht, wenn der Stiefelternteil mit dem Elternteil des Stiefkindes verheiratet ist. Im Zusammenleben entsteht aber die Notwendigkeit, daß der Stiefelternteil Entscheidungen für sein Stiefkind auch allein treffen kann, wenn der leibliche Elternteil abwesend oder anderweitig verhindert ist.

Hier gibt es nur den Weg der VOLLMACHT, die der leibliche Elternteil dem Stiefelternteil ausstellt, und die wie folgt aussehen kann:

---

1 So geregelt in § 1696 BGB.

> *Hierdurch bevollmächtige ich, die unterzeichnete Helene Meyer,*
> *geb. 25. 7. 1962, wohnhaft Stieglitzstr. 47, 60313 Frankfurt a. M.,*
> *meinen Ehemann / Partner Hubertus Forte, geb. 27. 9. 1966,*
> *wohnhaft Stieglitzstr. 47, 60313 Frankfurt a. M.,*
> *mich in allen Angelegenheiten, die meine Kinder*
>
> *Andrea Meyer, geb. 16. 6. 1990*
> *Julia Meyer, geb. 10. 4. 1992*
> *Jörg Meyer, geb. 16. 3. 1995*
>
> *betreffen, gegenüber Dritten, insbesondere auch gegenüber*
> *Behörden zu vertreten und die Angelegenheiten meiner Kinder*
> *wahrzunehmen. Diese Vollmacht umfaßt auch die Vertretungsberech-*
> *tigung in Fällen, in denen das Gesetz gemeinsame Vertretung der*
> *leiblichen Eltern bestimmt, so daß eine Vertretung zusammen mit dem*
> *weiteren leiblichen Elternteil, meinem geschiedenen Ehemann /*
> *Partner Herbert Meyer, geb. am 25. 6. 1962, ermöglicht ist.*
>
> *Unterschrift Helene Meyer*

Eine derartige Vollmacht ist sehr weitreichend. Sie kann jedoch auch nur für einen bestimmten Zweck ausgestellt werden, z. B. für einen Elternabend, Arztbesuch oder ähnliches.

Kann das Stiefkind beim Stiefelternteil bleiben, wenn der sorgende leibliche Elternteil verstirbt?

Clara und Hubert sind seit sieben Jahren in zweiter Ehe miteinander ver-
heiratet. Das Kind aus Claras erster Ehe, Anna, ist neun Jahre alt, als Clara
stirbt. Hubert hält es für die beste Lösung, daß seine Stieftochter Anna
weiterhin bei ihm lebt. Annas leiblicher Vater ist dagegen, daß seine Toch-
ter beim Stiefvater lebt. Er verlangt, daß Anna sofort zu ihm kommt. Kann
Anna bei ihrem Stiefvater bleiben?

Ja. Anna kann zunächst bei ihrem Stiefvater bleiben, wenn ansonsten ihr persönliches, insbesondere ihr seelisches Wohl gefährdet wäre.

Der mit der Reform vom 1. 7. 1998 geschaffene § 1682 BGB soll dem Schutz des Kindes dienen, das bis dato mit seinem Stiefelternteil und seinem leiblichen Elternteil in einem familiären Verbund gelebt und in diesem Verhältnis seine Bezugswelt gefunden hat. Deshalb darf das Stiefkind vorläufig beim Stiefelternteil bleiben, obwohl der überlebende Elternteil mit dem Tod des Obhut-Elternteils automatisch die alleinige elterliche Sorge bekommt. Sein Recht auf Personensorge muß aber zurücktreten, wenn das Kind seinem leiblichen Elternteil entfremdet ist und durch die Herausnahme aus dem gewohnten Verband der Stieffamilie sein persönliches, insbesondere sein seelisches Wohl gefährdet würde. Der leibliche Elternteil kann in diesem Fall nicht durchsetzen, daß das Kind sofort zu ihm wechselt. Ein derartiges Herausgabeverlangen des leiblichen Elternteils kann sogar einen Mißbrauch der elterlichen Sorge darstellen, wenn es dadurch zu einer ernstlichen Gefährdung des Kindes in seiner körperlichen, seelischen oder geistigen Entwicklung käme[1].

Hubert kann einen «Antrag auf Verbleiben» an das Familiengericht stellen. Das Gericht kann auch von Amts wegen oder auf Bitten des Jugendamtes oder der Schule aktiv werden und das Verfahren in Gang bringen. Das Kind erhält zur Wahrung seiner Interessen einen «Verfahrenspfleger»[2], der durch das Gericht bestellt wird. Nachdem das Familiengericht alle Beteiligten angehört hat, entscheidet das Familiengericht, ob das Kind beim Stiefelternteil bleiben kann. Ist dies der Fall, erläßt das Familiengericht durch den Richter eine Verbleibensanordnung. Damit hat Hubert das

---

1 BT-Drucksache 13/4899, Seite 104.
2 So geregelt in § 50 Absatz 2 Nr. 3 FGG; die Bestellung ist in der Regel obligatorisch.

Recht, über die täglichen Belange seiner Stieftochter zu entscheiden[1].

Die Verbleibensanordnung gilt in der Regel nur solange, wie das Kindeswohl durch den Umzug zum überlebenden leiblichen Elternteil gefährdet wäre. Ein dauerhafter Verbleib in der bisherigen Umgebung – also in der Stieffamilie – ist grundsätzlich nicht selbstverständlich, da dadurch der leibliche Elternteil endgültig von seinem Sorgerecht, das auch das Aufenthaltsbestimmungsrecht beinhaltet, ausgeschlossen wäre. Üblicherweise ist eine Verbleibensanordnung daher befristet. Das Gericht kann sie verlängern, wenn das Kindeswohl durch den Umzug zum Vater nach wie vor gefährdet wäre.

Durch die Verbleibensanordnung soll dem Kind zunächst die Möglichkeit gegeben werden, sich auf den Wechsel in den Haushalt des leiblichen Elternteils vorzubereiten. In der Zwischenzeit soll die Beziehung zum leiblichen Elternteil dadurch aufgebaut bzw. erneuert werden, daß dieser sich um das Kind kümmert. Das Gericht ordnet daher im Zusammenhang mit der Verbleibensanordnung normalerweise auch eine Besuchsregelung an.

Stellt sich heraus, daß das Kind auf absehbare Zeit nicht zum leiblichen Teil wechseln kann oder will, ist die Entziehung der elterlichen Sorge ganz oder zum Teil, endgültig oder zeitweise, möglich.

Für einen Antrag auf Verbleiben gibt es keine starren Regeln. Wichtig ist es darzustellen, daß der Aufenthalt des Kindes bei seinem Stiefelternteil von existentieller Wichtigkeit ist, das Kind dort gut aufgehoben ist und gefördert wird. Das kann z. B. so geschehen:

---

1 So geregelt in §§ 1688 Absatz 4, 1682 BGB.

An das Familiengericht
Gerichtsstr. 2
60323 Frankfurt a. M.

Frankfurt, 23. 7. 1998

In der Familiensache
des Kindes Anna Meyer, geb. 12. 1. 1990,
beantrage ich,
anzuordnen, im Wege der Verbleibensanordnung zu gestatten, daß
meine Stieftochter Anna auch nach dem Tode ihrer leiblichen Mutter
am 22. 7. 1998 in meinem Haushalt verbleiben darf.
Begründung:
Der leibliche Vater des Kindes Anna verlangt nach dem Tod der
Mutter die Herausgabe des Kindes in seinen Haushalt. Anna lebt
seit vier Jahren zusammen mit meinen beiden sieben- und
dreizehnjährigen Kindern aus meiner ersten Ehe in meinem
Haushalt. Die Kinder haben eine solide geschwisterliche Beziehung
zueinander aufgebaut und verstehen sich gut. Alle Kinder besuchen
die gleiche Schule, sie haben einen sich überschneidenden
Freundeskreis. Anna nun aus diesem Kreis herauszureißen, würde
ihr persönliches Wohl, insbesondere ihr seelisches Gleichgewicht
gefährden.

Unterschrift Hubert Forte

Welche Rechte ergeben sich aus der Verbleibensanordnung für den Stiefelternteil?

Der Stiefelternteil ist berechtigt, die Angelegenheiten des täglichen Lebens für sein Stiefkind zu entscheiden[1]. Damit wird die Alltagssorge der Person zugewiesen, bei der sich das Kind für längere Zeit

---

1 So geregelt in § 1688 BGB.

aufhält. Der Stiefelternteil vertritt nicht das Kind, sondern den leiblichen Elternteil, der die elterliche Sorge innehat.

Die Befugnis zur Entscheidung in grundsätzlichen Angelegenheiten, die für das Kind von besonderer Bedeutung sind, verbleibt bei dem überlebenden leiblichen Elternteil.

Darüber hinaus ist der Stiefelternteil berechtigt, den Arbeitsverdienst des Kindes zu verwalten sowie Unterhalts-, Versicherungs-, Versorgungs- und sonstige Sozialleistungen für das Kind geltend zu machen und zu verwalten[1].

Erhält ein Stiefelternteil nach dem Tod des leiblichen Elternteils die volle elterliche Sorge?

Nein. Ein volles Sorgerecht hat der Stiefelternteil auch nach Erteilung einer Verbleibensanordnung nicht. Es bleibt nach wie vor bei der gesetzlichen Regelung, daß bei Versterben eines Elternteils der überlebende leibliche Elternteil grundsätzlich das Sorgerecht erhält[2].

Das Gesetz unterscheidet drei Fälle:

– Hatten die Eltern die gemeinsame Sorge, so steht dem überlebenden Elternteil automatisch kraft Gesetzes[3] das Sorgerecht zu, ohne daß es einer gerichtlichen Entscheidung bedarf.

– Verstirbt ein Elternteil, der aufgrund einer Sorgerechtsregelung die alleinige elterliche Sorge ausübte, so erwirbt der überlebende Elternteil das Sorgerecht nur durch Entscheidung des Familiengerichts. Die Übertragung darf dem Wohl des Kindes nicht widersprechen. Bei einer derartigen Sachlage steigen die Chancen des Stiefelternteils, zum Vormund bestellt zu werden, denn es wird nun geprüft, ob die Übertragung auf den überlebenden Elternteil dem Wohl des Kindes widerspricht.

---

1 So geregelt in § 1688 Absatz 1 Satz 2 BGB.
2 So geregelt in § 1680 BGB.
3 So geregelt in § 1680 Absatz 1 BGB.

– Verstirbt die ledige, allein sorgeberechtigte Mutter, prüft das Familiengericht, ob die Übertragung der elterlichen Sorge auf den leiblichen Vater dem Wohl des Kindes dient.

Auch bei dieser Sachlage prüft das Gericht, was für das Kind das Beste ist. Damit steigen die Chancen des betreuenden Stiefelternteils, die Rechte eines Vormunds zu erlangen.

Wer hat die elterliche Sorge für gemeinsame Kinder, wenn die Eltern nicht miteinander verheiratet sind?

Bislang konnten nur miteinander verheiratete Eltern gemeinsam die elterliche Sorge über ihre gemeinsamen Kinder ausüben. Mit Einführung des neuen Kindschaftsrechtes am 1. 7. 1998 können Eltern, die nicht miteinander verheiratet sind, eine *Sorgeerklärung* abgeben. Das heißt, sie können erklären, die elterliche Sorge für ihr Kind gemeinsam ausüben zu wollen. Diese Erklärung muß öffentlich beurkundet werden, z. B. beim Jugendamt. Geben die Eltern die Sorgeerklärung ab, so steht ihnen die elterliche Sorge für ihre gemeinsamen Kinder auch gemeinsam zu.

Geben die nicht miteinander verheirateten Eltern eine solche Sorgeerklärung nicht ab, hat die Mutter des Kindes die alleinige elterliche Sorge. Heiraten die Eltern später, haben sie gemeinsam die elterliche Sorge.

Umgangsrecht

Wer darf wann und wie lange zu wem? Eine einfache Frage – frustrierende Antworten. Trennung und Scheidung verursachen oftmals einen erbitterten Streit um die Besuchsrechte. Nicht selten endet dieser Streit vor dem Gericht, das in grotesk minuziösen und zeitlich auffällig knapp bemessenen Regelungen den Umgang der Eltern mit ihrem Kind festlegt.[1] Ob das so geregelte Umgangsrecht dann auch erfüllt wird, kann wiederum Anlaß zu erbittertem Streit bieten.

Nicht die juristische Ausgestaltung ist das Entscheidende, sondern der Umgang der geschiedenen Eltern miteinander. Sie müssen begreifen, daß es keine Ex-Eltern gibt und daß die Verbindung mit dem gemeinsamen Kind auch nach Trennung und Scheidung bestehen bleibt. Ob häufige kurze oder seltene längere Aufenthalte des Kindes beim andern Elternteil dem Kind nützen oder seine Lage erschweren, hängt selten vom Kind, sondern meist vom Verhalten der Eltern ab[2].

Mit der Gründung einer neuen Familie werden die Kinder nicht selten aus ihren regelmäßigen Besuchskontakten zu Freunden und Großeltern herausgerissen. Manchmal verlieren sie auch den Kontakt zu dem leiblichen Elternteil, bei dem sie nicht wohnen. Sogar der Kontakt zu Geschwistern reißt ab, wenn mit der Scheidung die Geschwister aufgeteilt werden.

---

1 Vgl. Rauscher in FamRZ 1998, Seite 330 ff.
2 Rauscher in FamRZ 1998, Seite 330 ff.

Wer hat ein Umgangsrecht?

Das Bemühen der Kindschaftsrechtsreform vom 1. 7. 1998 geht dahin, den Umgang des Kindes mit seiner Familie zu stärken. Der Umgang mit beiden Elternteilen gehört zum Kindeswohl[1]. Nicht nur den Eltern steht deshalb ein Anspruch auf Umgang zu; auch das Kind selbst ist anspruchsberechtigt[2].

Mit dieser Ausgestaltung des Umgangsrechtes des Kindes will der Gesetzgeber erreichen, daß die Eltern sich bewußtmachen, wie wichtig der Kontakt zwischen Kindern und Eltern ist[3]. Der Anspruch des Kindes steht in Zusammenhang mit der Pflicht der Eltern, den Umgang zu gestatten und zu pflegen.

Der Umgang ist seit 1. 7. 1998 nicht mehr auf die Eltern beschränkt. Das Gesetz bedenkt auch Dritte[4]; neben Großeltern und Geschwistern auch Stiefeltern und Pflegeeltern[5].

Für Stiefeltern gilt: Hat das Kind längere Zeit mit ihnen in häuslicher Gemeinschaft gelebt und dient der Umgang dem Wohl des Kindes, dann steht dem Besuchsrecht nichts im Wege. Dabei ist es unerheblich, ob der Elternteil sorgeberechtigt oder umgangsberechtigt ist.

Trennen sich die Stiefeltern, so behält der Stiefelternteil dennoch sein Umgangsrecht mit seinem Stiefkind. Nach der Scheidung ist der Stiefelternteil als früherer Ehegatte umgangsberechtigt.

---

1 So geregelt in § 1626 Absatz 3 Satz 1 BGB.
2 So geregelt in § 1684 Absatz 1 BGB.
3 BT-Drucksache 13 / 8511, Seite 68.
4 So geregelt in § 1685 BGB.
5 BT-Drucksache 13 / 4899, Seite 107.

Wie oft darf das Kind zu Besuch kommen?

Wie oft und wie lange Ihr Kind zu Besuch kommen darf bzw. wie oft es seinen leiblichen Elternteil, Stiefelternteil, die Großeltern oder Geschwister sehen darf, ist gesetzlich nicht fest geregelt. Die Umgangsregelung richtet sich nach dem Willen der Eltern und dem Wohl des Kindes.

Können die Eltern keine kindgerechte Lösung finden, entscheidet auf Antrag das Familiengericht und regelt den Umgang erschöpfend hinsichtlich Zeit, Ort und Art. Das gilt für die Besuchsrechte der Eltern, Stiefeltern, Großeltern, Geschwister und sonstiger berechtigter Dritter.

Mein Kind ist zu Besuch.
Was darf ich allein entscheiden?

Michaels achtjährige Tochter Anna ist für ein Wochenende zu Besuch. Anna will unbedingt den Spätkrimi sehen. Sie behauptet, das dürfe sie zu Hause bei Mama auch. Michael verbietet es. Zu Recht?

Ja. Michael kann Fernsehen verbieten. Auch der Elternteil, bei dem das Kind nicht dauernd lebt, bei dem sich das Kind aber im Rahmen des Umgangs zeitweise aufhält, hat während der Dauer dieses Aufenthaltes ein Alleinentscheidungsrecht in Angelegenheiten der tatsächlichen Betreuung[1].

Michaels zehnjähriger Sohn ist zu Besuch. Michael nutzt die Gelegenheit und meldet seinen Sohn beim Fußballverein an. Darf er das?

Nein. Michael darf seinen Sohn nur dann ohne Zustimmung seiner geschiedenen Ehefrau beim Sportverein anmelden, wenn es sich um eine Angelegenheit des «täglichen Lebens» handelt. Was der

---

1 So geregelt in § 1687 Absatz 1 Satz 4 BGB.

«Besuchselternteil» allein entscheiden darf, ist eng umrissen: In erster Linie sind es Angelegenheiten der *tatsächlichen* Betreuung, z. B. was das Kind zu essen bekommt und wann es zu Bett geht. Die Entscheidung über den Beitritt zu einem Sportverein wird in der Regel von beiden Elternteilen zu treffen sein. Gesetzliche Alleinvertretung ist hier nicht gegeben.

Wer trägt die Kosten, die mit dem Besuch des Kindes zusammenhängen?

Grundsätzlich hat der Umgangsberechtigte die üblichen Kosten wie Fahrt-, Übernachtungs-, Verpflegungskosten und ähnliches, aus seinen Mitteln zu bestreiten[1]. Zur Entlastung dienen dem Umgangsberechtigten dabei staatliche Vergünstigungen wie das Kindergeld, das ihm im Verhältnis zum sorgeberechtigten Elternteil zur Hälfte zusteht.

Eine Abweichung von diesen Grundsätzen ist die absolute Ausnahme und nur aus Billigkeitsgründen unter Abwägung aller Umstände des Einzelfalles zu rechtfertigen. Eine Ausnahme könnte z. B. gegeben sein, wenn durch einen Umzug erhebliche Reisekosten für die Ausübung des Umgangsrechtes anfallen und der Umgangsberechtigte in so beengten wirtschaftlichen Verhältnissen lebt, daß die Fahrtkosten für ihn unzumutbar sind und dies praktisch dazu führt, daß er sein Umgangsrecht nicht oder nur noch in erheblich eingeschränktem Umfang ausüben kann. Ob dann allerdings der sorgeberechtigte Elternteil einspringen muß, ist eine Frage der wirtschaftlichen Verhältnisse dieses Elternteils, der in keinem Fall schlechter gestellt werden darf.

Hat der «Besuchsvater» oder die «Besuchsmutter» nicht genügend Geld, um das Besuchs- und Umgangsrecht mit dem auswärts wohnenden Kind auszuüben, hilft der Staat.

---

1 So die Entscheidung des BGH in FamRZ 1995, Seite 215.

Als Leistungen der Hilfe zum Lebensunterhalt nach dem Bundessozialhilfegesetz[1] kommen in Betracht:

- Übernahme der Fahrtkosten vom betreuenden zum nicht betreuenden Elternteil und zurück.
- Die Zahlung von Leistungen zur Bestreitung des Lebensunterhaltes der Kinder für die Zeit des Aufenthaltes beim nicht betreuenden Elternteil.

Für solche Leistungen liegt Bedürftigkeit vor, wenn das Einkommen die für die Hilfe zum Lebensunterhalt nach dem Bundessozialhilfegesetz (BSHG) geltende Bedürftigkeitsgrenze nicht übersteigt. Ist der nicht betreuende Elternteil wieder verheiratet, sind auch sein jetziger (nicht getrennt lebender) Ehepartner und etwaige gemeinsame, minderjährige, unverheiratete Kinder in die Prüfung der Bedürftigkeit einzubeziehen.

Bestimmung des Umgangs des Kindes mit Dritten

Die Eltern entscheiden, mit wem ihr Kind Umgang hat[2]. Darf das Kind Oma und Opa besuchen, bei Tante Ulla übernachten, mit der Patin in Urlaub fahren oder mit der Freundin ein Wochenende verbringen? Soll das Kind Ballettunterricht haben, Musikunterricht, Reitstunden? Fragen, bei denen Eltern verschiedener Meinung sein können.

Im Rahmen ihres Erziehungsauftrages können Eltern mit Weisungen und Verboten gegen das Kind oder gegen Dritte vorgehen. Sie bestimmen, welchen persönlichen, aber auch welchen brieflichen, telefonischen und computergesteuerten Kontakt das Kind mit Dritten pflegt.

Steht das Sorgerecht beiden Elternteilen zu, können sie den Umgang des Kindes nur in beiderseitigem Einvernehmen bestimmen.

---

1 Zu weiteren Einzelheiten siehe Schellhorn in FuR 1998, Seite 104 f.
2 So geregelt in § 1632 Absatz 2 BGB.

Wenn sie sich nicht einigen können, kann gerichtliche Hilfe in Anspruch genommen werden[1]. Bei alleinigem Sorgerecht entscheidet der Sorgerechtsinhaber allein.

Vereitelung des Umgangs mit dem Elternteil

Das Umgangsrecht dient dazu, dem nicht betreuenden Elternteil die Möglichkeit zu geben, sich über das körperliche und geistige Befinden und die Entwicklung seines Kindes durch Augenschein und gegenseitige Aussprache fortlaufend zu informieren. Ferner dient es dazu, die verwandtschaftlichen Beziehungen aufrechtzuerhalten, einer Entfremdung vorzubeugen sowie dem gegenseitigen Liebesbedürfnis Rechnung zu tragen[2].

Der Sorgeberechtigte hat dabei alles zu unterlassen, was das Verhältnis des Kindes zu dem andern Elternteil beeinträchtigen kann. Es gibt allerdings auch Fälle, in denen die Beziehung zwischen Eltern und Kind wenig förderungswürdig ist und die Verweigerung von Umgang im Interesse des Kindes liegt. Sind Sie der Meinung, daß ein solcher Fall vorliegt, sollten Sie unbedingt gerichtliche Hilfe in Anspruch nehmen.

Für eine gesunde Entwicklung des Kindes geschiedener Eltern ist es in der Regel von großer Bedeutung, auch mit dem abwesenden Elternteil regelmäßig Kontakt zu halten. Deshalb besteht seit 1. 7. 1998 für den nicht betreuenden Elternteil nicht nur das Recht, sondern die ausdrückliche Pflicht zum Umgang mit dem Kind[3].

Sorgt der betreuende Elternteil nicht dafür, daß das Kind regelmäßig den abwesenden Elternteil besuchen kann, sondern torpediert das Umgangsrecht, kann das weitreichende Folgen haben. Eine fortgesetzte massive und schuldhafte Vereitelung des Umgangs-

---

1 So geregelt in § 1632 Absatz 3 in Verbindung mit § 1628 BGB.
2 BGH in FamRZ 1987, Seite 356 f.
3 So geregelt in § 1584 BGB.

rechts kann in schwerwiegenden Fällen dazu führen, daß der betreuende Elternteil keinen oder nur noch einen Teil der Unterhaltszahlungen erhält[1].

Durchsetzung des Umgangs

Das Umgangsrecht kann mit gerichtlicher Hilfe erzwungen werden. Gegen den Elternteil, der gerichtliche Anordnungen in bezug auf den Umgang nicht befolgt, kann z. B. ein Zwangsgeld festgesetzt werden. Mit Gewalt sollte das Kind jedoch nicht zum anderen Elternteil gezerrt werden.

Bereitschaft zum Entgegenkommen und Verständnis für die jeweiligen Standpunkte wird von beiden Seiten verlangt. Bevor ein Zwangsantrag gestellt wird, sollten vertrauensbildende Maßnahmen in Form von Gesprächen stattfinden. Sie helfen, bestehende Ängste abzubauen. Bedenken Sie, daß sich nicht nur der sorgeberechtigte Elternteil überwinden muß, das Kind in ein für ihn nicht kontrollierbares Umfeld zu lassen. Auch der umgangsberechtigte Elternteil muß sich mit Verständnis auf den anderen Elternteil zubewegen und helfen, Ängste abzubauen, indem er z. B. erklärt, was er am Wochenende plant. Auch die Versicherung, daß die Erziehungsvorstellungen des anderen Elternteils respektiert werden, trägt dazu bei, Vertrauen zu schaffen. Mit Zwangsgeld kommt selten ein befriedigendes Umgangsrecht zustande.

---

1 Urteil des OLG München vom 29. 10. 1997 – 12 UF 1174 / 97 in FamRZ 1998, Seite 750 f.

Anwalt des Kindes

Die Änderungen des Kindschaftsrechtes zum 1. 7. 1998 beinhalten die Möglichkeit, dem minderjährigen Kind durch das Gericht einen Pfleger – häufig «Anwalt des Kindes» genannt – zu bestellen, wenn das Kind mit einem gerichtlichen Verfahren belastet ist[1] und dies zur Wahrnehmung seiner Interessen erforderlich ist.

In drei Fällen wird die Bestellung eines Pflegers für erforderlich gehalten[2]:

- Es liegt ein erheblicher Interessengegensatz zwischen Kind und Eltern vor.
- Es handelt sich um Maßnahmen wegen Gefährdung des Kindeswohls und um Familientrennung bzw. Sorgerechtsentziehung.
- Es geht um die Wegnahme des Kindes.

Die Eltern sollten ihren eigenen Streit nicht auf dem Rücken des Kindes austragen. Die Begründung des Regierungsentwurfs zeigt[3], daß die Einschaltung eines Anwalt des Kindes in erster Linie wegen der Konflikte der beteiligten Erwachsenen für erforderlich gehalten wird. Wegen der nicht bewältigten Konflikte in der Paarbeziehung werden die Interessen des Kindes oftmals vernachlässigt. Ob der Anwalt des Kindes hier einen gerechten Ausgleich schaffen kann, hängt auch vom guten Willen der Eltern ab. Und natürlich auch von den Stiefeltern, die die Konflikte hautnah miterleben.

---

1 So geregelt in § 50 Absatz 1 FGG.
2 So geregelt in § 50 Absatz 2 FGG.
3 BT-Drucksache 13 / 4899, Seite 129 f.

Wirtschaft und Finanzen

In Stieffamilien kann eine große finanzielle Belastung dadurch entstehen, daß die Familie sich enorm vergrößert hat. Wenn der Gürtel enger geschnallt werden muß, ist es gut, sich mit Zuschüssen, Kindergeld, Taschengeld, Krankenversicherung, Steuern auszukennen.

Welche rechtlichen Verpflichtungen bestehen gegenüber Stiefkindern?

In den meisten europäischen Rechtsordnungen sind Stiefmutter und Stiefvater von der Unterhaltspflicht gegenüber ihren Stiefkindern ausgenommen. Großbritannien kennt allerdings die Rechtsfigur des «child of the familiy», des in die Familie aufgenommenen und dort aufwachsenden Kindes, das unterhaltsrechtlich wie ein eigenes Kind behandelt wird. Ein anderes Modell hat man in Slowenien entwickelt: Hier haben Stiefeltern in dem Umfang Unterhaltsansprüche, in dem sie selbst einst Unterhalt an diese Stiefkinder geleistet haben. In den USA haben Stiefeltern keine Unterhaltsverpflichtungen gegenüber ihren Stiefkindern. Auch in Deutschland müssen Stiefeltern kraft Gesetzes keinen Unterhalt für ihre Stiefkinder zahlen.

In der Praxis sieht das anders aus. Auch wenn eine Unterhaltsverpflichtung nicht besteht, so wirtschaftet das «neue» Paar in der Regel gemeinsam aus einem Topf. Bekommt das Stiefkind Unterhalt von seinem leiblichen Elternteil, so fließt dieser zumeist in den gemeinsamen Topf. Die Eltern bemühen sich, möglichst wenig Unterschiede zu machen. Die neue Familie verreist gemeinsam, die Kinder wollen in den Sportverein gehen oder erhalten Musikunterricht, brauchen Nachhilfe, sind zum Geburtstag eingeladen und kaufen dafür ein Geschenk. Sie haben selbst Geburtstag und bekommen Geschenke. Sie beziehen Taschengeld und haben vielleicht auch ein Sparbuch. Das alles kostet Geld. Was nun, wenn der leibliche Elternteil keinen Unterhalt zahlt und der Stiefelternteil für den Unterhalt des Stiefkindes aufkommt?

Helene ist in zweiter Ehe mit Michael verheiratet. Helene hat eine Tochter Anna, Michaels Stieftochter. Michael sorgt für den gesamten Familienunterhalt. Ergibt sich jetzt für Michael eine Unterhaltsverpflichtung gegenüber seiner Stieftochter Anna?

Nein. Michael zahlt zwar den Unterhalt für seine Stieftochter, eine Unterhaltsverpflichtung ergibt sich hieraus jedoch nicht. Das Gesetz verpflichtet Stiefeltern lediglich, sich um die leibliche und seelische Versorgung der Stiefkinder grundsätzlich ebenso zu kümmern wie um gemeinsame Kinder.

Helene ist in zweiter Ehe mit Michael verheiratet. Helene hat eine Tochter Anna, für die der leibliche Vater keinen Unterhalt zahlt. Kann Michael den Unterhalt, den er für sein Stiefkind geleistet hat, vom leiblichen Vater zurückverlangen?

Ja. Michael kann den gezahlten Unterhalt zurückverlangen. Der Anspruch des Kindes auf Unterhaltszahlungen von seinem leiblichen Vater kann jetzt vom Stiefelternteil geltend gemacht werden, aber nur in Höhe der gesetzlichen Unterhaltsverpflichtung. Es handelt sich um einen gesetzlichen Forderungsübergang, der dann greift, wenn der Stiefelternteil für das Stiefkind, das seinem Haushalt angehört, entweder Barunterhalt leistet oder das Kind betreut.[1]

Helene und Michael sind in zweiter Ehe miteinander verheiratet. Helene hat ein Kind aus erster Ehe, das im gemeinsamen Haushalt lebt. Helene hat ihren Beruf aufgegeben und betreut ihr eigenes Kind und die beiden Kinder von Michael. Die Ehe scheitert. Kann Helene Unterhalt von Michael verlangen?

---

1 So geregelt in § 1607 Absatz 3 BGB.

Ja. Helene kann Betreuungsunterhalt für sich verlangen, weil sie ihr Kind aus erster Ehe betreuen muß und deshalb nicht erwerbstätig sein kann. Ein Stiefelternteil kann dann unterhaltspflichtig werden gegenüber seiner Ehefrau – nicht gegenüber dem Stiefkind –, wenn sie wegen der Betreuung ihres Kindes nicht erwerbstätig sein kann[1]. Diese Unterhaltsverpflichtung ist also nur nach Auflösung der Haushaltsgemeinschaft durch Trennung oder Scheidung von Bedeutung.

Wovon leben wir?

Wenn Sie zum zweiten Mal heiraten, sollten Sie nicht nur Ihre eigenen «Hypotheken» kennen, sondern sich auch über die Ihres Partners informieren. Denn: Eine Unterhaltspflicht kann nach dem Gesetz insbesondere zwischen geschiedenen oder getrennt lebenden Ehegatten und gegenüber den Kindern der geschiedenen Ehe bestehen. Und unter Umständen gibt es Schuldenberge, die erst abgetragen werden müssen.

Sie müssen sich zunächst Klarheit darüber verschaffen, welche laufenden Kosten für die zukünftige Familie voraussichtlich anfallen und welche Einnahmen ihnen gegenüberstehen. Eine «Checkliste» kann Ihnen dabei behilflich sein, zu klären, was von den laufenden Einnahmen für den Familienunterhalt Ihrer neuen Familie übrigbleibt.

Der Familienunterhalt setzt sich zusammen aus dem Aufwand für den gemeinsamen Haushalt (z. B. Wohnen, Nahrungsmittel, Hausrat u. ä.), dem Aufwand für die persönlichen Bedürfnisse der Ehegatten (z. B. Kleidung, Freizeitgestaltung, Kranken- und Altersvorsorge, Taschengeld) und dem Aufwand für die persönlichen Bedürfnisse der unterhaltsberechtigten Kinder.

Die *Altersvorsorge* für den nicht berufstätigen Elternteil wird

---

1 So geregelt in § 1576 BGB.

gern «vergessen». «Das ist doch nicht nötig, ich habe doch später eine Rente», heißt es, oder «dafür haben wir nun wirklich kein Geld mehr übrig, schließlich sorge ich für dich». Es sollte jedoch von Anfang an darauf geachtet werden, daß für beide Partner «Rücklagen» für das Alter gebildet werden, weil durch eine vorangegangene Scheidung die bis dato angesammelte Altersversorgung erheblich reduziert wurde.

Auch der *Taschengeldanspruch* wird gern übersehen. Der Bundesgerichtshof hat in einer neuen Entscheidung[1] klargestellt, daß nicht nur dem erwerbslosen Ehegatten ein Taschengeldanspruch zusteht, sondern auch für den zuverdienenden Ehegatten in Betracht kommen kann. Die Höhe des Taschengeldes ist mit 5–7% des zusammengerechneten Nettoeinkommens zu bemessen und ein gesetzlicher Anspruch, der nicht von einer Vereinbarung der Ehegatten abhängt.

Daß für gemeinsame Kinder gesorgt werden muß, steht außer Frage. Im Rahmen des Familienunterhalts spielt das «Kinderbudget» eine entscheidende Rolle. Der Unterhalt der Kinder hat das körperliche und geistige Wohlbefinden der Kinder zu gewährleisten. Kosten für Nahrung, Gesundheitspflege, Kleidung und altersgemäße Spielsachen sind selbstverständlich. Auch Taschengeld gehört dazu. Den Kindern ist eine angemessene Erziehung zu bieten und später eine der Persönlichkeit des Kindes entsprechende Schul- und Berufsausbildung sicherzustellen! Keine leichte Aufgabe. Es kann nicht früh genug daran gedacht werden, dafür Geld zurückzulegen.

Checkliste: Budgetplanung

Gehen Sie mit Ihrer Partnerin bzw. Ihrem Partner die nachstehende Checkliste durch und gewinnen Sie einen Überblick über das zur Verfügung stehende Budget. Dann wissen Sie von Anfang an, was

---

1 BGH Urteil vom 21. 1. 1998 Az.: XII ZR 140/96, in FamRZ 1998, Seite 608.

Sie und Ihr Partner bzw. Ihre Partnerin zur Verfügung haben werden und wie Sie den Familienunterhalt verplanen können. Die einzelnen Positionen sind beispielhaft ausgewählt und können beliebig ergänzt werden.

Einkünfte:
  Mein Bruttoeinkommen/Bruttoeinkommen meines Partners/meiner
  Partnerin (aus Berufstätigkeit, Vermögen, Unterhaltszahlungen)
  Unterhaltszahlungen für die Kinder
  Kindergeldzahlungen
  Waisenrente

Abzüge:
laufend:
  Steuern
  Sozialabgaben
  Pflegeversicherung
  Krankenversicherung
  Miete/Hauslasten
  Kraftfahrzeug
  Versicherungen
  Sonstiges

aus der Vergangenheit:
  Unterhalt für Kinder aus früheren Beziehungen
  Unterhalt für geschiedenen oder getrennt lebenden Ehegatten
  Darlehensraten für PKW
  Darlehensraten für Haus oder Wohnung
  Andere Raten für Kredittilgungen
  Laufende Verpflichtungen sonstiger Art
  Private Altersvorsorge
  Sparraten
  Sonstiges

zukünftige Ausgaben:

Unterhalt für Kinder

Unterhalt für Stiefkinder

Ausbildungskosten für Kinder und Stiefkinder (Nachhilfe, Sportverein, Musikunterricht, Klassenreisen etc.)

Darlehensraten für Neuanschaffungen / Umschuldung

Urlaub

Freizeitgestaltung

Fortbildung

Hobby

Mietkosten / Umzugskosten

Taschengeld für Kinder und Stiefkinder

Taschengeld für Partner

Altersvorsorge für nicht berufstätigen Partner

Sonstiges

Berücksichtigung des Stiefkindes im Einkommensteuerrecht

Kinder bringen steuerliche Vorteile. Wer Kinder auf der Lohnsteuerkarte hat, spart Steuern. Stiefkinder werden wie Kinder behandelt.

Für Zwecke der Steuerklasseneinteilung werden Kinder nur einem Elternteil zugeordnet, und zwar grundsätzlich dem, bei dem sie leben. Auch wenn Kinder bei beiden Elternteilen gemeldet sind, werden sie für die Steuerklasseneinteilung nur einem Elternteil zugeordnet.

Kindergeld

Das Kindergeld wird monatlich von den Familienkassen bzw. bei Arbeitnehmern des öffentlichen Dienstes von der Besoldungsstelle an die Eltern ausgezahlt. Anspruch auf das Kindergeld für seine Kinder hat, wer unbeschränkt steuerpflichtig ist oder als unbeschränkt steuerpflichtig behandelt wird.

Kein Anspruch auf das Kindergeld besteht, wenn für das Kind eine dem Kindergeld vergleichbare Zahlung geleistet wird (z. B. Kinderzuschuß oder -zulage von der gesetzlichen Rentenversicherung bzw. Unfallversicherung, ausländisches Kindergeld).

Durch Zahlung des Kindergeldes oder über den Kinderfreibetrag soll das Existenzminimum des Kindes gewährleistet werden.

Die Höhe des Kindergeldes

	Seit 1. 1. 1997	Seit 1. 1. 1999
Für das erste Kind	DM 220,00	DM 250,00
Für das zweite Kind	DM 220,00	DM 250,00
Für das dritte Kind	DM 300,00	DM 300,00
Für jedes weitere Kind	DM 350,00	DM 350,00

Zählkindervorteil

Mit dem Entstehen der Stieffamilie und dem «Kinderzuwachs» ergeben sich unter Umständen Vorteile beim Kindergeld, und zwar über den Zählkindervorteil. Als Zählkind gilt ein Kind, für das an den vorrangig berechtigten Elternteil Kindergeld gezahlt wird, das aber auch beim anderen Elternteil berücksichtigt wird.

Clara und Hubert sind verheiratet. Hubert hat aus seiner ersten Ehe zwei Kinder, 14 und 16 Jahre alt, die bei ihrer leiblichen Mutter leben. Gemeinsam haben Clara und Hubert einen zweijährigen Sohn. Gibt es einen Zählkindervorteil?

Ja. Ein Kind, für das an den vorrangig berechtigten Elternteil Kindergeld gezahlt wird, wird auch beim Stiefelternteil berücksichtigt. Als Zählkind an erster, zweiter oder dritter Stelle bewirkt es, daß für jüngere Kinder die jeweils nächsthöheren Kindergeldsätze gezahlt werden.

Bei Clara zählt das gemeinsame Kind als erstes Kind. Sie könnte Kindergeld in Höhe von DM 250,- erhalten. Für Hubert zählen seine Kinder aus erster Ehe als erstes und zweites Kind, das gemeinsame Kind zählt als drittes Kind. Hierfür könnte er Kindergeld in Höhe von DM 300,- erhalten.

Clara und Hubert können untereinander durch eine *Berechtigtenbestimmung* festlegen, wer von ihnen das Kindergeld für ihre im gemeinsamen Haushalt lebenden Kinder erhalten soll. In unserem Beispiel ist es sinnvoll, daß Hubert als Berechtigter bestimmt wird, weil er DM 50,- mehr Kindergeld als Clara erhält.

Für die Berechtigtenbestimmung kann die hierfür vorgesehene Erklärung am Schluß des Antragsvordruckes verwendet werden, das bei der Familienkasse des Arbeitsamts angefordert werden kann. Es reicht dann aus, wenn der andere Elternteil dort unterschreibt.

Die Berechtigtenbestimmung bleibt wirksam, solange sie nicht widerrufen wird. Eine Änderung ist jederzeit möglich, allerdings nur für die Zukunft. Verläßt ein Kind den gemeinsamen Haushalt auf Dauer, wird die Berechtigtenbestimmung unwirksam.

Kinderfreibetrag

Seit 1996 müssen die Voraussetzungen für die Berücksichtigung des Kinderfreibetrages monatlich vorliegen. Deshalb wird bei der Einkommensteuerveranlagung für jeden Kalendermonat, in dem die Voraussetzungen für die Gewährung des Kinderfreibetrages vorgelegen haben, ein Betrag von DM 288,00 abgezogen, der sich bei zusammen veranlagten Ehegatten auf monatlich DM 576,00 beläuft. Der Kinderfreibetrag kann auf den Stiefelternteil übertragen werden, wenn das Kind im Haushalt des Stiefelternteils lebt[1].

Wer auf den Kinderfreibetrag verzichtet, muß sich darüber im klaren sein, daß dies gleichzeitig einen Verzicht auf folgende kin-

---

1 § 32 Absatz 6 Satz 6 EStG

derbedingten Steuerentlastungen bedeutet: Haushaltsfreibetrag[1], Ausbildungsfreibetrag[2] und Behinderten-Pauschbetrag[3]. Ferner wird das Kind bei der Berechnung der zumutbaren Belastung[4] und bei der Ermäßigung der Kirchensteuer sowie des Solidaritätszuschlages[5] des abgebenden Elternteils nicht mehr berücksichtigt.

Die einmal erteilte Zustimmung zur Übertragung des Kinderfreibetrages kann nur vor Beginn des Kalenderjahres widerrufen werden, für das sie erstmals nicht gelten soll. Für das laufende oder für zurückliegende Kalenderjahre kann eine erteilte Zustimmung nicht mehr widerrufen werden.

Das Finanzamt muß bei der Veranlagung der Steuer von sich aus prüfen, ob es bei dem vom Steuerpflichtigen bezogenen Kindergeld verbleiben kann oder ob die Steuerersparnis durch den Abzug des Kinderfreibetrages für den Steuerpflichtigen günstiger ist. Ist der Kinderfreibetrag günstiger als das Kindergeld – was nur bei Berechtigten mit sehr hohem Einkommen der Fall ist –, wird der Kinderfreibetrag bei der Ermittlung des zu versteuernden Einkommens abgezogen, und das während des Jahres bezogene Kindergeld muß zurückgezahlt werden. Dies geschieht, indem es der zu zahlenden Einkommensteuer hinzugerechnet wird.

---

1 § 32 Absatz 7 EStG
2 § 33a Absatz 2 EStG
3 § 33b Absatz 5 EStG
4 § 33 Absatz 3 EStG
5 § 51a EStG

Einzelheiten aus der Rechtsprechung

Besucherfreibetrag

Der Besucherfreibetrag zur Pflege des Eltern-Kind-Verhältnisses [1] ist seit dem Veranlagungszeitraum 1990 abgeschafft. Aufwendungen zur Ausübung des Umgangsrechtes des nicht sorgeberechtigten Elternteils sind nicht außergewöhnlich im Sinne von § 33 a des Einkommenssteuergesetzes (EStG) und damit nicht abziehbar [2].

Besuch von Angehörigen

Kosten, die durch Besuchsfahrten zu Angehörigen entstehen, sind keine außergewöhnliche Belastung im Sinne von § 33a des Einkommenssteuergesetzes und damit nicht abzugsfähig. Anderes gilt, wenn es sich um Krankheitskosten handelt: Aufwendungen für medizinisch veranlaßte Besuchsfahrten können eine außergewöhnliche Belastung darstellen [3].

Nachhilfestunden für Kinder

sind grundsätzlich keine außergewöhnliche Belastung im Sinne von § 33 a des Einkommenssteuergesetzes.

Kinderbetreuungskosten [4]

Abzugsfähig als Aufwendungen für Dienstleistungen zur Betreuung des Kindes sind unter bestimmten Voraussetzungen z. B. solche für Babysitter, Erzieher, Tages- und Wochenmütter, Kindergärten.

---

1 § 33a Absatz 1a EStG a. F., in Höhe von 600 DM.

2 BFH vom 28. 3. 1996, BStBl. II 1997, Seite 54; auch abgedruckt in DB 1996, Seite 2008.

3 BFH vom 2. 3. 1984, BStBl. II 1984, Seite 484; auch abgedruckt in DB 1984, S.1557.

4 Nach § 33c EStG.

Hausgehilfin

Bei einer auch das Kind betreuenden Hausgehilfin im Sinne von §
33 c des Einkommenssteuergesetzes müssen die auf die Kinderbe-
treuung entfallenden Kostenteile entsprechend dem zeitlichen An-
teil aus dem Gesamtlohn herausgerechnet werden[1].

Aufwendungen für Unterricht

Ausdrücklich ausgeschlossen sind Aufwendungen für Unterricht,
für die Vermittlung besonderer Fähigkeiten und für sportliche und
andere Freizeitbetätigungen.

Fahrtkosten

Fahrtkosten, die entstehen, um das Kind zur Betreuungsperson zu
fahren, stellen keine Betreuungskosten dar[2].

Unterhaltsaufwendungen für Stiefkinder

Ab 1996 können nur noch Unterhaltsleistungen an gesetzlich un-
terhaltsberechtigte Personen abgezogen werden; Unterhaltsleistungen aufgrund einer sittlichen Verpflichtung sind nicht mehr
abziehbar. Für Stiefkinder oder Enkelkinder kommt daher eine
Steuerermäßigung wegen außergewöhnlicher Belastung nicht in
Betracht[3], es sei denn, niemand hat einen Anspruch auf einen Kinderfreibetrag für diese Kinder (z. B. durch Tod der leiblichen Eltern,
ohne daß das Kind Pflege- oder Adoptivkind geworden ist).

---

1 BFH vom 26. 6. 1996, BStBL.II 1997, Seite 33; auch abgedruckt in DB 1996, Seite
   2006.
2 BFH vom 29. 8. 1986, BStBl. II 1987, Seite 167; auch abgedruckt in DB 1987, Seite
   416.
3 § 33a Absatz 1 EStG.

Erstellung eines Vermögensverzeichnisses bei Wiederheirat

Bei Wiederheirat muß der Elternteil, der die Vermögenssorge für das Kind hat, dies dem Familiengericht anzeigen und auf seine Kosten ein Verzeichnis des Kindesvermögens erstellen und dem Familiengericht einreichen. Besteht eine Vermögensgemeinschaft[1] zwischen diesem Elternteil, der sich wieder verheiraten will, und dem Kind, so muß eine Vermögensauseinandersetzung herbeigeführt werden[2].

Auf diese Weise soll sichergestellt werden, daß das Vermögen des Kindes durch die Wiederheirat nicht geschmälert wird. Eine Schmälerung des Kindesvermögens könnte sich z. B. wegen des gesetzlichen Erbrechts ergeben, das ein Ehepartner an dem Vermögen seines Ehepartners hat.

Das Familiengericht kann allerdings gestatten, daß die Auseinandersetzung ganz oder teilweise unterbleibt, wenn dies den Vermögensinteressen des Kindes nicht widerspricht[3]. Dies wird dann der Fall sein, wenn z. B. durch die Aufteilung des Vermögens finanzielle Nachteile für das Kind entstehen oder die Aufteilung bei nur geringem Vermögen mit unverhältnismäßigen Schwierigkeiten und Kosten verbunden wäre, ohne daß das Kindesvermögen wirklich gesichert werden könnte[4].

---

1 Z.B. bei gemeinschaftlicher Beerbung des anderen Elternteils oder Miteigentum an einem Grundstück.
2 So geregelt in § 1683 BGB.
3 So geregelt in § 1683 Absatz 3 BGB.
4 BT-Drucksache 8/2788, Seite 66.

Kann Unterhaltsvorschuß verlangt werden?

Ein vierjähriges Kind lebt bei seiner wiederverheirateten Mutter. Es stammt aus deren erster Ehe. Kann die Mutter Unterhaltsvorschuß nach dem Unterhaltsvorschußgesetz verlangen, wenn der leibliche Vater keinen Unterhalt zahlt?

Nein. Der Anspruch auf Zahlung von Unterhalt durch die Unterhaltsvorschußkasse (Sozialamt) setzt voraus, daß das Kind bei einem seiner Elternteile lebt und daß dieser Elternteil ledig, verwitwet oder geschieden ist oder von seinem jetzigen Ehegatten dauernd getrennt lebt.

Im obigen Fall lebt das Kind zwar bei seiner rechtskräftig von seinem Vater geschiedenen Mutter, diese ist jedoch erneut verheiratet und lebt von ihrem gegenwärtigen Ehegatten nicht dauernd getrennt. Damit fehlt es an einer zwingenden Tatbestandsvoraussetzung für den geltend gemachten Anspruch[1].

Krankenversicherung als Familienversicherung

Ist ein Stiefkind, das überwiegend von seinem Stiefvater unterhalten wird und mit ihm und seiner leiblichen Mutter in einem gemeinsamen Haushalt lebt, beim Stiefvater familienversichert?

Ja. Voraussetzung ist allerdings, daß der Stiefvater das Stiefkind «überwiegend» unterhält. Der vom Stiefvater erbrachte Unterhalt überwiegt nur dann, wenn er mehr als die Hälfte des gesamten Lebensbedarfs des Stiefkindes beträgt[2].

---

1 Beschluß des OVG Münster vom 23. 12. 1996, Az.: 8 B 2935 / 96.
2 Urteil des BSG vom 30. 8. 1994, Az.: 12 RK 41 / 92.

Erbrechtliche Konsequenzen

Bei zusammengesetzten Familien sind die Empfindlichkeiten und die Angst groß, im Erbfall nichts oder zuwenig vom Nachlaß abzubekommen. Es wird befürchtet, daß der Kuchen unter zu vielen Beteiligten aufgeteilt werden muß. Mit der zweiten Ehe wächst der Kreis der Erbberechtigten und ändert sich die gesetzliche Erbfolge. Meist werden die erbrechtlichen Konsequenzen übersehen[1]. Die Leidtragenden sind oft der hinterbliebene Ehepartner, die Kinder und Stiefkinder. Das läßt sich bei Kenntnis der Rechtslage vermeiden.

Wie sieht die gesetzliche Erbfolge aus?

Wenn kein Testament oder Erbvertrag vorhanden ist, tritt nach dem Tod des Erblassers die gesetzliche Erbfolge ein[2]. Erbe kann – neben dem Ehegatten – werden, wer zur Verwandtschaft des Verstorbenen gehört. Das Gesetz teilt die Verwandtschaft in Ordnungen ein. Nach diesem Ordnungssystem schließt jeder Verwandte einer vorhergehenden Ordnung Verwandte der nachfolgenden Ordnungen aus[3].

---

1 Zum weiteren Einstieg: Nolte-Schefold, Sigrid: *Was Frauen über Erbrecht wissen sollten*, München: Econ, 1995.

2 Geregelt in den §§ 1924 bis 1936 BGB.

3 So geregelt in § 1930 BGB.

Erben der ersten Ordnung

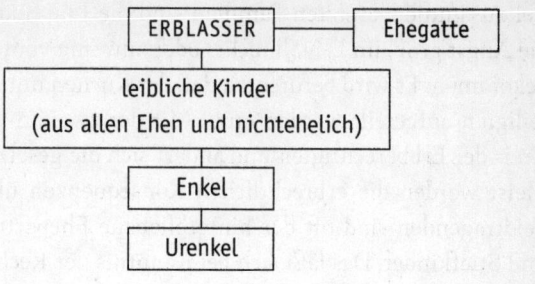

(Sind leibliche Kinder vorhanden, werden Enkel und Urenkel als Erben ausgeschlossen.)

Erben der zweiten Ordnung

(Sie kommen nur zum Zuge, wenn Erben der ersten Ordnung nicht vorhanden sind.)

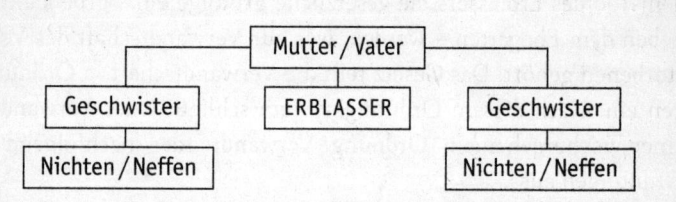

Erben der dritten Ordnung

(Sie kommen nur zum Zuge, wenn Erben aus erster und zweiter Ordnung nicht vorhanden sind.)

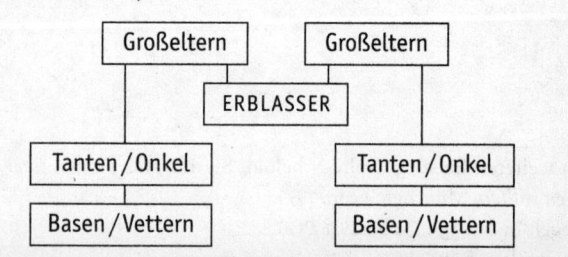

Aus der Übersicht wird deutlich, daß Stiefkinder, Stiefeltern und Stiefgroßeltern nicht in die gesetzliche Erbfolge eingegliedert sind. Nur leibliche Abkömmlinge (oder ihnen gleichgestellte, z. B. adoptierte Kinder) werden bei der gesetzlichen Erbfolge berücksichtigt. Stiefkinder sind mit dem Stiefelternteil nicht verwandt. Deshalb werden sie bei der gesetzlichen Erbfolge nicht berücksichtigt.

Gesetzliche Erbfolge bei Wiederheirat

Beide Ehepartner haben Kinder

Helene heiratet zum zweiten Mal, nachdem ihre beiden Töchter ausgezogen sind und studieren. Sie möchte im Alter nicht allein sein. Michael geht es genauso. Er ist verwitwet, seine beiden Kinder sind ebenfalls schon erwachsen und haben einen eigenen Hausstand. Helenes Kinder sind über die Wiederheirat ihrer Mutter entsetzt, sie fürchten um ihren Erbteil. Ändert sich durch die Wiederheirat etwas am Erbteil?

Das Ehepaar lebt im gesetzlichen Güterstand der Zugewinngemeinschaft
Ja, es ändert sich etwas am Erbteil. Wenn Helene und Michael kein Testament machen, tritt die gesetzliche Erbfolge ein. Wenn Helene stirbt, erbt Michael die Hälfte des Nachlasses. Die andere Hälfte teilen sich Helenes Kinder; sie erhalten also jeder ein Viertel des Erbes. Hätte Helene nicht geheiratet, würden sich ihre beiden Kinder ihren gesamten Nachlaß teilen, sie bekämen also jeder die Hälfte. Michaels Kinder erben nach dem Tod von Helene nichts, denn sie sind Helenes Stiefkinder.

Das Ehepaar lebt im vereinbarten Güterstand der Gütertrennung
Ja, es ändert sich etwas am Erbteil. Sind als gesetzliche Erben neben dem überlebenden Ehegatten ein oder zwei Kinder des Erblassers berufen, so erben der überlebende Ehegatte und jedes Kind zu glei-

chen Teilen[1]. Wenn Helene stirbt, erhalten Michael und Helenes zwei Kinder also je ein Drittel. Michaels Kinder erben auf den Tod von Helene nichts, denn sie sind Helenes Stiefkinder.

Aber: Der hinterbliebene Ehegatte erbt mindestens ein Viertel, wenn drei oder mehr Kinder vorhanden sind.

Gesetzliche Erbfolge bei Wiederheirat

Ein Ehepartner hat Kinder

Helene ist in zweiter Ehe mit Michael verheiratet. Sie hat keine Kinder, Michael hat zwei Kinder aus seiner ersten Ehe. Zu Helenes Vermögen gehört ihr Elternhaus, das sie nach dem Tod ihres Vater bekam.

1. Alternative:

Als Helene stirbt, machen Michaels Kinder, Helenes Stiefkinder, Erbansprüche geltend. Helenes Mutter ist der Meinung, ein Erbrecht stünde den Stiefkindern nicht zu. Stimmt das?

Ja. Den Stiefkindern steht kein Erbteil zu. Helene und Michael haben kein Testament. Daher gilt die gesetzliche Erbfolge. Danach erbt Michael die eine Hälfte des Nachlasses, die andere Hälfte erbt Helenes Mutter. Die Stiefkinder gehen leer aus.

Aber: Stirbt Michael, erben seine Kinder die Hälfte, die Michael zuvor von Helene geerbt hatte, sofern diese noch in Michaels Nachlaß vorhanden ist. Das hat zur Folge, daß Helenes Familienvermögen, z. B. ihr Haus, zum Teil in eine ganz andere Familie gelangt, nämlich die Familie ihrer Stiefkinder.

---

1 So geregelt in § 1931 Absatz 4 BGB.

2. Alternative:

Helene pflegt Michael zehn Jahre, nebenher ist sie berufstätig, um die Raten für das gemeinsame Haus abzahlen zu können. Michaels Kinder leben bei seiner geschiedenen Ehefrau. Als Michael verstirbt, verlangen sie ihren Erbteil. Welche Konsequenzen hat das für Helene?

Helene und Michael besitzen gemeinsam ein Haus, und zwar jeder zur Hälfte. Michaels Haushälfte erbt zur Hälfte Helene, die andere Hälfte teilen sich Michaels beiden Kinder (Zugewinngemeinschaft). Die beiden Stiefkinder von Helene sind also mit je einem Achtel am Haus beteiligt. Wenn Helene die Stiefkinder nicht auszahlen kann, muß sie das Haus unter Umständen verkaufen.

So eine Situation läßt sich durch eine testamentarische Verfügung leicht vermeiden. Darin kann z. B. festgelegt werden, daß Helene das Haus ganz erhält und den Kindern andere Vermögenswerte vermacht werden. Überlegen Sie deshalb, wie Sie Ihr Vermögen vererben möchten. Wie soll der Ehepartner abgesichert werden und wie die Kinder?

Gesetzliche Erbfolge bei Wiederheirat

Beide Ehepartner haben Kinder und gemeinsame Kinder

Helene und Michael sind beide in zweiter Ehe verheiratet. Güterrechtliche Regelungen haben sie nicht getroffen. Helene hat aus erster Ehe eine Tochter Anna. Michael hat aus erster Ehe eine Tochter Martha. Gemeinsam haben sie einen Sohn Karl. Helene verstirbt ohne Testament. Helenes Stieftochter Martha macht Erbansprüche geltend. Zu Recht?

Nein. Bei gesetzlicher Erbfolge und Zugewinngemeinschaft erbt Michael die Hälfte des Nachlasses, Helenes Tochter Anna aus erster Ehe und der gemeinsame Sohn Karl teilen sich die andere Hälfte von Helenes Nachlaß. Martha geht leer aus, da sie als Stieftochter kein Erbrecht gegenüber ihrer Stiefmutter hat.

Wenn Sie alle Kinder gleich behandeln wollen, müssen Sie ein Testament machen. Um Ihrer persönlichen Interessenlage gerecht werden zu können, fragen Sie Ihre Anwältin oder Ihren Anwalt nach der richtigen Formulierung.

Erbfolge bei Zusammenleben in einer nichtehelichen Lebensgemeinschaft

Das Zusammenleben in einer nichtehelichen Lebensgemeinschaft schafft zwischen den Partnern der nichtehelichen Lebensgemeinschaft kein gesetzliches Erbrecht des überlebenden Partners, wie das bei verheirateten Paaren der Fall ist. Erbfolgeregelungen müssen daher durch Testament getroffen werden.

Die Kinder erben über die gesetzliche Erbfolge jeweils ausschließlich vom leiblichen Elternteil, wobei es keine Rolle spielt, ob es sich um ein eheliches oder nichteheliches Kind handelt, denn die nichtehelichen Kinder sind den ehelichen Kindern gleichgestellt.

Für den Stiefelternteil, der mit seiner Partnerin / Partner nicht verheiratet ist, gilt gegenüber seinem Stiefkind das gleiche wie für den verheirateten Stiefelternteil: Wer seinem Stiefkind etwas vererben möchte, muß ein Testament machen.

Regelung durch Testament

Soll nach dem Tod nicht die gesetzliche Erbfolge eintreten, muß zu Lebzeiten ein Testament aufgesetzt werden. Dies können beide Ehepartner für sich tun, sie können aber auch ein gemeinsames Testament verfassen, in dem sie Verfügungen für den Fall treffen, daß einer von ihnen stirbt. Dabei kann auch eine Regelung für die leiblichen Kinder und die Stiefkinder getroffen werden.

Es gibt viele Möglichkeiten. Welches Testament für Sie richtig ist, läßt sich hier nicht festlegen.

Im Prinzip läßt sich fast alles regeln. Sie müssen nur herausfinden, was Sie wollen.

Eine wichtige Rolle bei Ihren Überlegungen spielt die Situation, in der Ihre gemeinsamen Kinder, Ihre Kinder und Ihre Stiefkinder leben: ihr Alter, ihre Ausbildung, ihre Gesundheit. Für ein junges Kind muß anders vorgesorgt werden als für ein Kind, das bereits einen Schulabschluß hat und eine Lehre absolviert oder studieren will, vielleicht schon über eigenes Einkommen verfügt oder bereits eine eigene Familie gegründet hat. Bei Stieffamilien kommt als Besonderheit hinzu, daß das Kind unter Umständen auch durch die leiblichen Elternteile, Großeltern, Tanten und Onkel versorgt ist, so daß es nicht allein auf Ihre Zuwendung angewiesen ist.

Im Zuge eines Todesfalles treten die Unterschiede, die in einer Stieffamilie zwischen den Kindern gemacht werden, häufig stärker hervor. Je mehr Kinder dazukommen, desto kleiner wird der Erbteil. Es allen recht zu machen ist nicht einfach. Es geht ja nicht nur um rein mathematische Gerechtigkeit, sondern auch um Gefühle, Bindungen und emotionale Botschaften. Versuchen Sie, mit Ihrem Partner eine Lösung zu finden, die den Kindern vermittelt, daß sie alle geliebt werden. Wenn Sie ein Testament gemacht haben, überprüfen Sie nach einigen Jahren, ob die Situation, von der Sie ausgegangen sind, noch besteht.

Beide Ehepartner machen eigene Testamente

Ein Testament durch einen der Ehegatten allein kommt vor allem in Betracht, wenn der betreffende Ehegatte leibliche Kinder in die Ehe bringt und es sein Wille ist, daß sein Vermögen nach seinem Tode seinen leiblichen Abkömmlingen erhalten bleibt.

Wenn der Erbteil der Kinder durch Wiederheirat nicht geschmälert werden soll, können die leiblichen Kinder durch Testament zu Alleinerben berufen werden. Der überlebende Ehegatte erhält dann nur den Pflichtteil. Dieser besteht in einem Geldanspruch in Höhe des hälftigen gesetzlichen Erbteils.

Soll verhindert werden, daß die alleinerbenden Kinder einen Nachlaß erhalten, gegen den sich ein Pflichtteilanspruch des Stiefelternteils richtet, so kann dies über einen Pflichtteilsverzicht des Stiefelternteils herbeigeführt werden. Ein solcher Pflichtteilsverzicht muß zwischen den Eheleuten in notarieller Form vereinbart werden.

Die Ehegatten errichten ein gemeinsames Testament

Möchten die Ehepartner, daß beim Tod des Erstversterbenden der Nachlaß komplett auf den überlebenden Ehepartner übergeht, müssen sie sich gegenseitig zu alleinigen und unbeschränkten Erben einsetzen.

Bei einer solchen Regelung bleibt jedoch zu bedenken, daß beim Tode des Erstversterbenden dessen leibliche Kinder Pflichtteilsansprüche erheben können. Deshalb werden in ein gemeinschaftliches Testament häufig Verfügungen des Längstlebenden aufgenommen, daß nach dem Tode des zweiten Ehepartners der gesamte Nachlaß zu gleichen Teilen an die Kinder beider vermacht wird. Auf diese Weise werden die leiblichen Kinder des Erstversterbenden beim Tode des Längstlebenden berücksichtigt.

Durch diese Regelung läßt sich allerdings nicht verhindern, daß leibliche Kinder des Erstversterbenden nach dessen Tode Pflichtteilsansprüche erheben. Aus diesem Grunde sollte daran gedacht werden, in das gemeinschaftliche Testament eine Anrechnungsklausel aufzunehmen, die eine Anrechnung des Pflichtteils für den Fall vorsieht, daß eines der leiblichen Kinder des Erstversterbenden Pflichtteilsansprüche erhebt.

Erbschaftsteuern

Die Fragen der Erbschaftsteuer sind so vielschichtig, daß sie hier nicht näher behandelt werden können. Eines steht fest: Der Staat erbt mit! Deshalb empfiehlt sich eine vorausschauende Erbschaftsteuerplanung. Sie kann zu erheblichen Einsparungen bei der Erbschaftsteuer führen.

Ein Überblick über die Steuerklassen, die Freibeträge und Steuersätze soll den Einstieg erleichtern.

Steuerklassen

Die Höhe der anfallenden Erbschaftsteuer richtet sich danach, zu welcher Steuerklasse die Bedachten gehören. Diese Steuerklassen sind mit Wirkung vom 1. 1. 1996 neu geordnet worden, die bisherigen Steuerklassen I und II sind zu einer einheitlichen Steuerklasse zusammengefaßt worden. Die bisherigen Steuerklassen III und IV wurden zu Steuerklassen II und III.

Folgende Personen gehören in die einzelnen Steuerklassen:

Steuerklasse I:
- der Ehegatte
- die Kinder und Stiefkinder und deren Abkömmlinge
- die Eltern und Großeltern des Erblassers bei Erwerben von Todes wegen

Steuerklasse II
- die Eltern und Großeltern bei Schenkungen
- Geschwister und deren Kinder (nicht Enkelkinder)
- Schwiegerkinder und Schwiegereltern
- Stiefeltern
- der geschiedene Ehegatte

Steuerklasse III
- alle übrigen Erwerber sowie Zweckzuwendungen

Freibeträge

Zur Ermittlung des steuerpflichtigen Erwerbs sind Freibeträge zu berücksichtigen, die teilweise persönliche und teilweise sachliche Befreiungen enthalten. Die persönlichen Freibeträge können alle zehn Jahre neu in Anspruch genommen werden.

Übersicht über die persönlichen Freibeträge:

Steuerklasse I

Ehegatte	600 000 DM
je Kind	400 000 DM
Eltern, übrige Enkel usw.	100 000 DM

Steuerklasse II

Alle Personen	20 000 DM

Steuerklasse III

Alle Personen	10 000 DM

Steuersätze

Seit 1. 1. 1996 gelten die folgenden, nach Steuerklassen gestaffelten Steuersätze:

Wert des steuerpflichtigen Erwerbs bis einschließlich	Steuerklasse I	Steuerklasse II	Steuerklasse III
DM 100 000,–	7 %	12 %	17 %
DM 500 000,–	11 %	17 %	23 %
DM 1 000 000,–	15 %	22 %	29 %
DM 10 000 000,–	19 %	27 %	35 %
DM 25 000 000,–	23 %	32 %	41 %
DM 50 000 000,–	27 %	37 %	47 %
Darüber	30 %	40 %	50 %

Checkliste: Wie vererbe ich mein Vermögen?

Zur Erleichterung der erbrechtlichen Regelungen nachstehend eine Checkliste, anhand derer Sie sich einen Überblick über Ihr Vermögen verschaffen und überlegen können, wie Sie es vererben möchten.

1. Wer soll etwas erben?
– meine Kinder aus erster Ehe
– meine Kinder aus zweiter Ehe
– mein Ehepartner
– meine Stiefkinder
– meine nichtehelichen Kinder
– alle sollen etwas erhalten
– andere Personen

2. Aus wessen Vermögen soll vererbt werden?
– aus dem Vermögen meines Ehepartners
– aus meinem Vermögen
– aus unserem gesamten Vermögen

3. Haben die gemeinsamen Kinder aus zweiter Ehe schon eine eigene Absicherung?
– eigenes Vermögen
– abgeschlossene Berufsausbildung
– Vermögensübertragung zu erwarten von
  – geschiedenem Elternteil
  – Großeltern
  – Verwandten
  – anderen Personen

4. Haben die Kinder aus erster Ehe schon eine eigene Absicherung?
– eigenes Vermögen
– abgeschlossene Berufsausbildung

- Vermögensübertragung zu erwarten von
  - geschiedenem Elternteil
  - Großeltern
  - anderen Personen

5. Haben die Stiefkinder schon eine eigene Absicherung?
- eigenes Vermögen
- abgeschlossene Berufsausbildung
- Vermögensübertragung zu erwarten von
  - leiblichem Elternteil
  - Großeltern
  - Verwandten
  - anderen Personen

6. Soll der Nachlaß «überwacht» werden, z. B. durch Testamentsvollstreckung oder Nachlaßverwaltung?

7. Sollen die Erben z. B. durch Erbvertrag mit in die testamentarische Regelung einbezogen werden?

8. Sollen vorab Schenkungen gemacht werden (10-Jahresfrist beachten)?

9. Erbschaftsteuern:
Sind alle Einsparmöglichkeiten geprüft und Freibeträge ausgenutzt?

Abkürzungsverzeichnis

a.F.	alte Fassung
Anm.	Anmerkung
Art.	Artikel
Az.	Aktenzeichen
BFH	Bundesfinanzhof
BGB	Bürgerliches Gesetzbuch
BGH	Bundesgerichtshof
BSG	Bundessozialgericht
BStBl.	Bundessteuerblatt
BT-Drucksache	Bundestags-Drucksache
DB	Der Betrieb (Zeitschrift)
EGBGB	Einführungsgesetz zum BGB
EStG	Einkommensteuergesetz
f.	folgende
ff.	fortfolgende
FGG	Gesetz über die Freiwillige Gerichtsbarkeit
FamRZ	Zeitschrift für das gesamte Familienrecht
FuR	Familie und Recht (Zeitschrift)
Nr.	Nummer
OLG	Oberlandesgericht
OVG	Oberverwaltungsgericht
PStG	Personenstandsgesetz
Rn	Randnummer
u. a.	und andere
Vgl.	vergleiche

Literaturverzeichnis

Teil 1

Bernstein, Anne C.: *Die Patchwork-Familie*. Kreuz Verlag, Zürich, 1990

Bliersbach, Gerhard: «Schwierige Verhältnisse. Über das Innenleben von Stieffamilien.» *Psychologie heute*, Januar 1999

Bloomfield, Harold H.: *Making Peace in Your Stepfamily*. Hyperion Verlag, New York (USA), 1993

Bundesarbeitsgemeinschaft Selbsthilfegruppen Stieffamilien: *Erfahrungsberichte aus Selbsthilfegruppen*. Broschüre

Bundesministerium der Justiz: *Ehe- und Familienrecht – Das neue Kindschaftsrecht*. 1998

Combe, Sonja: *Deine, meine, unsere Kinder*. Herder Verlag, Freiburg, 1998

Ewering, Hildegard: *Stieffamilien. Schwierigkeiten und Chancen, Praxis und Forschung*. Schriftenreihe des Fachbereichs Sozialwesen der Fachhochschule Münster, Band 13, Lit Verlag, Münster, 1996

Figdor, Helmuth: *Scheidungskinder – Wege der Hilfe*. Psychosozial Verlag, Gießen, 1997

Franke, Ursula: «Systemische Familienaufstellung», *Profil*, 1997

Friedl, Ingrid; Maier-Aichen, Regine: *Leben in Stieffamilien*, Juventa Verlag, Weinheim und München, 1991

Friesen, Astrid von: *Liebe spielt eine Rolle – Was Kinder und was Eltern brauchen*. Rowohlt Verlag, Reinbek, 1997

Fthenakis, Wassilios E.: *Väter*. Band I und II, dtv, München, 1988

Kaufmann, Patricia; von Luck, Clemens: *Der neue Mann im Haus. Wenn Mütter sich wieder binden*. Wolfgang Krüger Verlag, Frankfurt / Main, 1998

Krähenbühl, Verena; Jellouschek, Hans; Kohaus-Jellouschek, Margret; Weber, Roland: *Stieffamilien. Struktur – Entwicklung – Therapie*. Lambertus Verlag, Freiburg, 1995

Leman, Kevin Dr.: *Living in a Stepfamily without getting stepped on.* Thomas Nelson Publishers, Nashville / Tennessee (USA), 1994

Lofas, Jeannette; Sova, Dawn B.: *Stepparenting.* Kensington Publishing, New York (USA), 1996

Maltzahn, Birgitt von: *Die Chancen der offenen Familie – Stiefeltern und Stiefkinder.* Piper, München, 1994

Mason Skolnick Sugarman: *All Our Families – New Policies for a new Century.* Oxford University Press, 1998

Mühlens/Kirchmeier/Greßmann: «Das neue Kindschaftsrecht – Erläuternde Darstellung des neuen Rechts anhand der Materialien.» Bundesanzeiger, 1998

Pro Familia (Hg.): «Patchwork-Familien.» *Magazin*, Heft 1 / 98, Psychosozial Verlag, Gießen

Pruett, Kyle D.: *Die neuen Väter – Männer auf dem Weg in die Familie.* Mosaik Verlag, München, 1988

Savage, Adams: *The Good Stepmother – A Survival Guide.* Avon Books, New York (USA), 1988

Thorne, Julia: *Wie ich meine Scheidung überlebte.* Herder Verlag, Freiburg, 1998

Visher, Emily B.; Visher, John S.: *Stiefeltern, Stiefkinder und ihre Familien.* Beltz PsychologieVerlagsUnion, 1995

Teil 2

Büttner, Eva Anette: «3. Regensburger Symposium für Europäisches Familienrecht – Unterhaltspflicht unter Verwandten im europäischen Vergleich.» In: *FamRZ* 1996, 1530 ff.

Büttner, Helmut: «Änderungen im Familienverfahrensrecht durch das Kindschaftsrechtsreformgesetz.» In: *FamRZ* 1998, 585 ff.

Drenseck, Walter: «Möglichkeiten der Arbeitnehmer zur Einsparung von Lohnsteuer – Lohnsteuer-Merkblatt 1999.» In: *DB*, Beilage 1 / 1999

Frank, Rainer: «Die Neuregelung des Adoptionsrechts.» In: *FamRZ* 1998, 393 ff.

Fthenakis, Wassilios E.: Gutachten vom 13.4.1994, vorgelegt beim BVerfG am 16.8.1995. Az.: 1 BvR 1774/95

Michalski, Lutz: «Das Namensrecht des ehelichen Kindes nach den §§ 1616, 1616 a BGB unter Berücksichtigung des Regierungsentwurfs eines Kindschaftsrechtsreformgesetzes.» In: *FamRZ* 1997, 977 ff.

Mühlens/Kirchmeier/Greßmann: «Das neue Kindschaftsrecht», 1. Aufl., Recht und Praxis im Zivilrecht, Bundesanzeiger, Köln, 1998

Müller-Schlotmann, Richard M. L.: «Folgeelternschaft – Pflegefamilie und Stieffamilie aus interaktionistischer Sicht.» In: *Familiendynamik*, Heft 3 1998, 252 ff.

Nolte-Schefold, Sigrid: *Rechtsberatung für Frauen.* Econ, München, 1995

Nolte-Schefold, Sigrid: *Was Frauen über Erbrecht wissen sollten.* Econ, München, 1996

Oelkers, Harald: «Die Rechtsprechung zum Umgangsrecht – eine Übersicht über die letzten fünf Jahre.» In: *FamRZ* 1995, 1386 ff.

Palandt: *Bürgerliches Gesetzbuch.* 58. Aufl., Beck Verlag, München, 1998

Rauscher, Thomas: «Das Umgangsrecht im Kindschaftsreformgesetz.» In: *FamRZ* 1998, 329 ff.

Schellhorn, Walter: «Beihilfen der Sozialhilfe zur Ermöglichung des Besuchs-und Umgangsrechts.» In: *FuR* 1998, 104 f.

Schlüter, Wilfried; Fegeler, Susanne: «Die erbrechtliche Stellung der nichtehelichen Kinder und ihrer Väter nach Inkrafttreten des Erbrechtsgleichstellungsgesetzes.» In: *FamRZ* 1998, 1337 ff.

Schwab, Dieter; Wagenitz, Thomas: «Einführung in das neue Kindschaftsrecht.» In: *FamRZ* 1997, 1377 f.

Schwab, Dieter: «Elterliche Sorge bei Trennung und Scheidung der Eltern.» In: *FamRZ* 1998, 457 ff.

Weiden, Klaus von der: «Vertragliche Regelungen stiefelterlicher Unterhalts- und Betreuungspflichten.» In: *FuR* 1991, 132

Fragebögen
für Erwachsene und Kinder/Jugendliche

Wir haben in Selbsthilfegruppen Fragebögen für Eltern und Kinder/Jugendliche, die in Stieffamilien leben, verteilt und an Interessierte versandt. Die Ergebnisse sind in anonymisierter Form in unser Buch mit eingeflossen. Wir würden uns freuen, wenn wir auch in Zukunft Erfahrungsberichte oder weitere ausgefüllte Fragebögen erhielten.

Wenn Sie sich einer Selbsthilfegruppe anschließen oder eine gründen wollen, erhalten Sie Informationen von der:

Bundesarbeitsgemeinschaft Selbsthilfegruppen Stieffamilien e. V.
Sulzbacher Straße 15–21
65812 Bad Soden
Tel.: 06196/641503

LEBEN IN EINER STIEFFAMILIE

FRAGEBOGEN
ELTERN / STIEFELTERN

I. **Persönliche Verhältnisse**

1.1. Ich bin ... Jahre alt
   ○ Mutter   ○ Vater   ○ Stiefmutter   ○ Stiefvater
   (Bitte ankreuzen, auch mehrfach)

   ○ verheiratet seit   ○ verwitwet seit
   ○ geschieden seit   ○ wieder verheiratet seit

1.2. Mein Partner / Meine Partnerin ist
   (Bitte ankreuzen, auch mehrfach)

   ○ verheiratet seit   ○ verwitwet seit
   ○ geschieden seit   ○ wieder verheiratet seit

1.3. Wie viele Kinder haben Sie, und wie alt sind die Kinder
   aus vorherigen Beziehungen?   ....
   hat Ihr Partner / Ihre Partnerin aus vorherigen
   Beziehungen?   ....
   haben Sie aus Ihrer jetzigen Beziehung?   ....

1.4. Wo leben
   Ihre Kinder?
   die Kinder Ihres Partners / Ihrer Partnerin?
   Ihre gemeinsamen Kinder?

II.   Zusammenleben im Alltag

2.1. Wie haben Ihre Stiefkinder auf Sie als Stiefmutter/Stiefvater
reagiert?
(Bitte kurz beschreiben)

2.2. Wie haben Sie auf Ihre Stiefkinder reagiert?
(Bitte kurz beschreiben)

2.3. Was war Ihre größte Sorge?
(Bitte in Stichworten kurz beschreiben)

2.4. Wie hat Ihr Partner/Ihre Partnerin auf Ihre Kinder reagiert?
(Bitte in Stichworten kurz beschreiben)

2.5. Wie hat die Familie (Oma, Opa, Tante, Onkel, Cousine, Cousin)
reagiert?
(Bitte in Stichworten kurz beschreiben)

2.6. Welche neuen «Spielregeln» haben Sie eingeführt?
(Bitte in Stichworten kurz beschreiben)

2.7. Wo lagen / liegen für Sie die größten Schwierigkeiten?
(Bitte in Stichworten kurz beschreiben)

2.8. Was macht Spaß im neuen Zusammenleben?
(Bitte in Stichworten kurz beschreiben)

III. Zusammenleben mit «Außenkontakten»

3.1. Wie haben Sie die Besuche mit dem leiblichen Elternteil geregelt?
(Bitte ankreuzen, auch mehrfach)

○ Regelmäßige Besuche unter der Woche   Dauer:
○ Besuche zum Wochenende   Wie oft im Monat?
○ Besuche in den Ferien   Dauer:
○ Besuche an den Festtagen
  (Ostern, Weihnachten, Sylvester)   Dauer:
○ Geburtstage   Dauer:
○ Familienfeiern   Dauer:
○ Sonstige Regelungen
  (Bitte in Stichworten kurz beschreiben)

3.2. Welche Schwierigkeiten gibt / gab es mit der Umgangsregelung?
(Bitte in Stichworten kurz beschreiben)

IV. Zusammenleben mit dem Partner / mit der Partnerin

4.1. Wie hat sich Ihre Beziehung zu Ihrem Partner / zu Ihrer Partnerin verändert vom Beginn bis heute?
(Bitte in Stichworten kurz begründen)

4.2. Wer ist zuständig für
(Bitte ankreuzen, auch mehrfach)

	○ Ich selbst	○ Mein Partner	○ Die Kinder
Haushalt	○	○	○
Kinder	○	○	○
Kindergarten- / Schulprobleme	○	○	○
Arztbesuche	○	○	○
Erziehungsfragen	○	○	○
Geldverdienen	○	○	○
Freizeitgestaltung	○	○	○
Kommunikation zu Nachbarn / Freunden	○	○	○

4.3. Bestraft jeder nur seine eigenen Kinder oder auch die Kinder des Partners / der Partnerin?

(Bitte schildern Sie kurz, wie Sie das regeln)

V. **Trost und Rat**

5.1. Haben Sie bei der Lösung von Problemen fremde Hilfe in Anspruch genommen?

(Bitte ankreuzen, auch mehrfach)

○ Allein   ○ Zusammen mit Partner / Partnerin
○ Therapie   ○ Elterngruppe   ○ Selbsthilfegruppe
○ Gespräche mit Freunden   ○ Andere Hilfe, z. B.

5.2. Was halten Sie für unverzichtbar, wenn das Zusammenleben in einer Stieffamilie gelingen soll?

(Bitte in Stichworten kurz erläutern)

5.3. Wenn Sie sich etwas von Ihrer Partnerin / Ihrem Partner wünschen dürften – was würden Sie sich wünschen?

(Bitte in Stichworten kurz erläutern)

5.4. Wenn Sie sich etwas von Ihren Kindern / Stiefkindern wünschen dürften – was würden Sie sich wünschen?
(Bitte in Stichworten kurz erläutern)

VI. Rückblick

6.1. Welche Anfangsprobleme hätten vermieden werden können?
(Bitte in Stichworten kurz erläutern)

6.2. Über welchen Zeitraum gab es Probleme im Zusammenleben?
(Bitte in Stichworten kurz erläutern)

6.3. Wodurch hat sich eine «Besserung» eingestellt?
(Bitte in Stichworten kurz erläutern)

VII. Und aus Ihrer heutigen Sicht:

7.1. Was gefällt Ihnen an Ihrem Stiefmutter- / Stiefvater-Sein?
(Bitte in Stichworten kurz erläutern)

7.2. Welchen Unterschied sehen Sie in Ihrer Beziehung zu Ihren leiblichen Kindern und Ihren Stiefkindern?
(Bitte in Stichworten kurz erläutern)

7.3. Wenn Sie noch einmal anfangen könnten, was würden Sie anders machen?
(Bitte in Stichworten kurz erläutern)

8. Und zum Schluß: Haben Sie vielleicht noch einige Anregungen oder Ideen, damit das Zusammenleben in einer Stieffamilie gelingt?

VIELEN DANK FÜR IHRE MITHILFE
sagen Annette Bopp und Sigrid Nolte-Schefold

Wir bitten Sie, Ihren Fragebogen zurückzusenden an:

Sigrid Nolte-Schefold, Hochstr. 47, 60313 Frankfurt a. M.,
oder Fax 069 / 28 01 53

Alle Angaben werden streng vertraulich behandelt und nur in anonymisierter Form verwendet.

LEBEN IN EINER STIEFFAMILIE

FRAGEBOGEN
KINDER / JUGENDLICHE

1. Wie alt bist du heute?   ... Jahre

   ○ Junge   (Bitte ankreuzen)   ○ Mädchen

2. Wie alt sind

   deine Schwestern heute?   ... Jahre

   deine Brüder heute?   ... Jahre

   deine Stiefschwestern heute?   ... Jahre

   deine Stiefbrüder heute?   ... Jahre

3. Wie lange lebt ihr jetzt schon zusammen?   ... Jahre / Monate

4. Was hat sich für dich alles geändert, als der neue Partner deiner
   Mutter / die neue Partnerin deines Vaters dazugekommen ist?
   (Bitte in Stichworten kurz beschreiben)

5. Was hat dich am meisten geärgert?
   (Bitte in Stichworten kurz beschreiben)

6. Was gefiel dir gut?

7. **Wo gab es die meisten Schwierigkeiten für dich?**
   (Bitte ankreuzen, auch mehrfach)

   ○ In der Familie   ○ Mit den Verwandten

   ○ Im Kindergarten   ○ In der Schule

   ○ Andere (bitte in Stichworten kurz beschreiben)

8. **Was für Schwierigkeiten waren das?**
   (Bitte beschreiben)

9. **Wie ging es dir, als du erfahren hast, daß du eine Stiefmutter / einen Stiefvater bekommen würdest?**
   (Bitte kurz beschreiben)

10. **Womit bist du (noch) unzufrieden?**
    (Bitte in Stichworten kurz beschreiben)

11. **Wie oft besuchst du deine Mutter / deinen Vater?**
    (Bitte ankreuzen, auch mehrfach)

    ○ Einmal pro Woche   ○ Jedes zweite Wochenende

    ○ Einmal im Monat   ○ Zu den Feiertagen

    ○ Immer wenn ich Lust habe   ○ Ferien

    ○ Manchmal   ○ Nie

12. Reichen dir die Besuche?　　　　　　　　○ JA　　○ NEIN

Wenn NEIN, was möchtest du ändern?

(Bitte in Stichworten kurz beschreiben)

13. Wie findest du deine Stiefmutter / deinen Stiefvater?

(Bitte kurz begründen)

14. Findest du, daß dich deine Stiefmutter / dein Stiefvater schlecht
oder ungerecht behandelt hat?

○ JA　　○ NEIN

15. Wer bestraft dich, wenn du etwas angestellt hast?

(Bitte ankreuzen, auch mehrfach)

○ Niemand　　○ Mutter　　○ Vater　　　　○ Geschwister
○ Stiefmutter　　○ Stiefvater　　○ Stiefgeschwister　　○ Andere

16. Was findest du am wichtigsten im Zusammenleben in einer Stieffamilie?

(Bitte in Stichworten kurz beschreiben)

17. Was würdest du einer guten Freundin oder einem guten Freund
empfehlen, die oder der eine Stieffamilie bekommt?

(Bitte in Stichworten kurz beschreiben)

18. Wenn du dir etwas wünschen dürftest, z. B. von deiner Stiefmutter / Stiefvater – was würdest du dir wünschen?
(Bitte in Stichworten kurz beschreiben)

Oder von deiner Stiefschwester / Stiefbruder – was würdest du dir wünschen?
(Bitte in Stichworten kurz beschreiben)

19. Und zum Schluß: Hast du vielleicht noch einige Anregungen oder Ideen, was die Erwachsenen oder die Kinder / Jugendlichen bessermachen könnten?

VIELEN DANK FÜR DEINE MITHILFE
sagen Annette Bopp und Sigrid Nolte-Schefold